沿边开放发展调研报告

民盟中央课题组　著

群言出版社
QUNYAN PRESS
·北京·

图书在版编目（CIP）数据

沿边开放发展调研报告／民盟中央课题组著. -- 北京：群言出版社，2022. 11（2023. 3 重印）
ISBN 978－7－5193－0764－6

Ⅰ. ①沿… Ⅱ. ①民… Ⅲ. ①沿边开放－研究报告－中国 Ⅳ. ①F125

中国版本图书馆 CIP 数据核字（2022）第 172694 号

责任编辑：李　群　宋盈锡
助理编辑：张　程
封面设计：王　敏

出版发行：群言出版社
地　　址：北京市东城区东厂胡同北巷 1 号（100006）
网　　址：www.qypublish.com（官网书城）
电子信箱：qunyancbs@126.com
联系电话：010－65267783　65263836
法律顾问：北京法政安邦律师事务所
经　　销：全国新华书店

印　　刷：北京虎彩文化传播有限公司
版　　次：2022 年 11 月第 1 版
印　　次：2023 年 3 月第 2 次印刷
开　　本：710mm × 1000mm　1/16
印　　张：19. 75
字　　数：292 千字
书　　号：ISBN 978－7－5193－0764－6
定　　价：98. 00 元

序言

进一步促进沿边开放和发展

全国人大常委会副委员长，民盟中央主席　丁仲礼

2021年，中共中央委托民盟中央围绕构建新发展格局这个主题开展调研。民盟中央认真研究后，决定将调研工作聚焦于“优化沿边对外开放的体制机制、加快沿边战略性布局”这一具体方面。3—6月间，民盟中央主席、常务副主席、副主席分别带队，赴广西、黑龙江、云南、甘肃、新疆等沿边省（区）进行现场调研。同时，委托吉林、辽宁、内蒙古等省级民盟组织赴其沿边市县作补充调研。各调研小组形成各自调研报告之后，民盟中央与国家相关部委以及中国区域科学协会、全国经济地理研究会等开展了多次研讨，由此完成调研课题的主要成果，并通过高层协商座谈会、专报等形式，向中共中央领导同志作了汇报。

通过对沿边开展考察和调研，我们在完成中央交付的任务之同时，也有一些认识上的提高。但实事求是地讲，沿边开放的“要害”究竟在哪里？“边”的文章如何做好？体制机制如何进一步完善？诸如此类重大而复杂的问题，我们仅仅通过一次调研还不敢给出肯定的答案。为了不让这个课题研究中断，2022年以来，民盟中央参政议政部、经济委员会牵头，在充实材料的基础上，选编了8篇调研报告和10篇专家论文，准备以《沿边开放发展调

研报告》为名出版，目的是希望社会各方面更加重视沿边开放发展问题。我觉得出版本专集还是很有意义的。同时借此机会，我想再简单谈一点个人的感想。

自20世纪80年代中期开始，民盟中央就开展过沿边问题的调研，特别是针对西部大开发涉及的相关问题提出了一些建议意见。民盟中央此番开展较大规模的沿边调研，使民盟中央的同志们有机会对大国沿边的历史成就、现状发展、前沿地位、战略意义，进行再认识再思考。当前，国际国内形势正在发生重大变化，西部大开发、共建“一带一路”等深入推进。在新发展阶段，沿边开放和发展对于实现兴边富民和促进民族融合，落实总体国家安全观的各项部署要求，服务构建以国内大循环为主体、国际国内双循环的新发展格局，具有新的、更加重要的作用。

此次调研中，每到一地，我们与地方领导和企业家都要座谈讨论沿边的优势与劣势。我们感到，相对于沿海省市以及中部中心城市和城市群地区来说，沿边地区在基础设施、公共服务、经济发展水平等方面确有较大差距，意味着对沿边发展定位不能脱离这个实际，更不能过度理想化。另一方面，沿边有许多别的地区所不具备的优势，这需要予以深入发掘，并上升到理论认知层面。比如我带队去的广西，已形成中国进入东南亚最便捷的陆路通道和跨境经济走廊，拥有国家重点开发开放试验区、跨境经济合作区、国家一二类口岸等多种类型的开放平台。在广西的边境合作园区，来自江浙等沿海省份的企业家安营扎寨，表示要大干一场。这说明，“边”有“边”的优势，这些优势要予以挖掘和利用，并在国家新发展格局中为沿边地区带来实实在在的收益。

在调研中我们还感到，沿边开放和发展的制度设计应充分顾及其固有的特殊性。沿边是特殊类型的区域，各项工作往往会涉及“双边”“多边”等敏感的外在因素，他们面对的约束性条件要比内地省市多。沿边还是政策“富集”区域，不同时期、不同部门出台的政策，在内容上有时候也存在“打架”现象，或者由于一部分政策出台时期早，已与当前发展情况不相符合。正因为如此，对现存的制度设计作出完善，是促进沿边地区开放和发展的题中应有之义。

民盟中央每年要完成中共中央委托的调研课题，还要完成一批自设自选的研究项目。为使研究成果用得上，起到中共中央的“好参谋”作用，我们迫切需要在调研的广度和深度上下功夫，在建言的基础性、战略性、前瞻性上下功夫。在这次有关沿边开放和发展的调研中，我们充分借助盟外机构和专家学者的力量，力图深化对课题的学理认识，增强相关建议的科学性。我们通过实践认识到，加强内外合作是民盟争取成为“好参谋”的一条必由路径。

2022 年 8 月

专家导读1

边境地区发展研究应成为区域科学研究的重要用武之地

中国区域科学协会理事长、北京大学教授　李国平

我国有超过2.2万公里的陆地边境线，与14个国家接壤，边境地区有近140个县级行政区，国土面积超过200万平方公里，人口超过2000万人，其中有一半为少数民族人口，内含近40个少数民族。边境地区是我国和周边国家友好交往和对外开放的前沿地区，也是实现国家安全、多民族融合和区域协调发展的关键地区。

我国历来高度重视边境地区发展，特别是自党的十八大以来，先后出台了一系列促进边境地区加快发展的举措，实施了推进兴边富民、稳边固边、沿边开发开放等一系列重大工程，边境地区经济社会发展取得了长足进步。国家“十四五”规划中进一步明确提出要“完善沿边重点开发开放试验区、边境经济合作区、跨境经济合作区功能”和“推进兴边富民、稳边固边，大力改善边境地区生产生活条件，完善沿边城镇体系，支持边境口岸建设，加快抵边村镇和抵边通道建设”。但大多边境地区由于地理位置偏僻、自然地理条件较差、生态环境脆弱、基础设施薄弱、人口密度过低等原因，仍然是我国发展相对滞后的地区。加快边境地区开发开放、促进经济社会发展、确保边境安全是统筹发展和安全

的重要内容，也是我国高水平对外开放与深入实施区域协调发展战略的内在要求。

尽管我国区域发展研究涉及不同类型区域，但对于边境地区的发展还很薄弱，支撑国家制定支持边境地区发展政策的能力不足，高水平的边境地区发展的研究成果还很欠缺，《沿边开放发展调研报告》汇集了民盟中央多个沿边省份调研组的调研报告和区域专家学者的多篇政策研究论文，在一定程度上填补了这一空白。《沿边开放发展调研报告》中包含了诸多真知灼见和有针对性的对策建议，必将产生积极的研究作用和政策影响。

边境地区作为我国特殊类型区之一，遍布全国东西南北，地理条件和资源禀赋差异巨大，是一个既非常重要又研究难度极大的地区，这也在客观上成为区域科学工作者施展才华和体现学科优势的重要用武之地。

区域科学是一门以经济学视角融合多学科理论和方法来研究人类活动空间组织规律的综合社会科学。区域科学具有空间性、区域性、综合性和实践性等基本特征，针对某一特定区域或区域系统的政治、经济、社会、文化、环境等因素，综合运用经济学、地理学、政治学、管理学、社会学、人口学、心理学、生态环境学、城乡规划学等多学科理论与方法，研究区域决策、区域相互作用以及区域运行管理和调控，具有很强的政策实践性。从区域科学视角出发看边境地区发展研究，笔者认为应该重视以下几个方面。

一是重视对边境地区的差异性研究。我国边境地区绵延两万余千米，地形地貌和气候复杂多样，邻国类型多有差异，经济社会发展水平和人口密度等指标相差悬殊，所面临的主要问题也千差万别，因此针对边境地区的研究一定要有的放矢、突出重点，研究重点选择和政策建议着力点等都要因地制宜，充分体现不同边境区段自然资源禀赋、经济社会发展基础、政策目标差异等。

二是重视对边境地区的开放性研究。这既包括对境外的开放与合作研究，也包括对国内的开放与合作研究。边境地区作为我国对外开放的重要窗口和前沿地区，边境贸易是我国对外贸易的重要组成部分。我国已经设立了多种形式的开发开放平台，包括边境开放城市、边境经济合作区、跨境经济合作区、对外开放口岸等，在促进边境贸易方面发挥了重要作用，但在形成边境地区“经济增长极”上的作用不足，因此，研究借鉴国际区域与次区域合作的成功经验，对提升我国边境地区和提升对境外开放水平极其重要。边境地区的发展不仅需要向外看，还需要向内看，同时还需要加强对内合作，包括与毗邻地区（省市县）以及和国内其他省份特别是东部发达省份的合作，研究包括设立“飞地经济”在内的边境地区与发达地区多层次多领域的创新合作，进一步融入“一带一路”倡议，实现沿海、沿江与沿边协同开发开放与共同发展。

三是重视对边境地区的系统性研究。可将边境地区研究作为一个区域系统，研究该区域系统的内在结构及其运行机制分析，特别是需要建立起“口岸镇—边境县城—沿边中心城市—经济腹地”的多层空间联动体系，完善边境地区的城镇体系结构，强化镇、县、市以及省（自治区）的联系，推动一体化协同发展。

四是重视对边境地区的政策性研究。涉及边境地区的政策有很多，包括经济政策、贸易政策、社会政策、民族政策、开放政策等，对于以往各类政策的针对性、有效性以及各类政策之间的适配性方面都需要实证评估，也需要探索包括行政区划调整等在内的新的政策及其政策组合，以形成有利于边境地区开发开放和高质量发展的制度环境。

五是重视对边境地区的安全性研究。边境地区肩负着国防安全、民族融合以及生态安全的重任，统筹边境地区发展和安全极其重要。既要做好兴边富民，又要实现稳边固边。兴边富民是基础条件，稳边固边是根本要求，两者缺一不可。在边境地区发展中应始终将政治安全、国防安全和生态安全放在首位，既不能不算经济账，又不能仅算经济账。为确保稳边固边这一根本要求，需要大力改善边境地区生产生活条件，提升经济社会发展水平和基本公共服务水平，进一步加大中央财政对边境地区的转移支付力度，确保改革开放成果共享，增强边境地区居民的自豪感、获得感与幸福感，以增强边境地区的吸引力。

六是重视对边境地区的综合性研究。包括研究目标的综合性，研究方法的综合性以及研究内容的综合性。涉及经济、社会、环境等多方面，绝不是某个单一指标或单一内容所能覆盖的，也不是单一学科所能完成的，需要多学科的参与和共同合作。

民盟有重视区域研究的传统，也有当今围绕国家重大发展战略需求组织开展区域重大问题研究的参政议政具体行动。在组织方式上，民盟的区域研究也是开放合作的典范。中国区域科学协会有幸参与到沿边开放发展研究之中，《沿边开放和发展调研报告》中的部分政策研究论文由中国区域科学协会会员撰写完成。期待民盟的区域研究取得更大成就，也希望今后能继续参与到民盟区域研究之中，通过合作研究体现中国区域科学研究的实践价值和提升其政策研究水平。

2022年8月

专家导读 2

加快沿边地区开放开发是现代化新道路的必然选择

全国经济地理研究会会长，中国人民大学教授　张可云

沿边地区（也称边疆地区）具有双重边缘的特点，既是国家的边缘地区，又是所在省份的边缘地区。从区域经济发展规律的角度分析来看，由于沿边地区远离国家与区域性经济中心，其现代化的起始时间往往晚于其他地区。长期以来，沿边地区与革命老区、民族地区以及欠发达地区合称为“老少边穷”地区。中国已经完成了全面建成小康社会目标，正在开启全面建设社会主义现代化国家新征程。加快沿边地区开放开发是中国式现代化新道路的必然选择。

习近平总书记 2021 年在庆祝中国共产党成立 100 周年大会上的讲话中指出，“我们坚持和发展中国特色社会主义，推动物质文明、政治文明、精神文明、社会文明、生态文明协调发展，创造了中国式现代化新道路，创造了人类文明新形态”。从邓小平同志 1979 年在中共中央政治局会议上诠释的“中国式的现代化道路”到习近平总书记 2021 年在庆祝中国共产党成立 100 周年大会上总结的“中国式现代化新道路”，充分体现了中国共产党在追求国家现代化的征程中因时因地的战略调整与方向把控。

早在20世纪80年代，邓小平同志就高瞻远瞩，提出了“两个大局”战略构想。从20世纪80年代到20世纪90年代，国家将开放与发展的重点集中于沿海地区，尝试构建带动国家整体发展的“宏增长极”。从20世纪90年代初开始，国家逐步调整战略空间重点，相继制定并实施了西部大开发战略与东北地区等老工业基地振兴战略。2013年，根据国内发展的阶段性特点和中国国际地位与影响力的提升，中央政府适时提出了打造全方位对外开放新格局战略方针，期望沿海沿边两翼齐飞，不同类型区域各展所长。改革开放前三十年与改革开放初期，由于国家底子薄基础弱，沿边地区虽然也得到了中央政府的一定支持，但还不完全具备步入现代化轨道的条件。自20世纪末21世纪初开始，以西部大开发战略的实施为标志，沿边地区的全面开放开发进入国家决策视野。特别是《国家新型城镇化规划（2014—2020年）》明确提出，“培育壮大陆路边境口岸城镇，完善边境贸易、金融服务、交通枢纽等功能，建设国际贸易物流节点和加工基地”。

长期以来，中国的人口与现代经济活动集中于沿海地区，广大的内地特别是沿边地区一直是经济发展的边缘。沿边地区的发展基础差，发展水平远远落后于发达地区。中国的陆地边界线全长约2.28万公里，与境外14个国家接壤，沿边地区的长期滞后发展既构成了建设现代化国家的短板，又影响国家的整体形象。值得注意的是，沿边地区的双重边缘劣势在一定的条件下可以转化为区位优势，即成为国家陆路开放合作的前沿与先锋。

“共同富裕是社会主义的本质要求，是中国式现代化的重要特征”，习近平总书记的这一重要论断，深刻揭示了实现社会主义现代化的本质和内涵，指明了加快沿边地区开放开发的必然性。共同富裕的空间体现主要是显著缩小区域发展差距和实现基本公共服务均等化、基础设施通达程度比较均衡、人民基本生活保障水平大体相当。在开启实现第二个百年奋斗目标新征程，朝着实现中华民族伟大复兴的宏伟目标继续前进的过程中，沿边地区的开放开发将迎来历史性良机。

沿边地区是国际国内双循环相互促进的要冲。2013年，中国的进出口贸易总额跃居全球第一。畅通国际国内经济循环，将稳步提升沿边地区在构建新发展格局中的地位。

沿边地区是统筹发展与安全的前哨。居安必须思危，在百年未有之大变局中，安全是发展的前提，发展是安全的保障。边疆安全是国家安全的重要内容。此外，沿边地区在确保国家能源安全、产业链供应链稳定安全、生态环境安全以及反对恐怖主义、维护民族团结与巩固国防方面具有重要的战略地位。为了统筹发展与安全，中央政府会前所未有地重视沿边地区的发展。

沿边地区是中央顶层设计关注的重点之一。《中华人民共和国国民经济和社会发展第十四个五年规划和2035年远景目标纲要》明确提出，“增强边疆地区发展能力，强化人口和经济支撑，促进民族团结和边疆稳定”。2022年7月12日，习近平总书记在考察新疆时强调，随着我国扩大对外开放、西部大开发、共建“一带一路”等深入推进，新疆从相对封闭的内陆变成对外开放的前沿，要推进丝绸之路经济带核心区建设，把新疆的区域性开放战略纳入国家向西开放的总体布局中，创新开放型经济体制，加快建设对外开放大通道，更好地利用国际国内两个市场、两种资源，积极服务和融入新发展格局。顶层科学设计，将为沿边各地区确定各自的发展思路与路径指明方向。

民盟中央组织调研团队与专家对沿边地区进行了广泛深入的调查研究。编辑出版《沿边开放发展调研报告》，意义重大。

第一，《沿边开放发展调研报告》的出版是学习贯彻习近平新时代中国特色社会主义思想的重要举措。加大力度支持革命老区、民族地区、边疆地区、欠发达地区等加快发展，是习近平经济思想中有关部署实施国家重大发展战略的重要内容之一。只有学深悟透习近平经济思想，才能为沿边地区的加快开放开发开出良方。

第二，《沿边开放发展调研报告》较全面地探讨了沿边地区的开放开发的战略、规划、政策与路径。沿边地区分布广，内部差异较大，这本著作的“调研报告篇”在扎实的调研基础上，针对广西、黑龙江、云南、甘肃、新疆、吉林、辽宁与内蒙古不同的区情、面临的不同问题和不同的外部环境，提出了一系列具有针对性和决策参考价值的建议。

第三，《沿边开放发展调研报告》对沿边地区开放开发进行了较深入的科学探讨。这本著作的“专家观点篇”从构建新发展格局视角，运用量化与可视化的方法，对沿边地区展开了多维度的分析研究。这些研究得出的结论既有一定的理论价值，也有较大的实践意义。

在全面建成小康社会目标实现之后，实现中华民族伟大复兴的中国梦依然需要攻坚克难。在国内，加快沿边地区的开放开发和促进沿边地区与国内其他地区共同富裕无疑是难点之一，是中国式现代化新道路的必然要求。从这个意义上讲，《沿边开放发展调研报告》的出版适逢其时。

2022 年 8 月

目　录

调研报告篇

专家观点篇

调研报告篇

广　西：
夯实独特区位优势 加快发展开放型经济发展

民盟中央广西调研组

摘　要：推动广西沿边地区高质量发展是践行习近平新时代中国特色社会主义思想的重要实践，是深入落实“三大定位”新使命和“五个扎实”新要求、加快实现“建设壮美广西、共圆复兴梦想”重要指示的重要抓手。调研发现其主要做法可概括为以下两个方面：第一是通过扩大跨境贸易，畅通跨境物流，提升开放平台，创新跨境金融，夯实跨境劳务，促进产城融合来加快沿边开放开发；第二是打造八大沿边特色产业，截至2021年年初，沿边地区开放型经济水平提升，开放合作机制平台进一步完善，特色开放型产业体系初具规模，营商环境优化。

调研主要建议：第一是加强与周边国家开放合作；第二是进一步提升和扩大沿边口岸开放合作；第三是加强与国内重大战略区域合作，构建区内中心城市带动沿边发展的格局，畅通内循环发展；第四是强化基础设施建设，补齐开发开放短板；第五是加速提升现代服务业；第六是支持广西自贸试验区探索设立RCEP[①]先行先试区；第七是加大边境建设财政转移支持力度。

关键字：高质量发展；开放型经济；RCEP

① RCEP：Regional Comprehensive Economic Partnership，RCEP即《区域全面经济伙伴关系协定》。

构建新发展格局，是以习近平同志为核心的党中央根据我国新发展阶段、新历史任务、新环境条件做出的重大战略决策。沿边地区是我国对外开放的重要门户，具有开放前沿的突出地位，也是国家重要的战略资源储备基地和安全生态屏障。2021 年 4 月 8 日至 11 日，民盟中央调研组赴广西壮族自治区开展实地调研，现将调研情况报告如下。

一、广西在海陆统筹等层面具有特殊的区位优势

从地理区位看，广西地处祖国西南边疆，南临北部湾，面向东南亚，西南与越南毗邻，东临粤、港、澳，北连华中，背靠大西南。广西是西南地区最便捷的出海通道，也是中国西部资源型经济与东南开放型经济的结合部，在中国与东南亚的经济交往中占有重要地位。广西周边与广东、湖南、贵州、云南等省接壤。广西沿边地区越南陆海相连，与 4 个省 18 个县接壤，山水相连、人文相亲，陆地边界线长 696. 125 千米，约占中越陆地边界线长的 50%。全自治区聚居壮、汉、瑶、苗、侗、仫佬、毛南、回、京、彝、水、仡佬等民族，其中壮族人口占 32. 79%。广西沿边地区特色资源禀赋丰富，农林资源丰富，是全国重要的食糖生产基地。壮、瑶、苗、侗、京等少数民族文化多姿多彩，是骆越文化的发祥地。红色文化旅游资源丰富，自然景观绚丽多姿。

从经济社会发展看，广西区内经济实力不断增强，沿边地区互联互通基础较好，民生保障也在稳步提升。“十三五”以来，广西沿边地区经济社会得到了长足发展。2019 年，广西边境贸易进出口额达 1486. 1 亿元，其中边境小额贸易进出口额达 1090. 8 亿元，边民互市贸易进出口额达 395. 3 亿元，均居全国沿边省区之首。2020 年，广西全区生产总值（GDP）为 22156. 69 亿元，按可比价计算，比上年增长 3. 7%。其中，第一产业增加值为 3555. 82 亿元，增长 5. 0%；第二产业增加值为 7108. 49 亿元，增长 2. 2%；第三产业增加值为 11492. 38 亿元，增长 4. 2%。第一、二、三产业增加值占地区生产总值的比重分别为 16. 0%、32. 1% 和 51. 9%，对经济增长的贡献率分别为 21. 9%、

19.9%和58.2%。在沿边地区互联方面，南宁至友谊关、东兴、靖西的高速公路建成使用，合浦至那坡高速公路纵贯沿边，通达水口、硕龙的高速公路正在加快建设，将实现边境8个县（市、区）“县县通高速”。北部湾港口群、南宁吴圩国际机场、百色巴马机场等为广西沿边发展提供了有力支撑。广西沿边地区基本形成了以高速公路和高速铁路为主骨架、国省干线公路协调衔接、港口和航空保障的综合交通网络，沿边地区民生保障也在稳步提升。基本公共服务体系加快完善，边民补助机制将进一步健全。

从沿边地区开放看，广西拥有12个边境口岸（国家一类口岸9个、原二类口岸3个）、26个边民互市贸易点，口岸数量居全国第3位；进口景观树、水果、粮食等国家指定口岸已达11个，拥有沿边金融综合改革试验区、东兴和凭祥重点开发开放试验区、防城港边境旅游试验区、东兴和凭祥边境经济合作区、凭祥综合保税区、海峡两岸产业合作区等国家级重点开放合作平台，是我国对越南等东盟开放合作的重要前沿，是面向东盟最便捷的国际陆路大通道，是实现中央赋予广西“三大定位”新使命、加快构建“南向、北联、东融、西合”全方位开放发展新格局的前沿门户。

中国—东盟关系进入“加速跑”时刻，中国与越南关系总体向好发展势头更加巩固，为广西沿边地区加快开放发展创造了良好的外部环境。中央强化举措推进西部大开发，深入实施兴边富民行动，先后出台了支持沿边发展的系列文件，为广西沿边经济带建设提供了有力的政策支持。全面深化改革持续加速，粤港澳大湾区、海南自贸区（港）、北部湾城市群等重点地区辐射带动日益加强，为广西沿边地区承接产业转移、东西互济协同发展提供了强劲动力。

二、广西对外开放和沿边发展：抓住机遇、迎接挑战

党的十八大以来，特别是2013年“一带一路”倡议提出以后，广西应利用独特的区位优势，抓住“一带一路”建设、西部大开发等重大战略机遇，全面对接粤港澳大湾区和海南自贸区建设，着力建设西部陆海新通道，发挥中

国—东盟博览会、中国—东盟商务与投资峰会等重大平台作用，加强国际国内合作，提升口岸和重点平台开放水平，推进投资贸易便利化，深度参与国际产业链合作，加强人文等领域合作，实现更加高水平的对外开放，实施新时代兴边富民三年行动计划，重点推进强基固边、民生安边、产业兴边、开放睦边、生态护边和团结稳边六大工程。其主要做法可概括为以下两点。

一是通过扩大跨境贸易，畅通跨境物流，提升开放平台，创新跨境金融，夯实跨境劳务，促进产城融合来加快沿边开放开发。推动防城港市原料性商品进口，崇左市日用百货商品出口，百色市原材料、资源性商品进口；全面提升口岸通关便利化水平，推广应用“提前申报”模式；边境县（市、区）依托沿边口岸贸易基础和边境优势，打造沿边特色开放型产业城市。

二是打造八大沿边特色产业。包括生态农业、农产品和食品加工业、林产品加工业、矿产品加工业、电子产品加工组装业、服装鞋帽箱包业、装备配套和组装业，跨境旅游，跨境金融。

截至2021年年初，沿边地区开放型经济水平提升，开放合作机制平台进一步完善，特色开放型产业体系初具规模，营商环境优化。广西对外开放和沿边地区发展虽取得了一定的成绩，但仍存在诸多困难和问题。本次调研发现的问题如下。

（一）广西全区面临挑战

一是政策系统集成程度不高影响边境地区“一盘棋”统筹发展。广西边境地区虽然已实现国家战略全覆盖，但边境地区一些工作涉及国家部委和自治区厅局级部门多头管理，加上边境地区各为不同行政区划，导致一些政策交叉、冲突，落地执行难度大。各国家级开发开放平台之间没有形成互相支持、优势互补的发展机制，各市级行政区域缺乏落细、落实开发开放平台的政策举措，市域之间缺乏统筹产业布局、产业发展机制。有针对性地研判东盟国家政策尤其是越南对华政策仍不足。

二是人口空心化趋势严峻。沿边青壮年劳动力外出务工比例高，抵边村屯人口内迁趋势明显，以产业振兴吸引边民安心守边尤为紧迫。

三是发展基础薄弱。边境贸易多为“穿岸而过”，加工制造业发展不足。跨境通道通而不畅，联通内外的大能力骨干通道缺乏。口岸基础设施建设较为滞后，通关便利化有待提高。周边国家和省区加大开放力度，集聚周边资源要素，对广西沿边发展形成一定的竞争压力。

四是基本公共服务水平有待提高。边境地区基本医疗、基础教育、公共文化等发展水平落后于内陆和沿海地区，与边民日益增长的美好生活需要存在较大差距。

五是开放合作有待加强。沿边开发开放平台作用未充分发挥，跨境合作平台推进缓慢。

六是资源环境承载力较弱，生态治理压力大，经济发展与生态保护的矛盾日益突出。广西生态环境脆弱，土地、能源、矿产资源相对匮乏，资源环境承载力较弱。部分区域由于长期对自然资源过度开发、粗放利用，保护和恢复治理措施滞后，付出了较大的环境代价，石漠化、水土流失、矿山生态破坏、环境污染、土壤重金属污染等环境问题突出，对区域可持续发展可能造成影响。广西积极探索生态补偿机制建设，研究制定了一些政策，但是生态补偿涉及复杂的利益关系调整，对生态补偿原理性探讨较多，针对具体地区、流域的实践探索较少。现行的部分生态补偿项目标准过低，一些生态补偿政策不能从优化整个区域（流域）环境质量的角度出发，通盘考虑环保资金的使用，从而导致与生态补偿关系最密切的收费项目不能发挥生态补偿的效用。

七是走私、非法越境、暴力恐怖活动等威胁压力巨大，边境管控任务仍然艰巨。由于广西沿海又沿边，地理环境独特，宗教信仰方面存在一些与其他地方不同的特点。中越边境地区宗教信仰比较复杂，给党的执政安全带来了挑战；广西中越边境线漫长、管控难度大，双边贸易繁荣的同时，一些毒品贸易、走私等跨国犯罪活动也在逐步增加，在一定程度上弱化了边民主动维护国防安全稳定意识，给边境地区安全稳定带来了极大挑战。

（二）广西沿边地区面临问题

一是总体经济水平对比全国其他省份处偏低水平。沿边地区经济总量小，可用财力少，而边境地区民生短板突出，刚性支出需求大，财政收支矛盾突出，可用于加快建设改革开放试验区的资金非常有限。沿边地区除港口区外，其他县（市、区）没有突出的产业规模，整体实力还相对较弱，产业特色不明显、区域发展不平衡、基础设施薄弱、人才支撑力不强等问题依然存在。县域财政增收乏力，税源单一，缺乏重大产业和项目，经济发展拉动财政增长有限。上级对县级的转移支付补助不能满足需求。尽管中央和自治区每年均补助较多的边境地区转移补助资金，但是大多用于口岸建设以民生方面支出为主，补助资金远不能满足需求，各级财政仍然十分困难。

二是受疫情和国际形势影响，边境旅游受阻，政策落地难。2018 年 3 月，国务院同意设立广西防城港边境旅游试验区，建设时间为 3 年。但受疫情影响，从 2020 年 2 月开始，边境口岸关闭至今，边境旅游停止，与越方的文化旅游交通活动全部中止。同时，边境旅游受国际形势影响大，影响改革创新的持续开展。除疫情因素外，现因越南某些地区出现一些与我国法律相抵触的现象，为了维护国家安全稳定，公安部要求暂停中国东兴—越南芒街边境一日游。因此，推进中越边境旅游，需要中越高层领导达成共识、共同推进。

三是自治区关于边境方面政策落实比较缓慢。第一，落地加工产出商品国内流通环节合法性缺乏顶层政策支持，在互市商品落地加工产品合法性没有明确的政策支持的情况下，大多数企业都在采取观望的态度，相关试点的参与积极性受到严重影响。第二，互市商品落地加工“一企一品”无法满足企业生产需求。目前，根据政策要求，每个企业只能加工一个品种，同时落地加工互市商品品种试点范围还不够大，商品种类还不多，难以满足企业生产需求。第三，互市商品原料进口通关难。为严防境外疫情输入，自治区边境驻地海关实施了互市商品进口分类、分时段查验通关管理措施，互市商品进口查验通关时间大大增加，造成互市进口落地加工原料进口不足。第四，企业招工难，影响边贸商品进口。受疫情影响，中越双方均采取措施防止境外疫情输入，越方全面限制了越南劳工到我市务工就业，以至于无法满足边贸商品落地加工企业复工、复产、复贸的实际需求。第五，企业融资难，影响边贸商品进口。第六，产品销售难，造成生产原料进口下降。自治区境内落地加工企业生产大多是方便食品或速冻烹饪食品原料（速冻虾类、鱼类等），受疫情影响，国内市场消费低迷，边贸商品落地加工产品销售不畅，滞销严重。

三、广西沿边发展的思路：创新沿边经济发展新模式、深化沿边国家经济合作

调研组认为，“一带一路”背景下的沿边地区发展至关重要。按照习近平总书记提出的建设壮美广西、共圆复兴梦想的总目标总要求，持续深入贯彻落实“三大定位”新使命和“五个扎实”新要求，贯彻新发展理念，坚持以人民为中心的发展思想，以边境一线的重大民生解困、基础设施建设、公共服务保障为优先，以开放促开发，以开发促开放，深度融入“一带一路”建设，统筹推进边境地区脱贫发展与守边固边，深入实施兴边富民行动和乡村振兴战略，坚决打赢、打好防范化解重大风险、污染防治攻坚战，着力畅通面向东盟的国际陆路大通道，构建高质量发展的边境特色产业体系，打造边民安于守边、固边的沿边村镇示范带，筑牢绿水青山的沿边生态屏障，增进边境地区民生福祉，与全国人民一道全面建成小康社会，把广西沿边地区建成美丽宜居、充满活力、安全稳定的经济带，形成面向东盟开放合作的前沿高地。

四、加快广西沿边发展的对策建议

加快广西沿边发展的对策建议如下：

一是加强与周边国家开放合作。积极参与中国—中南半岛经济走廊建设，依托中国—中南半岛经济走廊、西部陆海新通道、澜沧江—湄公河合作机制、桂港澳台合作机制，促进与周边国家和地区的经济技术交流与合作，推动对

外贸易体制机制创新；加快开放合作平台建设，推进东兴、凭祥重点开发开放试验区建设，加快申报设立百色重点开发开放试验区，建设国际贸易基地、国际物流中心、进出口加工基地、国际人文交流中心；加强边境地区国际执法安全合作，完善自治区、边境市县三级公安国际执法合作机构建设；积极与越南方面沟通谈判，尽快推动中越产业（或跨境）合作区建设，加强跨境产业合作，重点打造面向东盟、衔接“一带一路”的跨境产业合作示范区；夯实跨境劳务合作，推进越南入境务工人员在试点区域的入境政策；加强边境地区文化交流，鼓励边境地区（市、县）举办学术研讨会、旅游节、教育合作、文艺演出、体育比赛、传统节日等形式多样、内容丰富的经济文化交流活动。

二是进一步提升和扩大沿边口岸开放合作。推动口岸开放，加大沿边口岸开放力度，推动边境口岸等设立和扩大开放；创新口岸监管模式，进一步推进口岸管理部门信息互换、监管互认、执法互助机制建设；提高边民参与互市贸易的积极性和参与度，在互市区设立边民服务中心，在沿边地区推广边民互助组（合作社）模式，增强边民抵御市场风险能力，以创新边民互市贸易；复制推广国内自贸区（港）等试点经验，全面落实准入前国民待遇加负面清单的外商投资管理模式，研究设立中国（广西）边境贸易试验区，以提高投资便利化水平；在安全可控的前提下，对常驻边境地区从事商贸活动的非边境地区居民，实行更加便利的出入境政策，以推进人员来往便利化；创新中越跨境客运直通车和中越跨境货运直通车运行机制，以推动交通运输便利化。

三是加强与国内重大战略区域合作，构建区内中心城市带动沿边发展的格局，畅通内循环发展。加强与粤港澳大湾区等东部地区对口协作，主动“东融”，强化与北部湾经济区、粤港澳大湾区的互联互通，依托 CEPA[①] 先行先试政策。加强服务产业政策和服务贸易政策协调，实现服务产业和服务贸

---

① CEPA：Closer Economic Partnership Arrangement，一般指内地与香港关于建立更紧密经贸关系的安排。

易相互促进发展的良性循环，利用广西具有的区位、产业互补、平台资源等多重优势，依托广西自贸区建设，争取在金融、现代物流、计算机相关服务等优势领域的服务贸易自由化上取得突破。加强与广大内陆省区合作（特别是西部中部地区），实现产业对接、错位发展。加强与云南省在澜沧江—湄公河流域区域合作，共同加快中国—中南半岛经济走廊建设。全面加快西部陆海新通道建设，畅通经广西边境向南贯通中南半岛、向北衔接丝绸之路经济带的西部陆海跨境大通道。以通道为依托，联合各省区共建临海临港工业园，加快建立西电东送、水电铝一体化、煤电铝一体化、优质农产品供应链、精品旅游线路等长期稳定的跨省区合作关系，不断拓展省际开放合作的深度和广度。重点推进百色—文山、百色—黔西南等跨省区经济合作区建设。依托条件相对成熟的地级市或中心城市辐射带动沿边发展的内循环，如考虑在东兴等相对成熟的地区建设中等规模城市。

四是强化基础设施建设，补齐开发开放短板。有效提高交通、能源、水利、口岸物流、信息、公共服务供给质量，构建网络化、标准化、智能化、现代化的基础设施保障体系，增强沿地区开发开放的支持能力。

五是加速提升现代服务业。在新冠疫情得到一定控制后，充分挖掘边境优美山水风光、神秘边关风情、浓郁民族风情、经典红色文化等资源，构建全区域、全要素、全产业链的边境旅游发展新模式。以贸易物流、沿边金融等为重点和突破口，巩固传统服务业，大力发展现代生活型、生产型服务业，培育新的经济增长点。

六是支持广西自贸试验区探索设立 RCEP（区域全面经济伙伴关系协定）先行先试区。进一步支持广西自贸试验区加强面向东盟开放合作的制度创新探索，支持广西探索设立 RCEP 先行先试区，将人员货物通关便利化、原产地区域累积、中国—中南半岛跨境运输便利化、跨境贸易人民币结算等制度创新测试放在广西自贸试验区先行先试。建议比照相关邻国的税收优惠政策，加大对边境重点园区和口岸基础设施建设的支持。对于边境重点园区参照越方税收政策给予企业所得税减免政策。

七是加大边境建设财政转移支持力度。中央财政边境地区转移支付政策于2021年到期，建议国家在2021—2025年每年继续统筹安排10亿元支持广西边境地区边民补助和建设等。进一步加大对广西边民补助和边护员补助支持力度，按广西实际发放边民补助的范围（0~20千米范围内40.3万人）和标准（每人每年2520元，每月210元）给予支持，巩固守边成边成果。

调研组成员：吴德胜　冯　奎　兰步锦　肖金成

黑龙江：打造强边固防和民族团结进步示范区

民盟中央黑龙江调研组

2021年4月23日至26日，民盟中央调研组到黑龙江省开展“加快沿边战略性布局发展，支撑促进构建新发展格局”专题调研。调研组在黑河、绥芬河等沿边城市进行了实地考察，并在哈尔滨举行了座谈会。现将有关情况报告如下。

一、黑龙江省沿边地区发展情况

黑龙江省地处祖国东北边疆，陆地边境线2981千米，沿边有18个县（市、区）、161个乡镇、1335个行政村、19个国有农场、26个国有林场，沿边面积为15.3万平方千米，占全省面积的32.3%；人口290.2万，占全省人口的7.7%，是维护国家国防安全、粮食安全、生态安全、能源安全、产业安全和前沿地带的重要屏障。作为国家战略资源的储备区，有丰富的石墨、黄金、煤炭等矿产资源；作为国家向北开放的先导区，与俄罗斯远东5个州区相邻，有19个边境口岸和国家最北的自贸试验区片区；作为国家生态安全的保障区，有各类自然保护区54个（其中国家级19个、省级20个），林地面积占全省的1/4；作为国家优质商品粮的产出区，粮食产量在全国沿边省区中居第一位。

2019年，沿边18个县（市、区）地区生产总值达到1210.8亿元，占全省比重稳定在9%左右。城镇和农村常住居民人均可支配收入分别达到28072元、17173元，比2015年分别增长22.7%、31.1%，为积极融入新开放新发展格局奠定了坚实的基础。主要做法包括以下几个方面。

（一）提高政治站位，把推动沿边地区高质量发展摆在实现全面振兴全方位振兴的突出位置

一是高位推动。省委组建了兴边富民行动协调小组，多次召开省委常委会会议、省委专题会议、省政府常务会议研究解决沿边地区发展问题。2019年2月，在绥芬河市、东宁市专门召开全省深入推进兴边富民行动工作现场推进会，2020年10月又专门召开全省兴边富民工作推进会，以久久为功的韧劲持续推动沿边地区高质量发展。

二是规划引领。着眼扩大沿边地区开发开放和融入新发展格局，省委、省政府把沿边地区发展统筹纳入实现全面振兴全方位振兴的全局，形成“5+n”规划体系。“5”即着力打造我国向北开放的重要窗口，建设自由贸易试验区、跨境经济合作区、重点开发开放实验区、面向欧亚物流枢纽区（打造1个窗口，建设4个区），形成5个务实管用的总体规划和实施方案。“N”即完善配套规划支撑，制定实施了《口岸中长期发展规划》《黑瞎子岛保护开发规划》。三是落实政策。全面落实国发〔2015〕72号、中办发〔2017〕53号等文件精神，研究出台推进兴边富民行动实施意见“33条”，推进边境地区城乡最低生活保障一体化指导意见等多项细则类文件，落实一批有力度、有温度的政策措施。2019年，省统筹安排各类资金近100亿元支持沿边地区发展。2020年，省级财政拨付18个沿边县（市、区），困难群众补助资金5亿多元，边民补助标准由2019年的每人每年2500元提高到3000元。

（二）着力构筑平台，打造我国向北开放的重要窗口

一是中国（黑龙江）自由贸易试验区建设扎实起步。总体方案改革任务

全部实施，国家改革试点经验复制推广率达 93.9%，27 个中省直部门出台 420 余项政策措施，形成超百项制度创新经验，向商务部报送 12 项创新实践案例，同批自贸区中率先发布首批省级 10 佳创新案例。新设立企业 7378 家，新增协议投资额 2281.6 亿元。

二是重点开发开放实验区建设深入推进。实验区在投融资体制改革、边民互市贸易、功能口岸建设等方面取得 20 项先行先试成果，争取中央预算内投资 7800 万元支持试验区基础设施建设。

三是跨（边）境经济合作载体功能进一步强化。黑河、绥芬河、东宁三个跨合试验片区挂牌运行，省政府出台专项政策措施予以支持，黑河、绥芬河两个国家级边境经济合作区建设积极推进，2020 年，边（跨）合区内引进千万元以上项目 37 个，增长 42.3%，投资 13.8 亿元，增长 12.6%。黑河、绥芬河获批互市贸易进口商品落地加工试点，新增设漠河、嘉荫两个互市贸易区，互市贸易进口增长 35%。

四是综合保税区等特殊监管区域发展质量稳步提高。2020 年，绥芬河综保区新注册市场主体 340 户，同比增长 304.7%，累计入区企业 731 家。黑河保税物流园区（b 型）封关运营，进出口额约 10 万元人民币。

（三）畅通贸易通道，建设服务国内国际双循环重要枢纽

一是重大跨境基础设施建设多点突破。同江铁路大桥中方全部工程均已建设完成。黑河黑龙江公路大桥具备通车条件，后方通到北安—黑河铁路（龙镇至黑河段）升级改造工程建设。黑河跨境索道开工建设。黑河、绥芬河、东宁陆上边境口岸型物流枢纽建设纳入国家规划。

二是跨境运输稳定发展。“哈绥俄亚”陆海联运经由俄远东港口连接日、韩和我国南方港口，累计开行 276 列，29432 标箱，货值 26.49 亿元人民币。绥芬河口岸成为我国中欧班列常态化进出口岸，2020 年出入境中欧班列达 218 列。

三是口岸承载能力稳步提升。黑瞎子岛公路客运口岸、黑河公路口岸、黑河步行口岸对外开放相继获批，沿边地区形成东部、东北部、北部“枢纽

口岸+支点口岸”的口岸集聚发展模式，“岸产城”融合发展态势日益明显。黑河、东宁口岸中药材进口种类由5种拓展到15种，绥芬河口岸获批建设进境肉类海关指定监管场地。2020年，全省口岸通关时效位居全国第6位，口岸货运量实现4415万吨，增长2.9%。

（四）促进产业集聚，坚持出口抓加工进口抓落地构建跨境产业链

一是突出落地加工打造内外联动跨境产业链。大力实施“产业兴边”计划，建成了以绥芬河为代表的进口木材加工基地、以黑河为代表的进口中药材加工基地，以及以黑河、绥芬河为重点的进口粮食加工基地，自绥芬河口岸进口的俄罗斯煤炭有1/3供给省内焦化厂加工利用，进口铁矿石大部分用于建龙钢铁生产加工，进口管道原油有250多万吨落地加工。过去“简单的通道”已逐步转变为明显的对外经贸合作综合优势。

二是立足特色加快培育沿边特色产业。东宁市绥阳镇建成了全国最大的黑木耳集散中心，年交易额近百亿元。萝北县依托矿产资源优势，加快推进千亿级石墨产业集群建设。以兴凯湖、黑瞎子岛、北极村等为代表的边境旅游方兴未艾，2019年，接待国内外游客2393.5万人，实现旅游收入109.6亿元。

三是促进优化升级，大力发展新业态。绥芬河、黑河先后获批建设全国跨境电商综合试验区，2020年，全省跨境电商进出口增长47.7%，对俄货运包机逆势上扬，累计发运801班，发寄邮件7212万件，货运量16749吨。对俄金融合作优势明显，绥芬河口岸建立“特许机构+银行”的卢布现钞兑换新模式，2020年，兑换现钞2.4亿卢布，增长6倍；打通了绥芬河至符拉迪沃斯托克陆路调钞渠道，跨境调钞通道扩展至5条，累计调运卢布现钞71亿卢布，累计跨境调运人民币现钞5.62亿元。

（五）持续改善民生，沿边地区民生事业不断进步

一是加大边境地区脱贫攻坚力度。加大对边境地区30个少数民族、156

个少数民族聚集居村的帮扶力度，4 个国家级贫困县、1 个省级贫困县于 2018 年全面摘帽，289 个建档立卡贫困村（含 23 个少数民族村）于 2019 年全部出列，建档立卡人口全部脱贫，边境地区脱贫攻坚战全线告捷，为实现脱贫攻坚与乡村振兴战略有效衔接奠定坚实基础。

二是医疗教育保障能力明显提升。边境县市区城乡居民医疗保险参保率达到 97%，农村养老保险参保率达到 93%，现有的 25 所义务教育民族学校（教学点）已全面实现标准化。对鄂伦春族群众实行医疗费全免政策，在边境县（市、区）全面落实了生育第三个孩子政策。

三是基础设施建设扎实推进，实施边境地区到哈尔滨市三小时经济圈计划，加快建设佳木斯—鹤岗铁路提速等项目，连接边境地区的丹阿公路二级以上公路贯通。“十三五”以来累计开工改造棚户区 4.7 万套，惠及 10 万余户居民。

（六）坚持安全发展，有力保证延边地区繁荣稳定

一是努力维护国防安全。出台了党政军警民合力强边固防职能任务分工方案，构建了一线军警联控、二线部门联治、三线基层党群联防的边境管控新格局。组建了 3500 多人参加的护边员队伍，把边防管控触角延伸到边境每个角落。严厉打击越界狩猎、捕鱼和走私偷渡行为，近年来没有发生重大非法越境事件。

二是努力维护生态安全。深入践行“绿水青山就是金山银山，冰天雪地也是金山银山”的理念，着力打造国家生态安全屏障。推进了黑龙江、乌苏里江等界江界湖水环境治理，边境县（市）全部建成省级生态县。

三是努力维护能源安全。2020 年，受疫情和国际油价暴跌的双重影响，黑龙江省对俄贸易虽出现一定幅度下降，但贸易额仍占全国对俄进出口总额的 13%，沿边口岸全年自俄进口管道原油 2770 万吨、铁矿石 426 万吨、煤炭 401 万吨、粮食 72 万吨、原木和锯材 655 万立方米，在维护我国能源安全和产业链、供应链稳定方面发挥了重要作用。

二、沿边地区发展面临突出矛盾问题

（一）经济发展总体水平不高

从经济体量看，有14个边境县（市、区）生产总值不足百亿元，最低的呼玛县只有16.6亿元。地区生产总值全省后10位中8个是边境县，地方税收全省后10位中7个是边境县。从产业结构看，18个边境县（市、区）三次产业结构比为48∶13∶39，一产接近“半壁江山”。绥滨县、抚远市、虎林市第二产业占GDP比重分别为1.8%、1.4%、9%，而一产占比均超过60%。从开放效应看，边境优势没有转化为经济优势，俄远东地区政策不稳定，双边贸易扩量体制受到制约。除绥芬河、黑河、同江、东宁等口岸外，大部分口岸客货量偏少。受疫情冲击，目前口岸过客通道仍处于关闭状态，对经济恢复和沿边地区对俄人文交流影响比较大。

（二）基础设施欠账较多

交通设施方面，有10个边境线不通高速公路，两个县（呼玛、塔河）既没有高速公路，也没有一级公路；有近一半的县和乡道仍为4级路或等外公路。界河航道、港口建设缓慢。全省边防公路近9000千米，养护费、管理资金由地方承担，难以为继。还有6个（萝北县、绥滨县、饶河县、嘉荫县、逊克县、呼玛县）边境线不通铁路，沿边铁路至今未闭环，不利于维护国防安全。城乡基础设施方面，“三供三治”设施建设滞后，延边县（市、区）污水、垃圾处理率低，边境线0～3千米区域的移动网络仅实现行政村全覆盖，有些地方没有信号，成了通信“孤岛”。水利设施方面，沿边地区内涝耕地面积286.4万亩，农田排涝体系建设亟待加强。黑龙江沿岸护岸工程不完善，抚远市乌苏里江段131千米没有堤防，这严重威胁人民群众生命财产安全。口岸基础设施方面，多数口岸设施落后。按照现行政策，口岸建设维护由地方投资，属于典型的小财政养大口岸，绥芬河口岸每年维护费高达5000多万元，地方财政难以承受。边境物防技防设施方面，边防管控设施不足，嘉荫县249.5千米边境线上铁丝网、铁栅栏等阻拦设施覆盖率仅为25%，主要靠人看、眼盯，存在安全隐患。

（三）民生领域短板突出，就业和收入水平不高

有16个边境县（市、区）城镇居民人均可支配收入低于全省平均水平，目前还有就业困难群体1.2万人。教育发展不均衡，乡村孩子大量集中到县城上学，出现“城挤、乡弱、村空”情况。297个抵边自然村中，231个村没有幼儿园。医疗卫生服务能力不足，受气候寒冷因素影响，边境地区居民心脑血管疾病和恶性肿瘤类疾病患病率较高，大兴安岭地区两类疾病患病率分别比全国平均水平高38%、120%。

（四）人口人才流失严重

由于边境地区人居环境较差，就业机会较少，生活成本较高，导致人口、人才呈持续流出态势，成为影响沿边发展和稳边固边的重大风险因素。以塔河县为例，该县最低气温-45.8摄氏度，取暖期长达7个多月，生活费用很高，而职工年平均工资4万多元，比全省、全国平均水平分别低2.6万元、4.7万元。2012—2019年，18个边境县（市、区）户籍人口减少21.7万人，占总人口的7.5%，其中多为年轻人。抵边乡镇村屯人口流失更为严重，鹤岗市20个抵边村人口流失比例达到36.8%，人才流失也比较严重，饶河县近年来引进43名硕士研究生，有15名通过调离、辞职等方式流出。边境县乡经常出现拿着编制招不到人，项目建成投产招不到工人和专业技术人才的情况，一些地方还出现了党政人才断层的现象，以生活条件较好的爱辉区（位于黑河市区）为例，全区757名科级干部中45岁以上的有453人，占59.6%，35岁以下的有86人，占11.4%，干部队伍年龄老化比较严重。

三、推动沿边地区融入新发展格局的思路和建议

习近平总书记在深入推进东北振兴座谈会上指出，东北地区要立足维护国防安全，加大对边境地区的支持力度，启动实施守边固边工程。调研组结合黑龙江省实际发现，沿边地区的发展和安全，要充分依靠地方自身力量，充分发挥依赖市场机制作用，充分运用国家战略的力量。有关建议如下。

（一）把学习贯彻习近平总书记关于边疆治理的重要论述作为重大政治任务，强力推动沿边地区融入新发展格局

深入学习贯彻习近平总书记关于“治国必治边”的战略思想，把推动沿边地区发展与实施区域协调发展战略、乡村振兴战略、军民融合发展战略有效衔接，纳入省“十四五”规划纲要合力推进。考虑边境地区的特殊地位、特殊作用和特殊贡献，国家应持续加大政策支持力度，通过设立边境地区高质量发展专项基金，撬动金融和社会资本更多投向边境地区。同时，借鉴援疆援藏和对口合作等经验做法，组织发达省份、国有企业到边境地区建设一批“带土移植”的民生和产业项目，深化中央单位定点扶贫和对口支援，引领带动沿边地区发展。

工作建议：一要建议国家比照西部大开发政策，对边境县（市、区）企业按 15% 税率征收企业所得税。初步测算，18 个边境县（市、区）每年减税 2.7 亿元左右，减税额度不是很大，但优化了边境地区投资环境。二要加大对边境市县的一般性转移支付力度，并赋予地方财力支配自主权。

（二）把发展特色优势产业作为重中之重，提高延边地区融入新发展格局承载能力

坚持“岸产城”融合发展，叠加释放各类开放平台政策优势。充分发挥沿边生态、资源优势，谋划发展以绿色食品产业为主的沿边生态高效农业经济

带，大力发展边境旅游、商贸物流等特色服务业，积极发展矿产开发、进口资源落地加工、外贸加工、医药等边（跨）境特色加工产业链和产业集群。利用自然景观、遗址遗迹、民族文化、异国风情和东北抗联、北大荒、知青下乡支边等旅游资源，培育发展冰雪游、森林游、湿地游、边境游、红色游，促进旅游与文化、康养等产业融合发展，创建国家级边境旅游试验区。

工作建议：一要在黑龙江省边境地区开展特色产业发展试点，给予财政、投资、金融、土地等政策支持。二要针对边境地区运距长、物流成本高的问题，建议国家加快完善边境地区物流网络和物流补贴政策，支持黑龙江省黑河、绥芬河、东宁建设陆上口岸型物流枢纽，并在方案报批上予以支持和倾斜。

（三）把基础设施建设和新型城镇化作为优先任务，全面夯实融入新发展格局的基础保障

打造布局合理的沿边城镇体系。以边境中心为牵引、以小城镇为支撑、以抵边村屯和农（林）场为支点，延边境线辐射延伸、梯次递进、互为支撑的城镇化格局，打造一批固边守边示范村，筑牢守边固防战略支点。打造顺畅便捷的沿边交通走廊。重点推动沿边地区铁路、公路、航空和航运网络建设，打通边境地区人流、物流、信息流的“瓶颈”，促进边境城镇和腹地城市联动发展。打造支撑发展的城乡基础设施体系。加强边境地区城乡道路、电力、通信、供热、供水等基础设施建设，完善口岸配套设施，协调俄罗斯方面加快口岸扩能改造，加强界江界河水土流失治理和边防设施建设。打造维护国家生态安全的绿色屏障。持续加强边境地区森林、湿地等生态功能区保护和修复，加强黑土地战略性保护。

工作建议：一要建议国家设立边境地区基础设施建设和维护专项基金，支持推进“醉美龙江 331 边防路”建设，支持黑龙江省加快沿边铁路建设。二要推进黑河市、绥芬河—东宁等 50 万人口边境中心城市建设。三要比照西部大开发政策，安排边境地区基础设施建设项目，取消地方配套资金要求。

（四）把遏制人口人才流失作为紧迫任务，增强融入新发展格局的基本要素支撑

守边固防关键靠“人”，留不住人，沿边地区发展和安全就无从谈起。要切实完善公共服务体系，实施边境地区公共事业优先发展战略，解决出行难、上学难、看病难等实际问题，让边境群众生活得安心舒心。大力发展民营经济，培育壮大边境旅游、外贸、农产品加工等产业，吸纳边境居民就地就业、就近就业。同时，加大人才政策倾斜力度，安排公立高校每年拿出一定招生名额，为边境地区定向培养医疗卫生、教育、专业技术等人才，适量降低边境县（市、区）公务员招录学历要求和开考比例，加大从优秀村干部中招录乡镇公务员力度，放开边境地区居民生育政策，推动人口稳定增长，建立边境地区人口监控制度和人口安全预警机制。

工作建议：一要扩大边民政策补贴范围，将抵边乡镇整个乡镇居民纳入发放范围，逐步扩大到边境县（市、区）全部居民。二要设立边境地区人才发展专项基金，建立年轻干部、优秀人才到边境地区挂职、兼职、服务的长效机制。三要完善边境地区津贴增长机制。

（五）把深化改革开放作为关键一招，着力把沿边地区打造成为融入新发展格局的高地

立足建设中俄合作桥头堡和枢纽站，推动制度和产业全面开放，发挥自由贸易试验片区在制度创新和贸易投资自由化、便利化方面的示范带动作用，加快中蒙俄经济走廊建设，大力发展跨境产业链和产业园区。着力推动中俄跨境基础设施互联互通，加强同江铁路大桥、黑河公路大桥配套设施建设，推进东宁洛古河界河桥、黑河跨江索道建设，畅通跨境物流集输运体系，畅通国际国内循环通道。

工作建议：一要调整边境口岸设施建设投资承担比例，给予口岸运营费用补贴，减轻边境市县财政负担。二要解决粮食进口配额指标问题。建议国家对境外种植的玉米、小麦等回运给予配额倾斜。三要推动俄方解决跨境运输“瓶

颈”。绥芬河铁路口岸过货能力已达 3300 万吨，俄方只有 1000 万吨，绥芬河至格罗杰阔沃跨境 26 千米单线铁路“瓶颈”制约严重，建议国家有关部委加强双边推动。

（六）把推进治理体系和治理能力建设作为有力保障，为沿边地区融入新发展格局提供安全稳定的环境

一方面，创新边境地区社会治理。坚持和加强党的领导，增强各级党组织的凝聚力和战斗力，把边境地区作为培养锻炼干部的“主战场”，配齐配强各级党政领导班子，注重培养选拔边境地区干部和少数民族干部，完善乡村治理体制机制，落实民族区域自治政策，加强少数民族文化的传承保护和创新发展。

另一方面，完善边防体制机制。教育引导边境地区各族干部群众树牢国家意识、国民意识、国防意识，自觉做神圣国土的守护者、幸福家园的建设者，强化党政军警民“五位一体”的治边功能，推行网格化管理，发挥护边员作用。推进“数字边防”“智慧边防”工程，开展越界预警预判系统建设，提升管边控边整体水平。

工作建议：建议国家在黑龙江省开展边境社会治理现代化试点，统筹推进民族团结进步创建、网格化管理、党政军警民合力强边固防等工作，打造强边固防模范区，民族团结进步示范区，全国边疆治理新标杆。

调研组成员：何茂春　赵宏瑞　冯　奎

云　南：
发挥区位优势，以“开放、发展”促“富民、稳边”

民盟中央云南调研组

摘　要：2021 年 3 月，民盟中央调研组赴云南省三市州开展促进沿边地区高质量发展专题调研。总体看来，云南省充分发挥沿边特色，采取多项措施推进边境合作联动发展，跨境产能合作提速，跨境社会治理创新发展，沿边开发开放成效明显，脱贫攻坚取得重大成就。存在的问题主要有：口岸功能不完善，互联互通以及国际大通道建设推进缓慢；沿边发展基础薄弱，脱贫后的扶持政策亟待明确；沿边开放机制不完善；边境治理地方承担责任重；高端人才和产业工人紧缺，金融支持滞后。调研组建议：应坚持“开放与发展双轮驱动，富民与稳边互为促进”的基本思路，充分发挥云南省沿边地区在国家构建新发展格局进程中的重要功能。这包括持之以恒地推动西南国际大通道的建设，支持提升边区发展能力，以自贸区改革试点为抓手完善扩大开放的体制机制，上下联动加快建立现代跨境治理体系。

关键词：沿边开放发展；国际大通道；现代跨境治理

2021 年 3 月，民盟中央调研组一行，就如何促进沿边地区高质量发展主题，在云南省昆明市和红河、德宏两洲进行了为期 5 天的考察调研。在民盟云南省委的组织下，3 月 22 日下午调研组在昆明召开了云南省级相关部门参加的座谈会，云南省商务、发改、自然资源、外事、金融、交通等部门各自介绍了各领域沿边开发的做法经验和成绩、存在的问题和建议。23—25 号调研组前往红河与德宏两个洲，相继考察了自贸区红河片区和德宏片区、红河中越河口口岸和德宏中缅瑞丽口岸及畹町口岸，走访了开远知花小镇以及多家企业（以晴集团红河科技产业园、河口惠科园区、民盟非遗传承企业瑞丽荣丰文传），调研畹町南洋华侨机工抗日纪念馆，了解了疫情守边重任，25 号下午在瑞丽召开当地部门座谈会。

在感受到云南沿边人民加快发展和守卫祖国边疆的家国情怀中，调研组深切认识到沿边“开放、发展、稳边、富民”的重要性和进一步开放、创新、改革的迫切性。本报告主要基于云南省各部门提供的相关材料，以及调研组的实地观察，就云南省沿边开放发展的总体情况、存在的问题以及相关建议，略做分析。

一、云南沿边开放发展总体状况

云南省位于祖国西南边陲，分别与越南、老挝和缅甸接壤，边境线长达 4060 千米。云南省沿边地区包括 5 个自治州、3 个地级市中的 25 个边境县（市），110 个沿边乡镇，覆盖 878 个行政村、9441 个自然村，兼顾 19 个边境农场，涉及 59.3 万户、235.6 万人。其中，有 373 个沿边行政村和 19 个边境农场，覆盖 3819 个自然村，涉及 23.6 万户、92.8 万人。

近年来，云南省在中央的支持下，为支持沿边地区开放发展、脱贫攻坚，做了大量卓有成效的工作。沿边地区人民和各级干部，为稳定边疆，追求更美好的生活不懈努力。云南省沿边开发开放步伐不断加快，在促进沿边经贸发展和边民致富方面都取得了不菲的成绩。

（一）沿边开发开放成效明显

云南省沿边开发开放平台丰富多样。目前，云南省有 26 个口岸，瑞丽、畹町、河口和临沧 4 个国家级边境经济合作区。云南省采取专项资金支持、开展东西部对口帮扶等多项举措支持边境经济合作区建设，如推动如皋经开区与中老磨憨磨丁经济合作区于2020年4月签订合作框架协议，江苏海门经济技术开发区、江苏叠石桥国际家纺产业园区与瑞丽市边境经济合作区于2020年5月签署对口帮扶合作协议。云南省正在推进3个跨境经济合作区（中国老挝磨憨—磨顶、中国缅甸瑞丽—木姐边境、中国越南河口—老街跨境经济合作区）建设，理顺体制机制，确定围网、开发方案等相关工作均稳步推进。云南自贸试验区自挂牌以来，紧紧围绕战略定位，突出沿边和跨境特色，努力发挥自贸试验区在开放型经济建设发展中的引领带动作用。自贸区共设昆明、德宏、红河三个片区，其中德宏和红河均是沿边地区。

近年来，多种形式的边境贸易均快速增长。2020年，受疫情影响，云南省边境贸易完成494.5亿元，同比增长1.7%，占全省外贸总额的18.4%。2021年1~2月快速反弹，全省边境贸易120.4亿元，同比增长105.2%，占全省外贸的22.1%，其中边境小额贸易34.3亿元，同比增长32.8%，边民互市贸易86.1亿元，在去年增速较高的情况下同比增长162.2%①。

边境贸易也带动云南省现代物流业快速发展，2020年，其增加值占全省GDP的8.4%。2020年，全省新增国家5A级物流企业1户，A级以上物流企业达100户。云天化联合商务有限公司“积极布局全球供应链”经验做法被列为国家首批供应链创新与应用典型经验之一；建投物流、宝象物流、云天化联合商务获评国家5A级供应链服务企业，占全国的3/4。15个省级重点物流产业园和129个县级物流集散中心加快推进，云南省县级物流网络覆盖率达90.7%，乡镇快递网点覆盖率达99.8%。

（二）脱贫攻坚取得重大成效

云南省25个边境县（市）中，有21个是贫困县。“十三五”时期，在一系列资金和项目超常规扶持下，边境县的公路、铁路等基础设施不断改善，产业发展和经济增长形势喜人。2015—2019年，25个边境县（市）的地区生产

① 2021年3月22日，云南省商务厅递交关于沿边开放情况的汇报材料。

总值年均增长10%，较全省增速高1个百分点以上。常住人口城镇化率、户籍人口城镇化率为41.62%、26.65%，较“十二五”末期分别增长6.05%、3.82%[①]。25个边境县（市）现行标准下建档立卡贫困人口全部脱贫，1476个贫困村全部出列，21个贫困县（市）全部实现摘帽。

云南省沿边地区脱贫攻坚之所以能够取得这些成绩，离不开各级政府对沿边发展的倾斜支持。云南省主要采取了以下措施：

资源保障优先，整合20个行业部门项目资金426亿元，集中各方力量，推动项目落地。

基础设施优先。在全省只能保证行政村道路硬化的情况下，云南省对“直过民族”和沿边、抵边地区采取了特殊措施，通到自然村，实施通村公路硬化，共建设村组道路8444千米。

基本公共服务优先。在办好义务教育的同时，对“直过民族”和人口较少民族聚居区，加大学前教育和高中教育资助力度；在迪庆、怒江少数民族地区实施14年免费教育。建设农村居家养老服务中心194个，社区卫生服务中心（所）、社区服务站289个，基本医疗、大病保险、医疗救助实现全覆盖，住院报销比例达到90%，最大限度地保障贫困群众看得起病。

产业扶贫优先。在“直过民族”和人口较少民族聚居区，共扶持农业龙头企业164个，发展经济作物、林果及林下产业种植93.79万亩。一批产业扶贫项目逐渐产生效益，集体经济稳步发展。

就业保障优先。实施技能专项扶贫行动，开展就业培训18.43万人次，转移就业12.41万人，优先安排护林员、护路员、保洁员等公益岗位[②]。

（三）边境合作联动融合创新发展

云南省及沿边各市州，充分发挥沿边特色，采取多项创新型措施，推进边境合作联动发展。

---

① 2021年3月22日，云南省统计局递交关于沿边地区发展情况的汇报材料。

② 2021年3月22日，云南省扶贫办递交关于沿边地区脱贫攻坚工作情况的汇报材料。

一是创新构建跨境金融新体系，着力打造面向南亚、东南亚的跨境金融中心。跨境人民币业务覆盖边境贸易、全部经常项目和资本项目投融资领域，结算主体从企业延伸至个人。2020 年，人民币跨境结算占比为全国第二，仅次于上海。德宏片区探索建立中缅双边银行互开账户 + 网银清算 + 人民币对缅币撮合报价的“小同城”业务模式。探索实施中缅贸易汇兑结算试点，开通中缅贸易结算“通汇金”平台。

二是自贸区德宏片区和红河片区启动了跨境贸易便利化综合服务平台，河口口岸发展了跨境电商—边民互市结合模式。创新“一口岸多通道”“两线监管一站通关”“一地集中报关、多通道验放”的监管模式，提升通关便利化水平。

三是加快培育贸易新业态。昆明、德宏跨境电商综合试验区建设稳步推进，红河片区开展跨境电商零售进口试点。以“互市 + 加工”模式为依托的首家边民互市加工企业开出首张边民互市落地加工增值税发票。

四是创新跨境物流新路径。探索中老跨境冷链干线直达运输和中缅甩挂跨境直达运输。与越南签订《出境保险车辆代查勘、代定损合作协议》，建立车辆保险代查勘、代定损合作机制，提升跨境车辆保险便利化。

（四）跨境产能合作提速

跨境产能合作既可以利用周边国家低成本劳动力，又可以为部分行业解决原产地证明问题。目前，瑞丽、河口口岸都在积极推进跨境产能合作，内地企业积极性很高。在瑞丽环山—缅甸木姐工业园区推动了“两国双园”“一线两园”模式，吸引企业“落户瑞丽 + 转移缅甸”跨境布局生产，构建中缅跨境加工产业链。缅方园区吸引了中方产能转移，中方园区吸纳了大量缅甸籍劳工，优势互补，共同发展。

创新跨境产能合作还推出新模式。以跨境电力市场为载体，在全国首创将跨境购售电主体引入平台交易，打造面向南亚、东南亚的跨境电力市场化交易机制和合作平台，境外市场主体可在昆明电力交易中心进行交易。

（五）创新跨境社会治理模式

云南边境没有天然障碍，疫情暴发之前跨境人员流动非常频繁，加上我国边境县市发展水平相对较高，跨境人员的社会治理就成为突出问题。近年来，云南省以及各沿边市州均大胆探索，推出多项创新型跨境社会治理模式。例如，为加强对缅沟通，德宏片区不断健全和完善地方政府层面的会谈会晤机制，为解决双边政府人员出入境管理审批时限长限制及时会谈会晤的问题，创新建立“国门会晤”机制，为延边地区双边政府更加便利、快捷、高效的沟通交流探索出新机制。德宏自治州创新社会发展模式，设立缅籍儿童可就读的国门小学，突出特色，便利缅籍学生出入境，有力推进了中缅文化交流和经济发展，增进了中缅友谊；建立涉外涉侨审判及多元解纷新模式。德宏片区首创推出集多种证件、生物信息为一体的“胞波卡”。外籍人员持卡可在德宏片区范围内完成吃、住、行、务工、消费等。

二、存在的问题

云南边境线较长，周边国家局势复杂，面临反恐怖、反洗钱、反逃税、反电信诈骗、反赌博等方面的压力。同时，中国—东盟自由贸易区和澜湄合作一体化程度不高，周边缅甸、越南、老挝等国家经济总量小，经济不发达。受发展底子薄、周边国家政局不稳定、疫情防控压力大等因素的影响，云南沿边地区开放发展也面临着诸多困难。总体而言，主要是面临两大矛盾，即国际通道地位的重要性与自身基础能力不足的矛盾，加快开放发展和边疆稳定国家安全之间的矛盾。

（一）口岸功能不完善，互联互通以及国际大通道建设推进缓慢

一是口岸功能不完善，口岸基础设施建设滞后，导致自贸区规定的保税加

工、保税物流、检疫隔离等试点任务无法开展。调研组现场调研观察到，瑞丽口岸、河口口岸的硬件建设均落后于实际需要，通关效率还有待提升。主要原因是，近些年云南边境货运与出入境人次均快速发展，口岸流量已远超当初口岸规划设计通行能力，口岸流量快速发展与口岸通行能力矛盾日益凸显。2015—2019 年（2020 年因疫情影响，口岸流量下降），云南省口岸货运量增长了 180%；出入境人员增长了 43.7%，出入境交通工具增长了 51.9%[①]。每年 12 月至次年 5 月，境外农产品进入集中收获高峰期，农副产品返销国内数量激增，入境车辆数量激增，极易造成口岸拥堵。

二是目前境内交通基础设施改善明显，但受限于周边国家发展能力的巨大落差，互联互通的跨境基础设施进度缓慢。例如，周边国家缅甸境内交通基础设施总体上还处于“通而不畅”的水平，除仰光至曼德勒高速公路外（类似我国一级标准），其他道路均为 20 世纪 40 年代英殖民时期修建，道路等级低，交通运输量远超道路设计标准，拥堵情况十分严重；缅甸木姐口岸通关查验设施设备落后，人工查验情况普遍存在，导致人员、货物通关耗时较长；缅甸木姐地区市政公共基础服务设施不完善，对引导国内企业“走出去”吸引力不足。调研组现场调研了解到，缅甸边境道路“卡脖子”现象严重，105 缅边防站到中方口岸仅 14 千米道路，最长时间拥堵通行要 20 天，严重影响边境通行。设想中的经缅甸面向印度洋的出海通道，受缅甸政局不稳、问题交织的东南亚局势以及新冠疫情影响，目前难以推进。

三是口岸发展带动地方经济发展作用还不充分。云南边境口岸所处地区经济发展相对落后，产业结构与产业基础差，结构单一，关联度低，产业链短；边境地区城镇化率总体偏低，发展不均衡；与周边国家口岸跨区域合作主要集中在第一产业、第二产业领域，跨境旅游、跨境消费、跨境培训等第三产业合作面窄；与周边国家人才、土地、资金等要素流动机制，医疗卫生、就业培训等民生合作机制，金融投资、大数据、信息技术交流等经济运行机制，营商环境优化权益等保护机制制度尚未建立。

---

① 2021 年 3 月 22 日，云南省商务厅递交关于沿边开放情况的汇报材料。

（二）沿边发展基础薄弱，脱贫后的扶持政策亟待明确

边境县虽然脱贫摘帽，但脱贫后的扶持政策与发展方式亟待转换。2019年，云南省虽然有25个边境县发展速度较快，但受底子薄等因素的影响，地区生产总值仅占全省的11.1%，与其总人口占全省14.5%的比重不相称；人均生产总值35341元，仅为全省平均数的73.71%；一般公共预算支出837.82亿元，仅占全省的12.38%。与周边广西边境县相比，虽然云南省边境县“十三五”以来发展速度更快，但目前县均经济规模仅为广西边境县2012年的水平。①

经济发展面貌落后具体体现在多个方面。首先，基础设施还比较薄弱，8个边境州市的高速公路和一级公路占比明显低于全省平均水平，反映了边境地区交通条件欠佳，边境县市更为突出。而毗邻的广西壮族自治区，其边境8个县（市）实现“县县通高速”“乡乡通沥青（水泥）路”“村村通公路”，防城港、百色开通动车组列车，防城至东兴铁路、南宁至崇左铁路开工建设，都为其沿边地区快速发展提供了有力支撑。其次，目前沿边地区还是以种养农业为主，第一产业占较大比重（超过22%）。而25个边境县农田水利设施薄弱，农业生产基本“靠天吃饭”，还有23.39%的农户属于饮水困难户。边境沿线农村群众主要以传统种植业、养殖业为主，生产经营简单粗放，规模小、效益低。再次，开放型经济体系还在培育阶段，高质量新经济业态尚未形成，有潜力的通道经济、利用境内外两种资源的加工制造业尚是苗头。最后，人居环境仍有差距，需要持续加强。受经济社会发展水平和传统生活习惯所限，云南省在脱贫攻坚期间建设的垃圾桶、修建的垃圾焚烧炉未得到有效利用，农村“两污”治理因资金不足导致覆盖面较低等，部分偏远村组还存在畜禽粪便无人清理、道路垃圾无专人清理等“脏、乱、差”现象，距离“生态宜居”的乡村振兴目标还有很大差距。

从客观条件看，云南省沿边地区生态保护任务繁重，开发空间受限，从主

① 2021年3月22日，云南省统计局递交关于沿边地区发展情况的汇报材料。

体功能区角度看也需要加大发展扶持力度。云南省沿边地区基本处于国家天然林保护区、生态公益林区和自然保护区，承担着珠江、澜沧江、金沙江等多条大江大河流域和中下游城市的生态安全屏障任务。澜沧江、怒江属于国际河流，面对局势极为敏感，这些都直接影响了沿边县（市）的产业布局、产业结构，对扶贫开发和乡村振兴产生了诸多限制。

“十三五”时期的沿边地区快速发展，依赖于脱贫攻坚政策的外部大力扶持。由于沿边地区自身能力、财力、人力有限以及自然资源条件制约，如果未来更多地要依靠内生动力来实现脱贫成果的巩固提升，那么发展动力、帮扶方式、产业成长、组织形式都面临着转型升级。脱贫之后如没有一定的体制机制创新和扶持政策，边区发展将愈加滞后。脱贫后的边区发展综合性扶持政策亟须明确。

（三）沿边开放机制不完善，经贸往来面临较大困难

云南沿边是陆地边境，周边国家经济欠发达，其对外开放有自身的特殊性。从地方视角看，当前沿边开放机制存在“外部协调不对等，内部放权不充分”等问题，贸易投资便利化还存在诸多障碍。

一些需要与周边国家协商推进的事项，由于地方政府与邻国政府地位不对等，难以推动。当前我国口岸开放、通关便利化政策措施和监管手段相对灵活务实，但周边国家口岸出入境管理门槛较多、手续烦琐、审批时间长、货物及人员往来不便。中缅、中越、中老双方监管互认机制尚未建立，人员、车辆及货物出入境各自依据本国法律法规和查验程序开展查验，口岸通关不流畅、成本增加。虽然降低国际商贸成本必须双方合作，但地方政府没有权限去推动相关事宜。

与邻国劳务协议未签订，这也影响了利用外籍劳动力产业优势的发挥。例如，德宏片区地处西部，生产加工产业优势主要依靠缅籍务工人员和缅甸原产地优势来体现。随着德宏片区入驻企业越来越多，对劳务用工的需求量也越来越大。但因中缅双方尚未签署劳务协议，双方人员出入境务工没有合法依据支撑，多数企业用工需求难以保证，企业的生产制造能力未能得到充分释放。为

了给两国人民创造更多的就业机会，提供长期稳定的经济来源，有效维护边境地区和谐稳定，需要中央层面和缅方移民与人力资源部门进行外交协调，尽快商签中缅双方劳务互派协议。

从我国内部的情况看，一些垂直管理部门的管理权限向驻地机构下放不充分，也存在一些管控政策难以结合地方实际。陆地边境的贸易投资发展依赖于密集的人员往来。但近年来规定地方干部和非本地户口人员不能享受边民待遇，出入境审批烦琐，一些需要快速反应的贸易投资磋商难以推进。地方干部反映，“要扩大开放，但感觉门关得更紧了”。加上当前疫情和缅甸政局影响，诸多内外合作难以开展。一些地方政府与驻地机构都认为应当简化的事宜，但由于权限在上级垂直管理部门，因此难以落实。

（四）边境治理地方承担责任重，开放、发展与安全存在冲突

云南沿边地区为陆地边境，国境之间几乎没有天然屏障，跨境人员往来频繁，加上相邻国家如缅甸政局不稳定，近些年来如疫情防控等新型国土安全问题日益凸显，边境治理压力很大。总体看来，地方政府过多承担了本应属于中央事务的守边责任。例如，瑞丽市每年本级财政收入 10 亿元左右，但要承担缅籍人员就医、就学费用 5000 万元以上，边境线防疫人员值守费用超亿元。在疫情冲击下，每年仅用于边境线防疫人员值守费用就超出亿元。瑞丽市公职人员一半的精力要放在边区布防上，还要从外地大量抽调人员参与布防，发展经济力不从心。地方政府发现，对缅甸地方的发展援助项目在促进双方合作、促进中缅交流方面效果很好，但目前只能依赖于地方财政，力不从心。

总体而言，由于周边国家形势复杂，与我国国情差异较大，加快云南省沿边地区开放发展，必然要求放松当前的若干边境管控措施。若缺少替代性的现代化监管措施，可能存在安全漏洞。从现状看，沿边政府为维护边境安全，特别是各类新型安全冲击，耗费的财力和精力，也影响其发展潜力。

（五）高端人才和产业工人紧缺，金融支持滞后

沿边地区的开放发展，需要相应的人力资源做支撑。但从现状看，如红河

片区发展迅速，管理干部和高端人才缺口较大。从云南情况看，人才主要集中在昆明、玉溪、红河、曲靖等经济条件较好的地区，边境地区条件相对艰苦，高层次人才短缺。人才行业分布不合理，本省人才中，超过 70% 的人才集中在党政机关和教育科技文化卫生等事业单位，而在生产第一线的工业企业特别是中小企业人才相对不足。人才专业结构不合理，通用型、综合类等长线专业人才相对较多，而工程技术、生物医药、数字经济等生产性技术人才较少，这种局面在边境地区更为突出。全面脱贫后，边境地区对专业技术人才和企业家队伍等的人才需求和渴望更为迫切。

目前，边境地区劳动力转移是重要就业渠道，但由于云南省边境地区农村劳动力普遍文化程度低、劳动技能素质差，转移劳动力普遍存在难以适应城市产业多样化、职业专业化对劳动力素质的需求。加之边疆山区及高寒山区，交通、信息闭塞，开展农村劳动力培训组织动员、宣传培训、外出就业等的工作难度大，工作成本较高，培训的针对性、实效性还不够高，导致边境县（市）农村劳动力转移就业的难度较大。企业的员工培训有成功经验，但总体上职业教育发展不够。总体而言，高端人才和技术劳动力缺口较大，目前仍是人口净流出地区。

沿边地区的开放发展，也需要结算渠道和金融资源为基础。但从目前的情况看，跨境金融监管政策制约了贸易和投资发展。例如，瑞丽口岸年实际结算需求 600 亿左右，但正规结算渠道迟迟未能有效建立，目前仅能解决 10 亿左右。事实上，结算只能通过地下钱庄渠道解决，但近年来遭到外地公安机构大面积账户查封，导致正常的贸易和投资受阻。

三、促进云南沿边开放发展的建议

调研组判断，云南沿边开放发展虽面临诸多困难，但也正处在大有可为的重要机遇期。习近平总书记指示，云南经济要发展，优势在区位，出路在开放。从区位优势和地方特点看，云南沿边地区发展通道经济、旅游经济、利用境内外资源的加工制造业、特色农业等都很有潜力。我们建议，应坚持“开放与发展双轮驱动，富民与稳边互为促进”的基本思路，充分发挥云南省沿边地区在国家构建新发展格局进程中的重要功能。

（一）充分认识西南边境通道战略的重要性，持之以恒地推动西南国际大通道的建设

西南边境通道建设，事关我国与南亚、东南亚诸国的经贸便利化；着眼长远则是经缅甸面向印度洋的出海口，事关国家资源能源安全和战略纵深，在我国双循环发展大局中具有战略意义。

西南边境通道建设应章法有度、战略与战术相结合地持续推进。建议由国家部委和云南、广西两省共同建立中缅越老泰等跨国多层级相互衔接的沟通协商会商机制，及时有效地解决双边关系。基于当前复杂局势，近期重点开展跨境基础设施小通道建设、跨境合作经济区建设，逐步改良边境关系和经贸往来。鉴于缅甸位置的重要性，建议开展对缅北的援助工作，率先打通边境的小通道（缅甸105码海关监管区—瑞丽姐告，畹町、曼满口岸的通道），为稳固缅甸关系、打通中缅通道和构建中缅大通道经济走廊做好充分准备。

（二）支持提升边区发展能力，推动边区现代化水平提升

脱贫后的边区，其发展基础和动能相对薄弱，依然需要中央和东部以发展能力建设为导向的大力扶持，以推动边区现代化水平提升。

一是要充分认识沿边战略要地的重要性，边区发展事关稳边，建议整合扩充现有各类项目，设计一个脱贫后陆境边区发展综合扶持政策，增加一般性财政转移支付，安排国家重点项目。

二是利用沿边原产地和边贸等优势，研究互利互惠的东西部合作新机制。调动沿海城市参与沿边建设的积极性，鼓励发展飞地经济，变计划性的对口扶贫为主动性的东西国内大循环。

三是支持边区人才招引和培养。边区弱，弱在人才，包括经济发展人才、城乡管理人才和公共服务人才等。建议国家要特别给予边区人才招引优惠政

策，支持当地劳动力的职业培训。

四是支持边区特色经济发展和美丽城乡建设。充分尊重云南自然地理和民族文化特点，积极发展特色的产品商品体系。在云南地区，特种经济作物种植适宜，收益高，一些全国性政策要求（如耕地非粮化等要求）可以在云南有特例突破。积极引导科技、金融、管理等力量支持边境经济发展。支持边境美丽城乡基础设施和公共服务建设，服务能力辐射效应，打造边区中心城市。

（三）以自贸区改革试点为抓手，完善扩大开放的体制机制

以自贸区的要素流动自由化、人员往来便利化、设施互联互通现代化为引导，高水平构建自贸区的开发开放机制，引领高质量的边区发展。

在体制机制上，一要系统梳理，推动垂直管理部门（如海关等），将部分事项向驻地机构放权，便于沿边政府与驻地机构协调，各类管控措施更符合当地实际。二要对于部分需要与国外政府协调推进事项，应创新机制加强国家部委层面协调力度和反应速度，可考虑由相关部委在边境地区设立办事处（全国可分为西南、西北、东北三大片），解决与国外政府协调层级不对等问题。三要建立试点引领机制，对于一些短期看不准、有争议的事项，可先行选择部分边境地区试点推进。

在具体政策上，要支持瑞丽口岸申请国家一类口岸；历史上已存在的相关政策，其法律层级应提升；进一步完善跨境农产品核准、跨境金融、跨境产能（原产地证明）、跨境物流的相关管理制度；在可控前提下，地方干部和外地投资者出入境参照边民身份管理。

在产业发展上，应继续大力推进跨境产能合作“一线两园”新模式，打造优势特色产业集群，支持中国企业走出国门。可考虑以中缅交通网络为“线”，在缅甸、越南投资建设工业园区，利用国际贸易规则，推动沿边自贸区片区内工业园与缅甸、越南工业园开展跨境产能合作，形成“一线两园”模式。引导出口导向型加工制造企业在境内外合理配置产业链环节，利用缅方、越南自然资源及劳动力成本优势，破解国内企业用工不足、劳动力成本较高的难题。同时，为外方人员提供就业岗位，拉动其经济发展，促进中缅、中

越产能合作和民心相通。可在境内工业园区完成研发设计、前端产品开发和加工业务，在缅甸或越南工业园完成后端成品加工及“贴牌”等环节并出口欧美等发达国家。以中国缅甸合作为例，缅甸工业园区人均人力成本在人民币2000元左右，相较国内劳动力成本较低。合理配置产业链环节，企业产品取得缅甸原产地认证，产品出口欧美等发达国家可实现15% ~35%的关税节约。另外，缅甸对外商投资提供最高7年免缴所得税优惠政策，经营企业综合税负水平较国内下降3% ~5%以上。企业在缅甸的经营成本得到有效控制，相较在国内经营而言，企业利润水平由5% ~8%提高到10% ~15%。

（四）上下联动，加快建立现代跨境治理体系，确保边区长治久安

陆地边境国土安全风险日益多样化，与周边国家的民间交流事关边境长期稳定。应采取上下联动的思路，加快建立现代跨境治理体系。要充分考虑陆地边境防控的压力，中央应承担更多支出责任。中央相关部门应梳理应归属于中央支出责任的事项，可以转移支付的形式委托地方执行。要充分利用信息技术，前瞻性高效布局防控潜在风险，在精心设计的基础上加快信息化建设，逐步从当前的“人海战术”走向“智慧边境”。可将一些中央掌握的发展援助资金委托给沿边政府支配，明确权限以发挥沿边地区信息充分、交流便畅的优势。对周边欠发达国家的项目援助更应侧重民生小项目，促进民心相通。可探索由沿边政府支持，在周边国家发展以民生项目为主体的NGO[①]组织。

调研组成员：陈　雯　汪德华　马　勇

① NGO：Non-governmental Organizations，非政府组织。

甘　肃：
立足全局，夯实沿边地区发展的内生驱动力

民盟中央甘肃调研组

摘　要：甘肃是我国边疆九省区里边境线最短的省区，只有酒泉市肃北蒙古族自治县马鬃山镇与蒙古国戈壁阿尔泰省接壤。与其他边疆省区类似，甘肃省沿边地区城镇分布极为稀疏、内生发展能力不足、口岸商贸合作层次不高、对外开放载体平台种类繁多、生态保护修复任务较重。对外开放总体水平偏低、口岸商贸互通水平偏低和政策引导扶持力度偏低是甘肃省沿边地区的个性问题。加快甘肃省沿边地区发展，应“跳出沿边看沿边、立足全局谋一域”，实现“四个转变”，即加快沿边中心城市建设，变地理边缘为区域中心；加快交通基础设施建设，变交通末梢为运输枢纽；实行差异化区域政策，变发展洼地为政策高地；强化与毗邻及东部地区合作，变分割效应为纽带效应。

关键词：甘肃；沿边地区；对外开放；区域中心城市

构建新发展格局，是以习近平同志为核心的党中央积极应对国际国内形势变化、与时俱进提升我国经济发展水平和塑造国际经济合作竞争新优势而做出的重大战略抉择。沿边地区是我国对外开放的重要门户，具有开放前沿的突出地位，也是国家重要的战略资源储备基地和安全生态屏障，更是构建“大循环、双循环”新发展格局的重要交汇地。沿边地区必须紧紧抓住发展的重要历史机遇期，在构建新发展格局中展现新作为，在推进“一带一路”建设和新

一轮高水平对外开放中彰显新担当。

按照工作安排，2021 年 3 月 22 日至 26 日，民盟中央调研组赴甘肃省进行调研，国家发展改革委、自然资源部等单位相关专家随行调研。调研组深入兰州新区企业、项目一线进行调研，先后到肃州区、敦煌实地调研酒泉市现代种业、新能源产业以及文旅产业发展及重点项目建设等工作，在兰州召开重点考察调研座谈会，与当地人大、政府、政协、专家学者和企业家代表进行了深入交流和探讨，广泛听取了意见和建议。现将调研情况报告如下，希望通过“解剖麻雀”，进一步总结经验、检视问题、研究对策。

一、省情特点：区位独特、典型欠发达地区、非典型沿边地区

从地理区位看，甘肃省地处我国西北地区，位于黄土高原、青藏高原、内蒙古高原交会处，座中六联、承东启西，对内辐射陕西、宁夏、内蒙古、新疆、青海、四川 6 个省区，对外联通中西亚、南亚、欧洲等地区，是连接欧亚大陆桥的战略通道和沟通西南、西北的交通枢纽，历来在国家战略安全中占据重要位置。其省会兰州，位于中国陆域版图的几何中心，是中国西北区域中心城市之一，也是黄河唯一穿城而过的省会城市。全省地域辽阔（土地面积 42.58 万平方千米，全国第 7 位），地貌复杂（山地、高原、平川、河谷、沙漠、戈壁交错分布），地形狭长（东西长 1655 千米，南北宽 530 千米），宛若一柄从西北向东南方向展开的如意。进一步发挥好甘肃的独特区位优势，在深度融入新发展格局中展现更大作为，是需要从战略和全局高度来审视谋划的重大课题。

从经济社会发展来看，甘肃在历史上很长时间内处于边疆少数民族融合地带，曾经比较繁荣，近代以来陷入落后乃至贫困的状况。观察改革开放以来甘肃经济社会的发展变化，其在绝对意义上是快的，但在相对意义上则是比较慢的。2020 年，甘肃省以 3.9% 的经济增速并列全国第四，但人均地区生产总值、全体居民人均可支配收入、农村居民人均可支配收入继续位列全国倒数第

一，同时投资增长后劲不足，巩固拓展脱贫攻坚成果的任务依然艰巨，区域性贫困比较明显，与全国平均发展水平的差距仍在进一步拉大。甘肃的困境和窘迫在欠发达地区具有一定的典型性，已引起国家和各方面高度关注。

从沿边地区开放看，甘肃省自两汉时成为中西文化经济交流融汇的必经之地，其与中西亚国家经济贸易由来已久。但事实上，甘肃是我国边疆九省区里边境线最短的省区，全省只有北端的酒泉市肃北蒙古族自治县马鬃山镇与蒙古国戈壁阿尔泰省接壤，边境线全长仅 65.018 千米。位于中蒙边界 496 号界桩处的马鬃山口岸是国务院批准的一类口岸，也是甘肃省唯一的边境陆路口岸，自 1992 年 9 月开通后只运行了 11 个月就被蒙方以保护国内自然保护区为由，单方面关闭与马鬃山口岸对开的那然色布斯台口岸，至今尚未恢复通关。基本不沿边完全不沿海的甘肃，如何以口岸建设为突破口，拓展“一带一路”沿线国家市场，探索打造具有自身特色的开放经济新体系，对中西部其他省份建设内陆开放和沿边开放高地具有重要的示范价值。

专栏 1　马鬃山镇和马鬃山口岸

马鬃山镇是甘肃省肃北蒙古族自治县管辖的一块“飞地”，地处甘肃省最北端，是甘肃省唯一的边防重镇。马鬃山镇北与蒙古国的戈壁阿尔泰省接壤，东西分别与内蒙古自治区、新疆维吾尔自治区毗邻，镇域总面积约 3.16 万平方千米，下辖 5 个村委会，是我国土地面积最大的镇之一。

马鬃山镇地处荒漠戈壁，全镇常住人口不到 2 千人，边境管理区 2.6 万平方千米，人口以蒙古族、回族为主。境内蕴藏着丰富的矿产资源，据探明的金、铁、锰、铜等矿藏就达十多种，大小矿点 80 多个，年流动人口达 8 万余人。

马鬃山镇境内最出名的是马鬃山（山名）。悬壁长城与嘉峪关并成一套完整的防御体系，古称“明墙暗壁”。在河西走廊上，南北两座山系，南边的祁连山与北边的马鬃山。马鬃山因为山峦起伏，落差平均，远远看去，形似马鬃而得名，甘肃省也称之为北山。

马鬃山公路口岸位于马鬃山镇境内。中、蒙两国商定在中蒙边界 182 号界标东 35 米处设置过境标志（国门），建设双边季节性开放口岸。1992 年 9 月 1 日，口岸基础设施建成并交付使用，口岸有关管理机构也相继配置就绪，中蒙马鬃山—那然色布斯台口岸宣告正式开通。

1993 年 8 月 1 日，蒙古国以保护国内自然保护区为由单方面毁约，提出关闭马鬃山—那然色布斯台口岸，经甘肃省人民政府请示外交部，同意蒙方要求暂时关闭口岸，保留继续开关的权利，但关闭至今。

二、甘肃省对外开放和沿边发展：成效问题并存、共性个性交织

党的十八大以来，特别是2013年“一带一路”倡议提出以后，甘肃省立足区域通道优势，加快“走出去”步伐，努力提升沿边地区开发开放水平。其主要做法可概括为以下几点：一是着力打造以兰州新区、国家级高新区（兰州、白银、酒泉）、国家级经开区（兰州、天水、张掖、金昌）、省级产业园区为重点的高质量开放载体；二是持续做深做实文化、枢纽、技术、信息、生态“五个制高点”功能平台；三是充分发挥三大国际陆港（兰州、武威、天水）、三大国际空港（兰州、嘉峪关、敦煌）和兰州综合保税区的枢纽作用；四是大力支持国际货运班列运营平台建设，开行南亚、中亚、中欧、陆海新通道班列，打造国际货运班列集结中心；五是加快建设兰州、天水跨境电商综试区，优化提升指定口岸的运营水平；六是在继续巩固提升“东连”的基础上，致力做好“南向”“西进”“北拓”三篇文章。经过多年努力，甘肃省已基本构建起陆路海路贯通联动、文化经贸相互促进的对外开放格局。2020年，甘肃省外贸进出口总值372.8亿元，是1978年的627倍，其中与丝绸之路经济带沿线国家的贸易额165.2亿元，占比达到44.3%。

专栏2　甘肃兰州新区

2010年12月，甘肃省设立兰州新区。2012年8月，兰州新区被国务院批复为国家级新区，这是继上海浦东新区、天津滨海新区、重庆两江新区、浙江舟山群岛新区后的第五个国家级新区，也是西北地区第一个国家级新区，被赋予“西北地区重要的经济增长极、国家重要的产业基地、向西开放的重要战略平台和承接产业转移示范区”的战略定位，总面积1744平方千米，现托管3镇，第七次人口大普查数据显示常住人口28.82万人。

兰州新区位于秦王川盆地，距兰州市区38.5千米、白银市区79千米，是兰州、白银两市的接合部，地处兰州、西宁、银川3个省会城市共生带的中间位置，也是甘肃对外开放的重要窗口和门户。兰州新区先后获批国家可持续发展实验区、国家绿色金融改革创新试验区等重大改革创新试点。2021年，兰州新区地区生产总值迈过300亿关口、同比增长超20%，增速连续5年领跑国家级新区。

资料来源：根据兰州新区网站信息整理

甘肃省对外开放和沿边地区发展虽取得了一定成绩，但仍存在诸多困难和问题。本次调研发现的问题涉及各方面，既有与其他沿边省区相似的共性问题，又有甘肃省自身的个性问题，可以分别用“五个普遍”和“三个偏低”来概括。

（一）共性问题梳理：五个普遍

一是沿边地区城镇分布极度稀疏，区域中心城市对沿边地区的辐射力普遍需要增强。以甘肃省为例，酒泉市肃北蒙古族自治县辖2个镇2个乡，除党城湾镇是县政府所在地外，马鬃山镇和其余2个乡均远离县城，只有马鬃山镇拥有边境线，马鬃山镇区位于边境线以南270千米的地方，是距离边境线最近的镇级行政中心，而马鬃山镇区与县城的最短路程是480.4千米，比到酒泉市区的最短路程还要多133.5千米。省会兰州地处省域东段，其市区到马鬃山镇区的最短路程是1050.7千米。沿边地区城镇分布极为稀疏，各级行政中心均远离边境线和区域中心城市，直接导致相互间的经济社会互动联系较弱，区域中心城市对边境口岸和沿边地区经济社会发展的辐射带动作用不明显、不充分。

二是沿边地区内生发展动力严重不足，诸多硬环境和软环境的短板普遍有待补齐。以甘肃省为例，沿边地区水、电、路、网、教育文化、卫生医疗、社会保障等基础设施和公共服务设施建设相对滞后，资金投入严重不足，经济社会发展的基础条件十分薄弱；现代农牧业发展缓慢，工业产业链条短、集约化程度低，优势资源深度开发不够，缺乏高附加值产品，产业发展动力不足；高学历、高职称人才占比小，专业技术人才缺乏，发展智力支撑较弱；规划、技术标准对接上也存在诸多问题。

三是沿边地区口岸商贸合作层次不高，“过路经济”“通道经济”的特点长期没有变化。以甘肃省为例，2020年，其主要出口产品为机电产品、农产品和劳动密集型产品，合计占全省出口总值的80%。主要进口产品为金属矿及矿砂、机电产品和镍钴新材料，合计占全省进口总值的75.8%。不难看出，“过路经济”“通道经济”特点仍较为明显，以初级资源产品、初级农产品为主的贸易结构，偏低的落地加工率无法给甘肃省带来较好的经济效益。亟待进一步完善上下游产业链配套，吸引集聚发展要素，以加工贸易服务贸易联动并进为重点，加快向“口岸经济”“园区经济”“产业经济”“城市经济”转型升级。

四是沿边地区对外开放载体平台种类过多，定位模糊、同质化发展的现象普遍比较明显。沿边地区的对外开放平台种类很多，除黑龙江、云南、广西等沿边省（区）建立自由贸易试验区外，还包括重点开发开放试验区、综合保税区、边境合作区、边民互市区、跨境经济合作区以及边境旅游试验区等。目前，这些平台由于各自的原因，政策功能和产业集聚功能尚未有效发挥，对沿边地区对外开放和经济发展的带动作用亟待加强。以甘肃省为例，兰州国际陆港与兰州新区陆港存在一定程度的同质竞争问题，未能很好实现分工合作、错位发展、协调发展和有机融合。

五是沿边地区生态保护修复任务较重，经济发展和生态保护的矛盾普遍比较突出。以甘肃省为例，酒泉市肃北蒙古族自治县草场“三化”严重，干旱、沙尘、暴风雪等自然灾害和病虫鼠害频发，无主尾矿、废弃矿点的存量和增量较大，加之处于祁连山地区，生态保护任务非常繁重。同时，马鬃山镇属于荒漠生态脆弱区，干旱少雨，地表径流少，地下水匮乏，水资源严重短缺，水利基础设施条件薄弱，水资源“瓶颈”制约问题突出，境内有公婆泉恐龙地质公园、北山羊保护区等保护地，生态安全、自然环境保护的任务重大，而马鬃山口岸对面则是蒙古国国宝戈壁熊国家自然保护区，在两国毗邻地区的任何开发都容易引起国际争议。

（二）个性问题总结：三个偏低

一是对外开放总体水平偏低。甘肃省经济外向型程度较低，2020 年对外开放度为4.13%，远低于全国32.09%的平均水平，在沿边九省区中位列倒数第二位，仅高于西藏自治区。其背后的原因是甘肃省地处西部内陆欠发达地区，对外开放“先天不足”，基础设施配套不健全，营商环境有待完善，经济社会发展滞后，制约了对外经贸合作和沿边地区开发开放发展。

二是口岸商贸互通水平偏低。甘肃省唯一的边境陆路口岸马鬃山口岸自1993年8月以来长期关闭，口岸保税区、仓储物流、边贸市场等长期停滞，难以发挥口岸对地区经济发展的辐射带动作用。其背后的原因是蒙古国响应不足，开放与合作意愿不对称，导致甘肃省沿边地区开发开放发展缓慢。

三是政策引导扶持力度偏低。作为非典型沿边地区，甘肃省边境地区享受到的扶持政策碎片化特征明显，政策滞后、可操作性弱的问题比较突出，政策的系统性、指向性和有效性有待进一步提高。例如，甘肃省边境口岸、航空口岸、铁路口岸的开放、建设和运行需要进一步优化政策设计，积极争取国家层面政策支持；对酒泉市、肃北县、马鬃山口岸的扶持政策比较零散，需要在形成上下贯通、协同联动的政策合力上持续下功夫。

三、甘肃省沿边地区发展的思路：跳出沿边看沿边、立足全局谋一域

调研组认为，共建“一带一路”、推进西部大开发形成新格局、黄河流域生态保护和高质量发展等国家重大决策部署在甘肃省交汇叠加，将进一步拓宽“十四五”时期甘肃省的发展空间。要把甘肃省沿边地区的经济社会发展放到国家“一带一路”建设和国家构建形成新发展格局的层面来认识，紧扣“三新”主线，用“跳出沿边看沿边、立足全局谋一域”的眼光，解放思想，找准在服务和融入国家构建形成新发展格局中的定位，精准谋划具有沿边地区特色的追赶式发展道路，加快打造更高能级的开放载体平台，统筹做好“提升”文章。

具体而言，甘肃作为胡焕庸线西侧唯一座中六联、拥有能够形成西部地区“双循环”新发展格局战略纵深的省份，一个可行的目标愿景应是建设成为国家打破“胡焕庸线”的战略基地和“双循环”战略枢纽，为改变我国经济“东南重、西北轻”的不平衡发展格局贡献甘肃力量。

四、加快甘肃省沿边地区发展的对策建议：四个转变

国家“一带一路”建设是甘肃省最大的机遇，甘肃省应紧紧抓住这一机遇，加快推进沿边地区开发开放，更好地融入以国内大循环为主体、国内国际双循环相互促进的新发展格局。从前面分析的情况看，加快甘肃省沿边地区发展需要立足体制机制创新，突出“四个转变”。相关建议如下。

（一）加快沿边中心城市建设：变地理边缘为区域中心

加快甘肃省沿边地区发展，需要在短时间内培育增长极，提高经济要素集聚力和人口吸引力。

一是理顺“口岸（马鬃山）—县城（肃北）—沿边中心城市（酒泉）—经济腹地（酒嘉双城经济圈）”的关系。强化彼此间的联系，拓展口岸城镇的腹地。

二是研究行政区划调整的科学性和可行性。酒泉与嘉峪关融合发展可以有效地推进河西发展战略，做大做强沿边中心城市，实现1+1大于2的规模效应。设立敦煌地级市（可将临近的肃北县和阿克塞县划归敦煌市管辖）有利于水资源的合理分配和经济社会的协调发展，增强地方发展自主权。

三是论证在酒泉创建内陆型经济特区的可行性。借鉴深圳、珠海等特区发展经验，积极探索行政管理体制改革新途径，形成有利于沿边中心城市发展的制度环境。

四是实施“贸工联动”的发展战略。形成商贸业对制造业发展的先行动能，制造业对商贸业发展给以支撑和保障的良性互动格局，以加工业的提升带动沿边中心城市经济发展。

（二）加快交通基础设施建设：变交通末梢为运输枢纽

加快交通基础设施建设，缩短沿边地区与经济中心、市场中心的时空距

离，使酒泉等沿边中心城市成为中国与蒙古国两国经济的交汇点。

一是加快构建区域综合交通运输体系。努力构建兰白都市圈一体化交通网络，重点建设河西走廊旅游交通大通道，加快打通沿边通道。

二是尽快修建兰新铁路瓜州县柳沟站至马鬃山口岸的铁路及其跨境铁路通道。与蒙古国新铁路网建设相连接，逐步打通“草原丝绸之路国际大铁路”通道（西藏—敦煌—蒙古国—俄罗斯）。

三是在国家层面考虑增设兰州铁路口岸。更好地发挥兰州陆港型国家物流枢纽作用，进一步加强甘肃与蒙古国及中西亚、西欧等国家的经贸关系和人员往来，为货物流通提供便利。

四是积极协调与蒙方的境外公路段建设。建议把中蒙马鬃山—那然色布斯台口岸到蒙古国阿尔泰市的400千米境外段建设纳入对外基础设施援助的优先项目，鼓励和支持利用民间资本参与建设，力促项目早落地、早开工、早建成、早运营。

五是将甘肃省沿边地区公路及部分国防公路建设纳入国家交通基础设施建设“十四五”规划，并予以政策和资金倾斜支持。

（三）实行差异化区域政策：变发展洼地为政策高地

制定出台差异化的扶持措施，为甘肃省沿边地区加快发展奠定产业支撑。

一是放宽沿边地区产业准入标准。重点是放宽利用境外资源和开拓境外市场的钢铁、冶金、化工、水泥等产业准入标准，降低准入门槛。

二是加快全省各类开放载体、平台的优化整合。推进口岸平台错位发展，防止邻近口岸之间的恶性竞争，推动口岸和通道一体、贸易和加工联动，加快构建“口岸枢纽+通道+贸易+加工”的泛口岸经济区。

三是对国际空港建设给予支持。考虑在对外航权谈判中支持兰州新区、嘉峪关、敦煌等航空口岸获得包括第五航权在内的航权安排，开展经停第三国的航空客货运业务，增加国际客货运航班。实施外国人过境144小时免办签证政策，实现更加开放、便利的出入境管理。设立敦煌综合保税区和敦煌口岸进出境免税店。

四是制定一揽子专项扶持政策。考虑将马鬃山口岸列为全国边境重点公路口岸并尽快推动口岸复关（复关将改变内蒙古策克口岸与新疆老爷庙口岸之间1200千米中蒙边境线上无开放口岸的现状），将肃北蒙古族自治县纳入国家“十四五”时期重点建设的边境县城名单，将酒泉市作为边疆重要城市列入特别振兴区名录。推动中华人民共和国海关总署在酒泉市海关设立辅导部门，为酒泉市肃州区种业出口开通绿色通道，在物流运输、通关监管上全程给予便利（酒泉市肃州区种子出口量占到全国种子出口总量的50%）。

专栏3　航权和第五航权

航权是世界航空业通过国际民航组织制定的一种国家性质的航空运输权利，因为航空运输只要超出自己的国界就涉及其他国家的主权，国际航空运输就需要一个在全球行业范围内有一个统一的规定，航权就属于这个规定中的一部分。

航权分为9种：第一航权是指领空飞越权；第二航权是指技术经停权；第三航权是指目的地下客权；第四航权是指目的地上客权；第五航权是指中间点权或延远权；第六航权是指桥梁权；第七航权是指完全第三国运输权；第八航权是指（连续的）国内运输权；第九航权是指（非连续的）国内运输权。

第五航权可以先在第三国的地点作为中转站上下客货，是要和两个或两个以上的国家进行谈判。例如，新加坡—厦门—芝加哥，新加坡航空获得第五航权，可以在新加坡—芝加哥航线上在厦门经停，上下客货。

第五种权利（第三国运输权）：承运人前往获得准许的国家，并将从第三国载运的客货卸到该国，或者从该国载运客货前往第三国。承运人从本国运输客货到另一国家时中途经过第三国（也就是始发地国家和目的地国家以外的其他国家），并被允许将途经第三国拉的客货卸到目的地国。这种权利是第五航权的一种。第五航权的第二种是以远点国家的运输，承运人将自己国家始发的客货运到目的地国家，同时又被允许从目的地国家上客货，并被允许运到另一国家。

可以看出，只有在同时具有这两种第五航权时，承运人就可以完整地使用这些权利了，否则即便获得了其中之一，也很难进行操作。

第五航权是针对两个国家的双边协定而言的，在两国的协定中允许对方行使有关第三国运输的权利。但是在没有第三国同意的情况下，这个权力等于没有。因此，航空公司在用这个权利的时候，必然同时要考虑中国与这个“第三国”有没有相应的权利。

第五航权之所以复杂，就是因为，它涉及多个双边协定，并且在不同的协定中意味着不同种类的航权。第五航权的开放意味着外航不仅要分享对飞国之间的市场，还要分享中国到第三国的市场资源。

> 2019 年 5 月 13 日，陕西省首条第五航权航线首尔—西安—河内于 12 日凌晨成功首航，使西安市成为中国西北地区首个获得并使用第五航权的城市。
>
> 资料来源：根据中国民用航空局网站信息整理

> **专栏 4　肃州国家现代农业示范区**
>
> 2012 年，酒泉市肃州区被农业农村部认定为国家现代农业示范区。肃州区按照“园区化、企业化、循环化、产业化”的发展理念，依托国家现代农业示范区，重点建设城郊农业区和种植产业园、标准化养殖园、农产品加工物流园等十大农业产业园区，规划布局沿山片制种玉米和草畜复合产业带、中北部蔬菜与经济作物制种复合产业带，大力发展优质蔬菜、肉牛肉羊、特色高效制种三大产业，是全国无公害蔬菜生产加工示范县、全国最大的蔬菜花卉制种基地和对外贸易制种基地、国家级杂交玉米种子生产基地和甘肃省肉牛肉羊产业大县。
>
> 资料来源：根据酒泉市肃州区人民政府网站信息整理

（四）强化与毗邻及东部地区合作：变分割效应为纽带效应

甘肃省沿边地区的发展仅靠自身努力还远远不够，还需要加强与毗邻省份及东部地区的协同合作。一是扎实推进与毗邻省份及周边区域（新疆哈密、青海格尔木、内蒙古阿拉善盟）的协同发展；建立健全多层次、宽领域、高水平的协同开放发展机制，走省际互动、区域协同的高质量发展之路。二是把与东部经济发达省份共建“飞地经济”这篇文章做实做深、做活做好；积极学习江苏、浙江、广东等省相关做法，研究编制甘肃省“飞地经济”发展规划，制定具体政策，明确利益分配机制；以兰白区域为重点加快发展“飞地经济”，在飞入地的选择上以兰州新区和兰州高新区为试点，在飞出地的选择上要重点瞄准上海、北京、江苏、浙江、广东、天津等国内发达地区，吸引有产业链带动能力的大企业，以兰州新区和兰州高新区为产业集聚区，建设国内发达地区大型企业、科研院所和高科技园区在甘肃的生产基地和产业外延区。三是把天津对甘肃的“对口支援”提升为“对口支援与合作”的津陇模式，鼓励作为支援省市的天津，与受援的甘肃省沿边地区以经济利益为纽带，在酒泉市肃州区或肃北县马鬃山经济开发区共建产业园区，加快甘肃省沿边地区工业化、城镇化发展步伐。

专栏5 “飞地经济”案例

1. 江阴与靖江合作共建工业园区

江苏江阴—靖江工业园区成立于2003年8月29日，是江阴、靖江两市跨市跨江联合投资开发的省级经济技术开发区，是江苏省跨江联动开发的先导区和示范区，总规划面积60平方千米，首期启动区面积8.6平方千米。同年，江阴和靖江签订了《关于合作开发江阴经济开发区靖江园区的协议》，标志着江阴和靖江实施的两岸联动开发取得实质性进展，同时也打破了行政区域划分，开始了共同开发的第一步。2006年7月6日，被国家发改委明确为省级经济开发区，并更名为“江苏江阴—靖江园区”。

江苏江阴—靖江园区位于靖江市西南侧，江阴、靖江两市共同成立园区管委江苏江阴—靖江园区，按照“统一规划、分步实施、政府推动、市场运作、封闭运行、滚动开发”的原则进行，经济事务由江阴经济开发区负责，社会事务由靖江委托园区管理。协议中双方承诺十年内不从园区分取投资收益，投资公司收益含税收留成，全部留在园区滚动开发。10年后，江苏江阴—靖江园区收益双方对半分成。

2. 深圳与汕尾合作共建深汕特别合作区

深汕特别合作区是我国第一个特别合作区，位于广东省东南部，粤港澳大湾区最东端，西北与惠州市惠东县接壤，东与汕尾市海丰县相连，由深汕小漠、鹅埠、鲘门、赤石四街道组成，总面积468.3平方千米。

（1）深汕特别合作区的设立

深汕特别合作区的前身是位于汕尾市鹅埠镇的深圳（汕尾）产业转移工业园，是经广东省政府批准认定的省级产业转移工业园，由汕尾市政府和深圳市政府共建。2011年2月，广东省委、省政府批复《深汕（尾）特别合作区基本框架方案》，正式设立深汕特别合作区。2011年5月，广东省委、省政府将“中共深汕特别合作区工作委员会”“深汕特别合作区管理委员会”牌子授予深圳、汕尾两市，深汕特别合作区正式运作。

深汕特别合作区党工委、管委会为广东省委、省政府派出机构，享有地级市一级管理权限，委托深圳、汕尾两市管理，深圳市主导经济管理和建设，汕尾市负责征地拆迁和社会事务。2014年11月，《深汕（尾）特别合作区发展总体规划（2015—2030年）》出台，标志着深汕特别合作区的发展驶入快车道。

（2）深汕特别合作区的体制机制创新

2015年7月召开的广东省政府常务会议审议通过了《广东深汕特别合作区管理服务规定》。2017年9月，广东省委、省政府下发了《关于深汕特别合作区体制机制调整方案的批复》，要求深圳市落实全面主导合作区经济社会事务的责任，按照“10+1（深圳10个区+深汕特别合作区）”模式给予全方位的政策和资源支持，并提出深汕特别合作区党工委、管委会、纪工委领导班子成员由深圳市委选任和管理，领导职数参照深圳经济功能区配备。

2018 年 2 月，深圳市下发深汕特别合作区体制机制调整的工作方案。根据深汕特别合作区体制机制调整方案，深汕特别合作区党工委、管委会调整为深圳市委、市政府派出机构。2018 年 12 月，深圳市深汕特别合作区正式揭牌，标志着深汕特别合作区迈入由深圳市直接管理的全新阶段。

表 1　沿边九省区对外开放度比较（2019—2020 年）

	年份	全国	辽宁	吉林	黑龙江	内蒙古	甘肃	新疆	西藏	云南	广西
①进出口总额（亿元）	2019	315400.0	7255.0	1302.2	1865.9	1095.7	379.9	1640.9	48.8	2323.0	4694.7
	2020	326000.0	6544.0	1280.1	1537.0	1043.3	372.8	1484.3	21.3	2680.4	4861.3
②GDP（亿元）	2019	986515.2	24855.3	11726.8	13544.4	17212.5	8718.3	13597.1	1697.8	23223.8	21237.1
	2020	1015986.2	25115.0	12311.3	13698.5	17359.8	9016.7	13797.6	1902.7	24521.9	22157.0
对外开放度（①/②,%）	2019	31.97%	29.19%	11.10%	13.78%	6.37%	4.36%	12.07%	2.87%	10.00%	22.11%
	2020	32.09%	26.06%	10.40%	11.22%	6.01%	4.13%	10.76%	1.12%	10.93%	21.94%

数据来源：国家统计局、中经数据库。考虑到因疫情影响2020 年度数据可能失真，同时搜集 2019 年数据一并列示

调研组成员：李山虎　朱中卫　姚　婧　唐晓春
王　喆　强海洋　马燕坤

新　疆：
新发展格局下我国向西开放发展研究

民盟中央新疆调研组

摘　要：扩大开放、加强协作，是融入新发展格局、畅通经济循环的必然要求，是提高国家综合竞争力和相关话语权的关键。向西发展是我国紧密联系和打通中亚、欧洲市场的重要战略，是扩大市场腹地的有效方略，新疆的进一步开放发展至关重要。新疆在我国“一带一路”和国际国内双循环建设中具有至关重要的战略区位，西向开放桥头堡地位突出。习近平总书记在第三次中央新疆工作座谈会上指出，开放发展是新疆长治久安的重要基础，要把新疆的区域性开放战略纳入国家向西开放的总体布局中，丰富对外开放载体，提升对外开放层次，创新开放型经济体制，把新疆打造成内陆开放高地，建设成沿边丝绸之路经济带核心区。新发展格局下研究新疆开放发展，对加快构建新发展格局、促进国际国内双循环发展，抵制西方国家故意诬蔑抹黑新疆现代化治理发展等都有深远的战略意义。2021 年 4 月 19 日至 22 日，民盟中央调研组赴新疆维吾尔自治区，开展实地调研。民盟中央课题组通过调研发现，新疆开放发展仍存在交通基础建设滞后、人才流失严重和口岸通关效率低等问题，并提出相应建议举措。

关键词：新疆；开放发展；口岸建设

一、新疆经济社会整体评价

第二次中央新疆工作座谈会以来，在以习近平同志为核心的党中央坚强领导和亲切关怀下，经过各方面艰辛努力，新疆工作取得重大成效，经济社会发展和民生改善取得前所未有的成就，各族群众的获得感、幸福感、安全感不断增强。新疆呈现出社会稳定、人民安居乐业的良好局面，新疆大局实现由乱到治，处于历史上最好的繁荣发展时期，为迈向长治久安奠定了坚实基础。

（一）综合经济实力稳步提升

深入推进供给侧结构性改革，坚决破除各种“瓶颈”制约，有效应对各种风险挑战，着力推进高质量发展，综合经济实力不断跃上新台阶。地区生产总值从2015 年的9306. 88 亿元增加到2020 年的13797. 58 亿元，5 年年均增长 6. 1%。一般公共预算收入从 2015 年的 1330. 85 亿元增加到 2020 年的 1477. 2 亿元，5 年年均增长 2. 1%。2020 年城镇居民人均可支配收入 34838 元，5 年年均增长 5. 8%，是 2010 年的 2. 41 倍；农村居民人均可支配收入 14056 元，5 年年均增长 8. 3%，是 2010 年的 2. 82 倍。以电子商务、商贸物流为重点的现代服务业快速发展，经济增长实现了从主要依靠工业带动向工业和服务业共同带动转变。供给侧结构性改革取得积极成果，三次产业结构由 2015 的 15. 3∶39. 1∶45. 6 调整到 13. 8∶34. 8∶51. 4。

（二）工业规模持续扩大

初步形成了以石油化工、电力工业、有色金属、纺织服装、装备制造、特色轻工、钢铁建材、现代煤化工等产业为支柱、门类较为齐全的现代工业体系。加快建设国家级现代煤化工基地，初步形成了准东、吐哈为主的煤化工产业发展集聚区。实施以南疆为重点的纺织服装产业带动就业工程，全行业累计新增就业68.6万人次。实施创新驱动发展战略，一批重点领域关键核心技术取得重大突破，硅基、铝基等新材料产业成为新的产业增长极，科技创新在支撑高质量发展中的作用显著增强。2020年，规模以上工业增加值同比增长6.9%，工业经济面对新冠肺炎疫情严重冲击表现出了强大韧性和旺盛活力。一批工业产品产量、产能规模全国领先，PVC、多晶硅、大型风力发电机、番茄酱产量全国第一，油气当量、电解铝、新能源发电规模等居全国第二，火电、风电、光伏装机位居全国前列，纯棉纱、黏胶纤维、成品油、化肥等产品产量进入全国前十位。

（三）基础设施条件日趋完善

一大批交通、水利、能源等重大基础设施项目建成投运，有力支撑了经济社会发展，深刻改变了城乡面貌。5年累计完成固定资产投资4.1万亿元，是“十二五”时期的1.29倍。“疆内环起来，进出疆快起来”取得重大进展，综合交通网络不断健全，2020年，全区公路通车里程达20.9万千米，5年新增3万千米，其中高速公路5500千米、新增1184千米，全区所有地州市迈入高速公路时代。民用机场总数达到22个，以乌鲁木齐国际机场为核心、支线机场为支撑的“空中丝绸之路”初具规模。铁路营运里程达7398千米，5年新增1530千米，铁路通到了全疆所有地州市所在地。首府乌鲁木齐跨入地铁时代，开行乌鲁木齐至西安动车，新疆铁路客运融入全国高速铁路主网。格库铁路全线贯通，开辟了第三条出入新疆的铁路大通道。加快水利基础设施建设，建成阿尔塔什、卡拉贝利等18座大中型水库，全区水库库容达230亿立方米，5年增加35.63亿立方米，从根本上解决了叶尔羌河千年水患，新增高效节水灌溉面积1156万亩，给流域240多万人民带来福祉。加快能源基础设施建设，建成塔里木3000万吨油田，勘探发现新疆油田玛湖、吉木萨尔两个10亿吨级大油田；先后建成“疆电外送”“西气东输”大型煤电煤化工基地、新能源基地等一批重大工程，实现750千伏输变电工程地州全覆盖，全区电力装机规模超过1亿千瓦，达到10253万千瓦，“疆电外送”超过3000亿千瓦时，其中2020年突破1000亿千瓦时。

（四）乡村振兴战略加快实施

大力实施乡村振兴战略，推进以粮、棉、果、畜为代表的特色农业向优质化、产业化、市场化发展。2020 年粮食总产量 1583.4 万吨，粮食安全得到有效保障；棉花总产量 516.1 万吨，占全国比重的 87.3%，新疆作为全国优质商品棉基地的地位更加稳固，保障国家棉花战略安全的能力显著增强；特色林果产量 1120 万吨，建成了全国最大的优质特色林果基地；以五大振兴行动为重点的现代畜牧业加快发展，牲畜存栏量超过 5000 万头（只），建成了全国重要的畜产品生产基地。农产品市场开拓战略加快实施，疆内收购和疆外销售“两张网”日益完善。2020 年，全区现行标准下 308.9 万农村贫困人口全面脱贫，3666 个贫困村全部退出，32 个贫困县全部摘帽。

（五）对口援疆工作成效显著

5 年来，19 个援疆省市累计投入援疆资金 766.77 亿元以上，实施援疆项目 8540 个，80% 以上援疆资金投入民生领域和基层，实施了一大批重点民生项目，极大地改善了受援地基础设施和群众生产生活条件。医疗、教育人才“组团式”援疆不断深入，援疆综合效益不断提高，让新疆各族人民更加深刻地感受到了祖国大家庭的温暖。

二、新疆沿边地区发展情况

（一）沿边地区总体情况

新疆地处亚欧大陆腹地，总面积 166 万平方千米，边境线长 5742.1 千米，与周边 8 个国家接壤，有 20 个国家一类口岸，是我国面积最大、陆地边境线最长、毗邻国家最多的省区。全区有 10 个沿边地（州、市）、34 个边境县（市、区）、122 个边境乡镇、929 个边境村，主要分布在北疆、东疆和南疆的高寒山区和荒漠区，跨阿尔泰山、天山、昆仑山脉，呈弧形带状分布，国土面积64万平方千米，占全新疆国土总面积的39%。

1. 经济发展方面

截至2019年年末，34个边境县（市、区）全年实现地区生产总值2590.96亿元，占全新疆地区生产总值（13597.11亿元）的19.06%，较2015年增长41.87%。其中，第一产业增加值459.31亿元，较2015年年末增长12.24%，占地区生产总值比重为17.73%；第二产业增加值818.63亿元，较2015年年末增长26.49%，占地区生产总值比重为31.59%；第三产业增加值1303.02亿元，较2015年年末增长78.28%，占地区生产总值比重为50.68%。34个边境县（市、区）全年城镇居民人均可支配收入31135元，比全新疆城镇居民人均可支配收入（34664元）低3529元，比2015年年末增长32.29%。农村居民人均可支配收入13260元，比全新疆农村居民人均可支配收入（13122元）高138元，比2015年年末增长27.68%。

2. 生态环境方面

我区积极推进生态文明建设领域立法工作，先后制定出台《自治区环境保护条例》《自治区大气污染防治条例》《自治区煤炭石油天然气开发环境保护条例》《自治区农田地膜管理条例》等地方性法规，出台《关于加强全区生态文明建设的实施意见》《关于全面加强生态环境保护坚决打好污染防治攻坚战实施方案》《自治区严禁“三高”项目进新疆推动经济高质量发展实施方案》《自治区农村人居环境整治三年行动实施方案》等多部生态文明建设和生态环境保护重要文件，形成了体系完整的生态文明建设政策法规体系。坚持稳步推进蓝天、碧水、净土保卫战，坚决守住生态保护红线、环境质量底线和资源利用上线。“新疆生态环境脆弱、生态安全关系子孙后代”理念已成普遍共识，全社会关心环境、参与环保、贡献环保的行动更加自觉。

3. 财政税收方面

2018—2020年，34个沿边县（市、区）共实现税收收入842.82亿元，其中，2018 年实现 302.86 亿元，2019 年实现 276.41 亿元，2020 年实现 263.55 亿元。阿拉山口、喀什和霍尔果斯 3 个综合保税区已全面推行增值税一般纳税人资格试点。

（二）改革任务推进情况

近年来，自治区坚持向改革要动力、要活力、要效益，全面承接、如期推进国家部署的改革任务。2015 年以来，自治区累计承接涉及自贸区、改革开放试验区等方面改革任务 18 项，截至目前，各项任务均已取得阶段性成效。霍尔果斯综合保税区、塔城重点开发开放试验区获批设立；喀什、霍尔果斯经济开发区基础设施不断完善，产业集聚能力稳步提升；通关便利化水平进一步提高，出口货物通关时间明显缩短；边境贸易加快创新发展，推动服务外包产业转型升级；主动承接东部沿海发达地区产业转移，全方位对外开放新格局初步形成。

（三）沿边区划调整情况

近年来，在国家的大力支持下，批复我区设立了阿拉山口市、霍尔果斯市以及兵团可克达拉市（边境市）、新星市等一批沿边城市，正在向国家申请设立兵团第九师白杨市（边境市）。此外，我区正在研究制定设镇标准，并对沿边乡镇予以倾斜。

（四）对沿边人员留、用、管、服情况

一是“留”的政策。为加快沿边地区发展，稳边固边兴边，自治区先后出台《自治区贯彻落实〈兴边富农行动“十三五”规划〉的实施意见》《关于加大边民支持力度促进守边固边的实施意见》《关于深入推进兴边富民行动的实施意见》《关于加强新时代党政军警兵民合力强边固边的实施意见》等相关文件，形成兴边富民、强边固防政策体系。积极争取中央边境地区转移支付资金，边境地区转移支付补助由 2012 年的 14.85 亿元增加到 2020 年的 41.99 亿元，年均增长 13.9%。全区现有护边员队伍 6 万余人，2016—2019 年，累

计发放护边员补贴 44.38 亿元（其中，中央财政 33.1 亿元，地方财政 11.28 亿元），有力地保障了沿边地区的开发开放和安全稳定。

二是“用”的措施。大力发展边民互市贸易、跨境旅游等产业，让边民有活干、有钱赚，安得下心、住得下来。塔城边民互市贸易进口商品落地加工试点取得阶段性进展，组建 130 组共 2600 人的边民互助组，启动建设落地加工区 40 万吨油葵剥壳、榨油生产项目，创新实行“大宗商品市场交易 + 进口超市自提”贸易模式，开创拼车及国际班车客货分离等通关模式。为促进我区边境旅游业的发展，霍尔果斯、吉木乃、塔城、阿拉山口研究起草了跨境旅游合作区和边境旅游试验区建设实施方案，积极推动跨（边）境旅游合作模式创新，优化通关流程，拓展免签政策，带动旅游经济发展。

三是“管”的办法。自治区不断加强抵边活动人员教育管理，加大《新疆维吾尔自治区边境管理条例》《关于解放军、武警部队在边境（边界）管理方面与公安机关职责划分和工作机制有关问题的意见》等法律法规的宣传力度，增强边民国界意识和法律意识，引导边民积极参与保护国界标志、维护界河河道和航道。2016 年以来，自治区和各边境地（州、市）、县（市、区）、兵团边境师（团、场）自筹资金，在边境一线建设巡边道路、拉设边境铁丝网、安装视频监控，配备无人机、技防设施、交通工具，加密边境警务站和执勤房等，实现 5742 千米边境线硬隔离和全线闭合，实现全时全线全域管控，坚持军警两用两便利，改善了边境地区基础设施条件，进一步强化了国家西北边疆的战略态势，有力地维护了祖国的统一和领土完整。

四是“服”的保障。“十三五”期间，累计落实中央预算内投资 27997 万元，先后支持伊犁州察布查尔县、喀什地区塔什库尔干县、博州温泉县和博乐市、阿勒泰地区青河县和福海县、塔城地区塔城市、昌吉州木垒县等 8 个边境县市实施守边固边试点工程建设，建设 34 个抵边新村（从抵边行政村外迁入 1036 户 4256 人）、4077 套抵边自然村特色民居。“十四五”期间，拟在和田地区与田县与皮山县、喀什地区叶城县和塔什库尔干县、克州阿克陶县、乌恰县、阿图什市和阿合奇县、伊犁州霍城县、霍尔果斯市和昭苏县、阿勒泰地区福海县、博州博乐市和温泉县 14 个边境县市新布建抵边新村 63 个（拟从抵边行政村外迁入2231户8597人），进一步增强抵边一线守边固边力量。

（五）口岸建设发展情况

“十三五”期间，国家支持新疆一类口岸查验设施建设专项中央预算内投资13628万元。口岸基础设施不断完善，塔克什肯、吉木乃、红山嘴、巴克图等口岸基础设施加快建设，在红其拉甫、卡拉苏、伊尔克什坦、吐尔尕特、塔克什肯5个长距离孔道口岸前沿增加H986和CT机等大型查验设备，实现出入境货物关口前移，保障了国门安全。口岸开放不断扩大，霍尔果斯铁路口岸正式开放，伊宁航空口岸获批开放，卡拉苏口岸实现常年开放。口岸功能不断拓展，与周边3国开通5条农产品快速通关绿色通道，新增进境肉类、粮食等8类30个海关指定监管场地。通关便利化水平不断提升，新疆电子口岸正式开通，国际贸易“单一窗口”全面推广，乌鲁木齐关区整体进口通关时间压缩至23.4小时、出口通关时间压缩至0.57小时。

专栏1 阿拉山口综保区出口加工情况

阿拉山口综保区坚持“畅通开放、贸易先行、以贸促工”的发展思路，立足国际国内两个市场、两种资源，着力打造“两进两出”的四大产业集群，建设成为国家级进口资源和粮食安全战略储备加工基地、全国木材产业进出口加工示范区、我国重要的高端医用敷料和耗材出口加工基地、新疆重要的装备制造出口加工基地。“十四五”期间，阿拉山口综保区针对丝绸之路经济带沿线国家发展需要和庞大的国内消费市场，发展“保税+”业务，推动区内商贸物流、装备制造、林木加工、医用敷料和耗材、农畜产品等加工贸易蓬勃发展。

（一）打造全疆装备制造出口加工基地

针对丝绸之路经济带沿线国家庞大的基础设施建设需求和农业发展需要，重点发展农业机械、工程机械、汽车组装、食品加工机械等装备制造业，加大与哈萨克斯坦等国在装备制造领域的生产合作，重点支持骨干企业在周边国家建设境外资源保障基地，增强综保区装备制造领域的中亚影响力。支持综保区内企业开展高技术含量、高附加值的工程机械、数控机床、医疗器械等再制造业务。抢抓东部沿海地区产业转移机遇，重点引进面向中西亚市场的金属制品制造和电子信息企业，提升综保区装备制造业发展能级。

（二）打造全国木材进出口加工基地示范区

依托阿拉山口口岸进口国外优质木材原料，进行加工、仓储、包装等一体化的木材落地加工产业，重点发展以家具、工艺品、建筑构件等为主的高端木制品业，以纤维板、胶合板、木工板为主的人造板，以单板、锯木、木片为主的木材初加工业，以仓储物流、展示交易、电商为主的配套服务业，着力打造链条完整、附加值高、运行高效的林木产业生产链。大力发展以木材精、深加工的高端木制品为引领，引入一批成熟的高端木制品品牌，着力打造一批木制品新兴品牌企业，形成集建筑装饰、高端家具、木制工艺品、玩具、办公用品等为一体，增加木塑复合板、超强板、功能板、木地板、强化复合地板等产品生产的高端木制品产业集群。

（三）打造全国高端医用敷料和耗材出口加工基地

依托中亚优质的棉花资源优势，加强与国外医疗器械和医药用品巨头、国际医药零售龙头企业的合作，进一步优化整合医用敷料和器材产业链，重点开发以天然高分子材料藻酸盐为原料的医用敷料，大力发展伤口护理、加压固定、医用防护、湿性敷料、功能性敷料等高科技生物敷料以及医用导管、手术感控等新型高附加值医用材料领域，促进医用敷料向集成型、健康保健型、进口替代型发展，提升产业核心竞争力。加强体外诊断产品研发与应用，重点突破循环肿瘤细胞检测分析技术，发展血液细胞分析仪、单细胞基因检测和测序分析试剂、病毒核酸检测试剂等。培育发展医用口罩、防护服、消毒液、消毒湿巾、消毒喷剂、护目镜、测温仪等医用关联产业，努力打造阿拉山口成为我国全国高端医用敷料和耗材出口加工基地。

（六）沿边地区产业发展情况

近年来，沿边地区积极发挥区位优势，立足资源禀赋，以市场为导向，以物流产业为抓手，发挥“西引东来，东联西出”作用，推动形成了一批沿边经济发展样板地区和新的经济增长极。阿拉山口口岸着力打造跨境电子商务产业链，2020 年，跨境电商完成 5045 万票，票件量占全疆的 95%，总量全国第四、增速全国第一。喀什经济开发区积极引进电子产品组装等劳动密集型产业，截至 2020 年年底，入驻电子产品组装企业 98 家，解决就业 16434 人。阿克苏地区狠抓特色林果业提质增效，逐渐建成 1 个自治区级、5 个地区级、68 个县（市）级科技示范基地，实现了以苹果、红枣、核桃、香梨为主的 450 万亩林果种植面积，各类林果产品热销疆内外。哈密加快实施国家“疆电外送”战略，建成千万千瓦级新能源基地，为保障国家能源安全、推进能源转型变革做出了积极贡献。阿拉山口、霍尔果斯陆上边境口岸型国家物流枢纽加快建设，2020 年，经霍尔果斯、阿拉山口口岸过境中欧班列首次突破10000列，达到10051列，占全国中欧班列开行数量八成以上。

三、新疆开放发展存在的主要问题

（一）经济发展面临困境

改革开放后，特别是西部大开发以来，以2010年中央新疆工作座谈会为标志，新疆进入经济社会发展的新阶段。GDP由1978年的39亿元增加到2020年的13435亿元，经济总量持续增长，三产比重也由36∶47∶17发展到17∶37∶46，结构更趋合理。在新疆区域内部，区域经济体逐步成为引领发展的高地。天山北坡经济带作为国家西部大开发战略重要环节，成为西部地区重点培育的新的增长极，对新型城镇化建设发挥重要示范与带动作用。天山北坡经济带的产业体系不断完善，集聚能力不断提升，逐步成为新疆区域经济发展新的支撑。天山北坡经济带、霍尔果斯开发区、大喀什经济圈等新兴经济体的发展，为区域经济的一体化发展注入新的活力。但在发展过程中也存在一些问题，主要有以下几个方面。

一是区域经济发展相对落后，区内发展差异化明显。从经济总量看，占全国GDP的比例较低（自2000年以来基本维持在1.4%左右），人均GDP和城镇化水平远远低于全国平均值。从经济结构来说，第二、第三产业比重还有上升空间，工业化和现代化水平发展还需提升。从区内各地情况看，天山南北的发展极度不平衡，天山北坡经济带和南疆四地州人口比重分别占全区的38.9%、41.3%，而生产总值比重则占全区的69.1%、16.3%，南北疆区域差距极为明显。长期以来，乌鲁木齐市的经济总量稳居全疆第一位，2020年其GDP总量为3337亿元，占全疆GDP总量的24.8%；和田作为最边远、最贫困、条件最差的地区，其2020年的GDP总量为406亿元，仅为全疆总量的3.0%，边缘化趋势十分明显（见表1）。

表 1　　2010—2020 年新疆各地州 GDP 及增速对照

地区	地区生产总值		
	2010 年 GDP	2015 年 GDP	2020 年 GDP
乌鲁木齐市	1338.52	2680	3337.20
克拉玛依市	711.35	670.1	886.90
吐鲁番市	182.79	250.2	373.41
哈密市	167.38	456	607.91
昌吉州	558	1140	1387.25
博尔塔拉蒙古自治州	131.45	232	377.14
巴音郭楞州	640.13	1052	1106.29
阿克苏地区	396.12	609	1315.05
克孜勒苏州	38.88	101.5	169.24
喀什地区	356	780	1130.22
和田地区	103.5	233.66	406.32
伊犁州直	408.26	805	1266.01
塔城地区	341.9	497.42	737.57
阿勒泰地区	134.86	231.8	334.53
新疆维吾尔自治区	5509.14	9738.68	13435.04

二是区域产业同质性竞争激烈，产业结构亟待转型。受资源导向的影响，各地州市的投资与经济行为呈现同质趋向，重化工业成为大部分地州主导产业或支柱产业的首位选择，一方面导致产业结构自成体系，相互之间在资源、项目、投资等方面的竞争激烈；另一方面加剧了新疆“重工业偏重、轻工业偏轻”的产业格局，增加产业转型升级的难度。

三是行政区经济模式根深蒂固，协调联动发展进展缓慢。在地方、兵团和央企等多元利益主体的管理下，各地州市在各自行政区划范围内独立运作，协调联动程度较低，由行政区经济向经济区经济转变的难度大。同时，利益体之间还面临市场准入、质量技术标准、行政性事业收费、户籍制度、产业结构同质等方面的问题，阻碍了资金、技术、劳动力、土地等生产要素的合理流动。

四是节能减排形势严峻，资源刚性约束成为发展“瓶颈”。新疆大部分地州市工业发展主要建立在资源开发利用的基础上，地区发展更多依靠高投入和高物耗支撑经济高增长，致使资源的快速消耗和低效利用，这种传统的经济增长模式，使经济发展表现为典型的“高投入、高消耗、低产出、低效益”的特点，造成严重的资源浪费与环境污染，这与当前国家生态文明建设的要求有一定差距。

（二）开放发展存在问题

交通基础建设滞后，在一定程度上影响到边疆国防战略安全。新疆交通基础设施建设滞后，是开放发展亟须弥补的最大短板。

一是新疆地域广阔，路网建设任重道远。新疆边境线长达 5600 千米，各地州之间的平均距离达 735 千米，各地州到所辖县市区之间的平均距离在 155 千米，县与县之间的平均距离为 112 千米，县与乡之间的平均距离在 35 千米以上。

二是公路等级低，一些关键路段待贯穿。G217 莎车—塔什库尔干、G219 新藏公路新疆段、G315 托帕—吐尔尕特口岸等公路等级低，服务车辆通行能力差；沿边国道 G219 吉克普林—喀纳斯、温泉—霍尔果斯、昭苏—温宿、恰热克—叶城等公路尚未贯通。

三是边境国防公路沙埋严重，国防安全有隐患。新疆与哈萨克斯坦等邻国接壤的国防公路，受来自邻国一侧的沙埋严重，公路的国防和边境运输能力削弱变快。

人才流失情况严重，在一定程度上抑制了开放创新的动力机制。据官方统计数据显示，2020 年新疆常住人口为 2523.22 万人，较“十三五”初期略有增加，但实际调研访谈中发现新疆人才流失严重，人才流出趋势及意向仍较明显，是制约新疆开放发展的关键因素。

一是企业人才流失严重。新疆原有的民间经济对公有制经济的依赖严重，企业自身质量不高，在被防范金融风险、污染防治等政策严厉规范后，很多企业被关停，有竞争力的人才大量去其他城市寻找工作岗位。

二是事业单位人才流失趋向明显。我国东西部经济社会发展差距和居民收入差距实际均在不断扩大，如国家统计局的数据显示，2020 年，全国居民人均可支配收入 32189 元，相较 2010 年增长了一倍；2020 年，新疆的居民人均可支配收入居全国倒数第 5 位，相对 2010 年仅增长了 74.7%。新疆事业单位高学历、高技能人才也向中部东部流动，甚至移民到国外。

口岸通关效率不高，在一定程度上降低了国际国内双循环畅通力。新疆与周边 8 个国家接壤，有 15 个国家一类陆路口岸，但口岸优势未充分发挥，影响了新疆开放发展效率。

一是普遍存在口岸基础设施落后的现象。口岸通过能力弱、效率差的问题，制约了双边经贸的正常发展。例如，口岸水、电、路、气等配套基础设施仍然不能满足经济社会发展的要求，符合口岸疫情防控的紫外线消杀通道、熏蒸场所、大型集装箱检查设备、专用消杀设施建设滞后。

二是口岸管理体制机制还待理顺。乌鲁木齐国际陆港区作为核心平台，政策叠加效应尚未完全释放，“两区”“一区多园”领导体制、管理机制尚未完全理顺。部分地（州、市）对口岸建设发展重视不够，口岸功能不完善、发展不平衡的问题突出。

三是周边国家疫情对口岸通关影响较大。周边国家疫情反复，多数口岸目前仍处于关闭状态，人员往来受限。一些开通的口岸，原材料进口延迟，边境贸易、一般贸易、加工贸易均受到了一定程度的冲击。

四、深化新疆开放发展的建议举措

（一）加大新疆交通设施建设及支持

增加新疆境内国家公路网规模。建议交通运输部借助国家公路网规划调整时机，对新疆给予大力支持和政策倾斜。优化路网布局，加快补齐铁路、公路短板，打通地区间的断头路，畅通省际通道。重点将奎屯—库车、尹宁—那拉提 2 个国家高速公路和 7 个国道项目纳入国家公路网规划调整。将丝绸之路经济带重要省道路段调整纳入普通国道。

完善国际道路运输协定与标准。建议国家相关部委对原签署的国际汽车运输协定进行修订，解决过境运输、第三国运输和货运受限问题。建立国际统一通行的运输车辆技术标准，提升运输便利化问题。建议实施国际道路运输财政事权改革进程，由中央财政保障国际道路运输事务。建立我国道路运输风险补偿金制度。保留新疆公路养护工区及道班。

（二）实施“人口＋人才”双集聚政策

建议实施“新时代西迁计划”，加快人口产业集聚。鼓励继续发扬新时代“西迁精神”，从东部沿海和内陆地区西迁一批特色鲜明的加工企业，在新疆经济技术开发区、综合保税区等平台布局，特别是在口岸城市打造一批产业转移示范区。出台相应的人口集聚安置政策，从我国中、西部人口密集省份吸引一批产业工人到新疆从事生产工作。

建议建设西北五省人才储备库，搭建人才共享机制。建设西北五省人才储备库，坚持“不求所有，但求所用”的理念，打破地域限制，充分释放各类人才的潜质和能力。加大人才引进政策集成力度，为高层次人才创造良好的创业、工作和生活环境。实行更加开放便捷的境外人才引进和出入境管理制度。实施高层次人才和高水平创新创业团队引进计划。

（三）加大与沿边国家基础设施合作

建议国家加大对新疆周边国家的基础设施外交投入。一是通过对外援助、对外经济技术合作等方式，加强口岸基础设施建设，推进双方口岸同标准规划、同标准建设，提升国际物流通道运行效率和承载能力。二是进一步优化口岸开放布局，支持中吉乌什别迭里口岸、中俄吉克普林口岸、吐鲁番机场口岸、克拉玛依机场口岸对外开放，中蒙红山嘴口岸向第三国开放、中巴红其拉甫口岸常年开放。三是进一步丰富跨境铁路通道，协调推动中巴铁路、中吉乌铁路、中哈巴克图—阿亚古兹铁路前期工作。

（四）加快设立新疆自由贸易试验区

新建自由贸易试验区较沿海、内陆自贸试验区与周边国家和地区合作的空间更大，有助于在推动跨境监管设施的建设、共享与合作、陆海空铁港多式联运、跨境运输和跨境经济文化交流合作等方面机制体制合作进行创新实验和积极探索。支持新疆设立自由贸易试验区，形成辐射带动国内区域、周边国家和地区全面开放合作新高地。

（五）打造新疆开放发展“五大中心”

以乌鲁木齐市为主要承载区，在交通枢纽、商贸物流、科教文化、医疗卫生、区域金融上建设成为中亚区域五大开放发展中心。

一是中欧交通枢纽中心。强化铁路、公路、航空、管网、信息等流量载体的国际化建设。

二是中欧商务物流中心。强化大宗商品、跨境电商、技术服务等国际化、便利化建设。

三是中亚科教文化中心。强化本土多民族文化融合、跨国多元文化融合，以文化融合促进科技教育国际化发展。

四是中亚医疗服务中心。打造服务中亚的国际化远程服务医疗平台，开展医疗卫生援助、义诊。

五是中亚区域金融中心。支持中亚五国投资中心、科技金融服务、国际金融服务、人民币跨境贸易结算、金融创新服务等功能建设。

（六）加快推进边界缔约和国界立法工作

目前中俄、中蒙、中巴已签订边界管理制度条约（协定）并生效，中哈、中塔已签订边界管理制度条约但未生效。为共同维护国界稳定，促进边境地区安全稳定和经贸繁荣，一是建议与周边邻国尽快签订边界管理制度条约（协定）并促成其生效。二是建议尽快制定《中华人民共和国陆地国界法》，规范边境地区各类活动，预防打击边境地区的违法犯罪行为，更好地维护国家政治安全和领土完整。

调研组成员：张旭亮　董祚继　张　涛　朱成刚

参考文献

[1] 新疆维吾尔自治区人民政府. 关于新疆沿边地区发展情况的汇报 [R]. 2021.

[2] 新疆维吾尔自治区商务厅. 关于出口加工区建设规划情况 [R]. 2021.

[3] 新疆维吾尔自治区发改委. 天山北坡城市群发展情况 [R]. 2021.

吉　林：推动近海省份边境地区经济社会发展

民盟中央吉林调研组

摘　要：按照民盟中央调研计划要求，民盟吉林省委分赴相关职能部门及代表性边境地区开展专题调研。吉林省边境地区发展条件较好，取得了一定成绩，但受制于复杂多变的国际地缘政治，发展面临诸多困难与问题。建议中央在以下几个方面加大支持力度：一是将边境地区发展重大事项列入与周边国家高层会晤内容；二是编制东北东部边境地区高水平开发开放专项规划；三是加大对东北东部边境地区资金、财税、土地、人才等要素支持力度；四是建立部省联席工作机制，加大中央对地方实施边境振兴攻坚战略帮扶力度；五是出台系统性、可操作性支持边境地区发展加工贸易的政策文件；六是密切乡村振兴战略与强边富民联系，增强边境地区人的吸引力。

关键词：边境地区；“一带一路”建设；长吉图开发开放；边境经贸合作

一、调研背景及过程

（一）调研背景

中共中央“十四五规划”建议中提出“加快构建以国内大循环为主体、国内国际双循环相互促进的新发展格局”的重大战略部署。按照民盟中央调研计划的安排要求，民盟吉林省委主委和专职副主委高度重视，围绕吉林省区位特点谋划确定吉林省沿边境地区调研工作方案，统筹调动盟内资源组建调研组。

民盟吉林省委提出的调研目标为：在高质量完成盟中央调研课题任务的同时，立足吉林省区位、资源、社会、产业发展等实际，向中央提出支持吉林省沿边境地区经济社会高质量发展的更具可操作性建议。

（二）调研过程

依据确定的调研工作计划，调研组一行于 2021 年 3 月末至 4 月初，分赴吉林省沿边境地区的白山市长白县与临江市，延边州珲春市、图们市及龙井市，分别召开有当地政府职能部门、相关园区及重点企业参加的调研座谈会，实地踏查口岸、边境经济合作区（以下简称边合区）及代表性企业，了解吉林省沿边境地区经济社会发展规划、取得的成绩、面临的困难，倾听他们对边境地区经济社会高质量稳定发展的意见建议。与此同时，加紧推进与省政府相关职能部门对接调研协商，征求省级主管部门对沿边境地区开发开放与高质量发展的意见建议，进一步丰富调研工作，为后期报告撰写做好更充分的准备。

二、吉林省省情概要

吉林省简称“吉”，位于我国东北地区中部，面积 18.74 万平方千米，总人口 2407.35 万人（七普数据）。省会长春市，下辖 9 个市州及 1 个管委会（长白山管委会），延边朝鲜族自治州是我国唯一的朝鲜族自治州和最大的朝鲜族聚居地区。

吉林省地处东北亚地理几何中心，区位优势明显。东部陆路与俄罗斯接壤，南部隔图们江、鸭绿江与朝鲜毗邻。吉林省边境地区总面积为 3.64 万平方千米，占全省总面积的19.4%，人口191.06万人（2018年）[①]，占全省总人口的7.3%，其中少数民族人口49.5万人，占边境地区人口总数的22.7%，以朝鲜族居多。边境地区包括延边州所辖珲春、图们、龙井、和龙、安图等县市，白山市辖浑江、抚松、长白、临江县市区以及通化市辖集安市等10个边境县（市、区），约占全省县域总数的25%。吉林省边境线总长达1384.6千米，占全国陆地边境线总长的6.31%，其中与朝鲜边境线长度为1138.6千米，占中朝边境线总长的83.8%，与朝鲜慈江道、两江道、咸镜北道、罗先市及18个市（郡）隔江相望；与俄罗斯边境线长度为246千米，与俄罗斯滨海边疆区哈桑区接壤。

吉林省具有沿边近海优势，是全国9个边境省份之一，是国家“一带一路”向北开放的重要窗口。吉林省东端的延边朝鲜族自治州珲春市，通边达海优势明显，距日本海仅15千米，对面为俄滨海边疆区哈桑区，距俄罗斯的波谢特湾仅4千米，是吉林乃至中国对外贸易交流的重要通道，也是迄今为止唯一获批的内陆国家级海洋经济示范区，更是建设“冰上丝路”及“冰雪丝路”的关键性节点。

依托特定区位优势，在持续推进吉林老工业基地振兴和战略性新兴产业壮大战略的同时，吉林省主动对接国家战略，谋划对外开放新格局。20世纪90年代初，联合国开发计划署（UNDP）提出“图们江地区开发项目（TRADP）”，地处我国东北边陲的吉林省珲春市，成为该项目计划的重要支点，开启了对外开放新时代，成为吉林省对外开放国家级战略——长吉图开发开放先导区的桥头堡。

吉林省不仅装备制造业基础雄厚，是国家重要的汽车、轨道客车、化工等重要基地，同时一些战略性新兴产业也取得了较快发展，如光电子、航空航天等。

吉林省地处世界“黄金玉米带”和“黄金水稻带”叠加及“镰刀湾”等位置，是我国重要的商品粮生产基地。吉林省牢记习近平总书记嘱托，全力

---

① 吉林省人口七普数据尚未细化到边境地区，所以还是沿用以往数据。

“保护好耕地中的大熊猫”——黑土地，现代农业发展多项重要指标连续多年居全国首位。吉林省是国家生态建设试点省，以长白山为核心的边境地区生态多样性和资源禀赋更加显著，有自然保护区 58 个，占国土面积的 14.33%。长白山自然保护区被联合国确定为“人与生物圈”自然保留地，孕育着东北虎、东方白鹤等国际濒危野生物种。东北虎豹国家公园是国家正式设立的首批五家国家公园之一，在北京冬奥会的激励下，吉林省东部地区“冰雪 + X”的新发展优势日益凸显。

这些区位、产业、资源等优势，都为边境地区实现发展振兴奠定了一定基础。近年来，在以习近平同志为核心的党中央的坚强领导下，吉林省边境地区各项事业取得长足发展。

三、吉林省边境地区经贸合作发展现状

作为沿边近海省份，吉林省陆路与俄罗斯接壤，隔鸭绿江、图们江与朝鲜毗邻。自 20 世纪 90 年代以来，吉林省围绕联合国开发计划署提出的图们江开发计划，谋划了以珲春为核心的沿边开发开放战略，后成为国家战略的长吉图开发开放先导区。进入 21 世纪以来，吉林省积极对接“一带一路”国家战略，构建全方位开放新格局，对俄、朝边境经贸合作取得长足进展。

（一）口岸通道等设施建设稳步推进

根据国家口岸办数据，吉林省现有对外开放口岸 16 个，其中铁路口岸 3 处，位于集安、珲春、图们；公路口岸 11 处，分设于珲春、集安、圈河、临江、开山屯、三合、南坪、长白、古城里、沙坨子、双目峰。

近年来，吉林省加快推进连接俄朝的公路、铁路、港口和口岸等基础设施建设，成功开通陆海联运航线和内贸外运航线。现有 3 条跨境铁路、1 条对朝公路，已开通对外客货运输线路 24 条，初步形成以长春为腹地、以沿边城市为前沿、以珲春为开放窗口，直接连接俄朝，辐射东北亚的国际道路运输

网络。在陆海联运方面，开通了俄罗斯扎鲁比诺至韩国束草、釜山的“新蓝海”国际航线，珲春—扎鲁比诺—南方港口内贸货物跨境运输航线，已成功运行6个航次，1782个TEU①，货值5.38亿元人民币。珲春—扎鲁比诺—青岛内贸外运航线已实现首航。目前，“滨海2号”国际交通走廊建设正在积极推进。集安边境经济合作区公路口岸正式开通，珲春圈河口岸、图们口岸高等级跨境大桥已经竣工，龙井市依托区域高速公路、铁路、口岸及相关基础设施，加快内外通道建设。围绕边合区“三合互市贸易区”，启动三合口岸国境桥建设，加快龙井三合—朝鲜清津的高等级公路建设事宜的公务洽谈，围绕边合区“开山屯加工物流园区”，加快开山屯口岸监管区及国境桥建设，全力推进开山屯至朝鲜三峰里铁路恢复工程。吉林省已初步形成通关达海、联通国内、通达国际的区域开放大格局。

（二）外需导向等产业体系初步形成

边境地区县市突出发挥沿边地区资源优势，突出发展加工贸易、跨境旅游、海产品加工、保税物流、国际合作等特色产业。雅戈尔国际服装城、浦项现代国际物流园、华唐在数据及服务外包产业园、LNG应急储备、柠檬酸加工等一批重大项目相继落位，珲春国际合作示范区外向型经济快速发展。图们朝鲜工业园机械制造、汽车配件、新型材料、动漫、电子等产业初具规模。临江市突出发展出境加工复进境业务。2017年以来，石英表机芯、雨伞骨架、草编等出境加工项目投产，其中石英表机芯生产规模达到年产4亿只，占中低端国际市场的70%。2019年，临江口岸对朝进出口贸易达到1亿美元。临江市万顺博鞋业有限公司制鞋出境加工项目与朝鲜仁锋会社达成合作协议，预计今年雨伞骨架出境加工可达到6000万把，鞋帮出境加工项目可正式投产，对朝鲜进出口贸易额将突破2亿美元。龙井市建立以朝鲜矿产品加工和朝鲜海产品贸易加工为主的进口资源转化园，建设以绿色食品加工、医药健康产业为主导的出口资源加工区，承接东南沿海地区的产业转移，在朝

① TEU：Twenty-feet Equivalent Unit，传输扩展单元。

鲜引进产品组装与生产基地，通过对外贸易、边民互市等方式，提升符合朝鲜市场消费需求的轻工产品出口贸易额度。

（三）多边投资与贸易体系积极发展

鼓励企业“走出去”共同开发俄罗斯和朝鲜农业、林业、渔业和矿产资源。美来中信“中俄友谊工业园”、双湖“伊尔库茨克木材合作园”、泰源俄什科托沃“农牧业产业园区”等境外合作园区建设加快推进。目前，吉林在俄投资企业已达 129 户，投资金额 22.6 亿美元。临江市鸿祥升工贸有限公司、吉林恒正进出口工贸有限公司等企业在中江郡建设了工厂，建筑面积 4 万多平方米。

创造了从跨境电商综合服务平台和查验平台建设到通货全国用时最短的“珲春速度”，在全国率先实现海关总署全国统一版平台切换和实单过货，创立了俄罗斯海关认可推广的“9610”模式“珲春标准”以及目前我国对俄跨境电商唯一陆路白关口岸。联合阿里巴巴独家开通了菜鸟大包专线，建设了菜鸟首公里揽收仓，开通了香港大通关业务。珲春已成为我国对俄跨境电商 3C 产品物流成本最低、投递速度最快的通道。

（四）跨区域经贸合作机制不断创新

吉林省承办了“大图们倡议”部长级会议，积极参加“大图们倡议”框架下各分委会活动，开展了 GTI 产业园区对话会等活动，有力推动了东北亚区域合作。建立了毗邻国家地方交流合作机制，延边州与符拉迪沃斯托克、珲春与罗先市建立了友好城市关系。加强各层级的互访交流，互邀参加“东方论坛”“东北亚博览会”，深化友好合作。建立了对俄、对朝口岸协调机制，定期沟通会晤，协调推动人员往来、贸易便利化、口岸基础设施建设，为边境地区稳定繁荣提供了机制保障。

（五）边境地区“五个全面”统筹发展

通过实施兴边富民行动、出台系列扶持政策、加大转移支付力度等项举措，边境地区形成了政治安定、经济发展、生态友好、民生改善、社会进步、民族团结、边疆稳固的良好局面。2020 年，延边州地区生产总值年均增长 3% 左右，规模以上工业增加值年均增长 3.9% 左右，社会消费品零售总额年均增长 1% 左右，外贸进出口总额年均增长 –6% 左右，城镇常住居民人均可支配收入年均增长 5.5% 左右，农村常住居民人均可支配收入年均增长 7.8% 左右。“十三五”期间，全州民生保障能力不断增强。城镇养老、医疗、工伤、生育、失业保险基本实现应保尽保。城乡居民社会养老保险制度实现全覆盖，新型农村合作医疗参合率达 99.29%。白山市浑江区 2020 年全区地区生产总值年均增长 3.8%，地方级财政收入年均增长 3.2%，全社会固定资产投资年均增长 8.14%，规模以上工业增加值年均增长 5.78%，社会消费品零售总额年均增长 5.95%，城镇常住居民人均可支配收入和农村常住居民人均可支配收入年均分别增长 4.7% 和 4.2%。通化市集安市 2020 年年初步核算，全市实现地区生产总值同比增长 1.6%。全年完成一般公共预算财政支出增长 23.8%。其中，社会保障与就业支出增长 22.3%；医疗卫生支出增长 14.2%；教育支出增长 2.1%。自开展扶贫攻坚以来，边境地区 3 个国家扶贫开发工作重点县和 2 个省级贫困县均已脱贫摘帽。

四、吉林省边境地区开放发展面临机遇与挑战

吉林省地理位置优势显著，且与朝鲜、韩国长期以来民心相通、文化风俗接近，边境经贸合作历史悠久，但受地区地缘政治复杂多变影响，吉林省边境地区开发开放机遇与挑战并存。

（一）边境地区开放发展前景广阔

1. 区位优势突出

吉林省边境地区沿边近海，是靠俄、临朝的“金三角”位置，承东启西、

连南接北。东进可借助俄朝港口群进入日本海，北向接入北冰洋航道联通欧美，南向沿航线贯通日韩及东南亚地区。西经科尔沁草原连蒙古国通欧洲，南连辽中南直通环渤海，北接哈大齐经济走廊连接俄西伯利亚铁路大通道，是“一带一路”中蒙俄经济走廊的重要支撑区，是向北开放和加强东北亚区域合作的重要窗口。以吉林为地理几何中心，可以规划出多个半径不断扩大的跨国经贸“同心圆”，随着北极航道开辟在即，吉林省在进一步增进与欧美经贸往来通道中的核心及枢纽地位将进一步提升。

2. 政策红利叠加

近年来，国家提出了一系列支持吉林对外开放的政策举措，在吉林设立一批不同层级的对外开放平台。长吉图开发开放先导区、珲春海洋经济发展示范区、中俄互市贸易区、中俄珲春—哈桑跨境经济合作区、中朝跨境经济合作区等，已成为吉林边境地区开发开放的重要载体。中韩（长春）国际合作示范区和龙国家级边境经济合作区，以及集安、和龙、临江、图们等7个边境经济合作区，为吉林扩大边境经贸合作提供了重要平台。以各类平台为载体，吉林省不断放大政策效应，先后出台了《吉林省加快沿边地区开发开放实施方案（2015—2020)》《沿图们江鸭绿江开发开放经济带发展规划》《支持珲春海洋经济发展示范区建设的意见》等文件。随着各项举措得到落实，吉林发展潜力即将被充分激发。

3. 多边合作潜力巨大

朝鲜与俄罗斯异常丰富的自然资源，是吉林省突出发展边境经济合作的最大优势。朝鲜矿产资源储量占朝鲜半岛总储量的80%以上，潜在价值超过2万亿美元。吉林毗邻的咸镜南道有世界总储量第一的菱镁矿，惠山青年铜矿为亚洲第一大铜矿。一方面，朝鲜全民教育带来人力资源优势显著，劳动力素质高且成本低。俄罗斯远东地区拥有丰富的矿产资源和森林储备，新开通的北极航线为吉林大量输入石油和天然气提供了极大便利。另一方面，俄朝两国作为世界渔业高产区和欠发达地区，为我国从俄朝进口矿产、能源、粮食、木材、海产品、山珍等资源性产品，向其出口钢材、水泥、机械设备、食品及生活用品等创造了难得机遇，为扩大吉林省边贸规模与范围提供了优越条件。

4. 边境旅游发展势头迅猛

吉林省边境地区属朝鲜族聚居区，与朝、韩两国人民文化相近、语言相通，日韩入境游客逐年增加。依托“一山两江”生态资源，一批规模大、特色鲜明的旅游项目相继建成，旅游业态进一步丰富。中国完善的社会保障体系，也对俄罗斯边民康养生活表现出极大吸引力，珲春市常住俄方公民不断增加，使珲春成为国际化城市。珲春市连续举办中俄朝“望三国、观日出、迎新年”祈福活动，和龙市与香港盛润投资公司签订了朝鲜茂峰国际旅游特区开发协议，集安市发起设立了吉辽两省鸭绿江沿线 12 个县市参与的“鸭绿江旅游联盟”，通化与丹东两市共建“东北东部品质旅游联盟示范区”等。《图们江三角洲国际旅游合作区项目规划》已通过三国专家评审论证。

（二）边境地区开放发展困难重重

近年来，吉林边境地区开放发展取得积极进展，但受东北亚区域地缘政治、经济、外交等影响，尤其是联合国制裁与新冠疫情防控，对吉林省边境地区开放发展制约尤为显著。主要体现在以下几个方面。

1. 地缘政治局势错综复杂

从国际环境看，东北亚地区经济增长动能不足、各方参与合作意愿不强，不可控因素与突发性事件多，经贸合作受国际政治形势影响大。联合国 2017 年 2397 号决议制裁朝鲜，禁止朝鲜出口铁矿石、海产品、纺织品、液化天然气等商品，导致吉林省中朝边境地区开放优势被极大削弱，朝方驶入中方的货车 90% 以上空载，对朝贸易呈断崖式下跌，涉朝企业大量停产，白山市边贸企业从制裁前的 50 多家减少到 28 家，各类边合区、互贸区等开放平台建设也多数处于停滞状态。朝方国内投资政策和投资环境变数大，企业赴朝投资损失较大，也严重挫伤了投资者的投资意愿。除此之外，图们江开发开放面临相关国家严重掣肘。不论是从历史还是国际法来说，我国都拥有沿图们江进入日本海的权利，但受制于俄朝两国不积极或戒备态度，打通图们江出海口的重大战略目标尚未真正实现。图们江合作协调机制作用未能充分发挥。大图们倡议协调机制仅为副部长级，日本是观察员，朝鲜因制裁而退出，大图们倡议参与国家不完整，在涉及国家间事务上协调非常困难。

2. 边境地区社会发展滞后

吉林省边境地区属于典型的“老、少、边、穷”地区，边境县（市、区）中有一半曾经是国家级或省级贫困县。调研中，边境县（市、区）对国家政策的依赖性依旧较强，不仅习惯于向上要资金、要政策、要帮扶，更对国家区域开发开放政策能否落地心存疑虑。比如，延边州按照国家规定，可以享受西部大开发政策，但具体落实没有细则；长白自治县作为边境及少民地区，反映政策获得感极少。边境地区虽然都十分重视对外开放，但眼界不高、视野不宽、思路不连贯、重点不突出，在解决深层次矛盾上动作不大，缺少创新性的落实措施。

3. 基础设施建设欠账较多

中俄、中朝毗邻区域，口岸等互通互联基础设施落后。以对朝通道为例，珲春、龙井、长白、临江等口岸大桥基本始建于日据时期，跨境大桥通过能力有限，等级低、使用年限最长是常态，有的接近 90 年，7 座国境桥中有 6 座是危桥。重要的临江口岸大桥经历过两次荷载试验，已经没有维修价值；图们口岸也问题突出。对俄口岸通道建设，由于俄远东地区缺乏建设资金，“滨海 2 号”公路、铁路、口岸等基础设施严重滞后，“借港出海”的陆海联运、内贸外运航线一直处于走走停停状态，“借港出海”“通而不畅”问题突出。可以承接黑蒙货运的珲春至东宁高等级公路，本是“十二五”规划项目，因穿越东北虎豹国家公园等因素难以维系。

4. 边贸规模偏小结构层低

吉林省边境贸易还处于较低的层次上，多为技术含量和附加值较低的产品，进出口商品结构、品种相对单一，初级化特征明显。边贸企业数量少、规模小，边境贸易在全省对外贸易总量中占比较小。境内区域主导产业趋同，大多数仍以传统种养业为主，缺少龙头企业和重大项目。特色产业发育不充分，产业化程度低，辐射带动能力差，难以对边境贸易形成有力支撑。

5. 相关扶持政策体系不完善

吉林省非常重视发展边境旅游业，由于缺少过境免签政策，进展迟缓。近年来，俄罗斯远东地区实施单方面过境免签政策，每年赴俄罗斯符拉迪沃斯托克旅游的韩国游客达 15 万人次以上，而韩国—符拉迪沃斯托克—吉林过境免签旅游线路至今尚未开通，经俄符拉迪沃斯托克赴吉林省旅游的韩国游客每年仅有 5000 余人。赴朝鲜边境旅游因审批手续时间过长，严重影响了边境地区旅游经济发展。在交通运输方面，中朝、中俄双方在国际运输管理政策落实上不同步、标准不一致，中朝双方尚未签订汽车运输协议书，对开通的线路、口岸查验单证没有统一制式。中俄双方运输装备标准不一致，线路开通及管理缺乏明晰的政策规定。目前，俄方克拉斯基诺口岸每天通关能力仅为生鲜货车 12 台、冰鲜货车 12 台，远不能满足珲春市海产品进口企业的需求。边民补贴政策执行标准地区间不统一。根据《省边境地区转移支付资金管理办法》规定，对边境线 3 千米以内村屯（不含“城中村”）常住居民，发放边民补贴，但具体执行标准各地千差万别，有的地方要求具备边境村户籍且居住满 6 个月以上；有的地方仅要求常住但不要求户籍；有的地区要求是 18 岁以上成年人，有的地方不做要求；补贴标准从 1200 元/人年到 3000 元/人年不等。

6. 边境地区人口人才流失严重

吉林边境地区地广人稀，“三化”（“空心”化、老龄化、贫困化）问题突出。有关部门表示，近年来，吉林省边境地区人口流失问题突出，累计人口平均流失率超过55%。2019年，延边州5个边境县（市）人口与其高峰年相比，减少了24.7万人，全州在外人员高峰时达60余万人，其中边境村有3万余人长年在韩国和其他地区求学、务工。人口流失较为严重的和龙市出现了8个“空心村”，人口流失率高达73%；长白县原有8万人口，目前90%以上青壮年劳动力流失。人口大量流失不仅导致边境地区劳动力严重短缺，住宅空置、老龄化加剧、村“两委”班子结构老化，今年“两委”换届很多村甚至不能正常进行选举工作，已经严重制约当地经济社会发展，而且影响了边境安全。边境一线村屯作为边防前沿“哨兵”作用被极大削弱，增加了边境安全管控的难度和风险；边境地区基层党组织和“两委”班子建设不足，弱化了边境地区基层党组织的引领力、凝聚力和战斗力，增加了社会治理难度。

五、相关政策建议

面对复杂多变的国际国内形势，吉林省将深入贯彻落实习近平总书记考察吉林时的重要讲话和重要指示精神，要深入贯彻落实习近平总书记关于“治国必治边”的战略思想，牢牢抓住打造我国同东北亚地区合作中心枢纽的重要机遇，充分发挥边境重点开放试验区的重要作用，主动把握和顺应构建以国内大循环为主体、国内国际双循环相互促进的新发展格局要求，立足当前、着眼长远，紧紧围绕“人”这一核心要素，以“产业带动”和“生态宜居”双轮驱动，释放区位优势、发掘开放潜力，以实施乡村振兴战略为突破，加强边境与腹地联动，突出发展壮大特色产业、活跃边境贸易、建设美丽乡村、促进人口回流集聚重点工作，全面提升经济和人口支撑能力，推动边境地区高质量发展，确保边防巩固、边境安全、边疆繁荣、边民幸福。

（一）将东北东部边境地区重大事项列入我国与周边国家高层会晤内容

加强外交会晤沟通，尽快将“大图们江倡议”由副部长级升格为东北亚区域国家领导人会议级别，将中朝、中俄边贸合作重大事宜纳入双边高层会晤和政府间交流合作内容。将边境地区口岸桥和境外公路建设上升到国家层面推动。加快与中朝、中俄双方在国际运输管理政策上的沟通，统一管理标准和相关法律文书。督促俄方提高通关效率，降低通关成本。加强与朝方对话交流，共同探讨在联合国制裁范围以外领域开展边贸合作，扩大出境加工复入境贸易覆盖范围，支持建设跨境经合区，扩大朝鲜培训生引入规模，实现人力资源稳定供给。

（二）编制东北东部边境地区高水平开发开放专项规划，将重点项目建设纳入国家“十四五”规划

建议国家从巩固国防建设、维护边境安全、促进兴边富民的战略高度，将支持吉林省边境地区发展纳入国家发展战略规划，在编制东北振兴“十四五”实施方案时，将边境地区发展作为重点任务，谋划一批重大项目、出台一些重大政策、加大中央财政资金项目支持力度。将沿图们江、鸭绿江开发开放经济带纳入长吉图国家战略规划。将图们江三角洲国际旅游合作区上升为国家项目，批准中国防川（珲春）—朝鲜豆满江旅游通道为防川旅游口岸。赋予俄朝韩日蒙五国公民进入珲春国际合作示范区等边合区15天免签政策，批准在珲春口岸实施外国人72小时或144小时停留免签政策。尽快批准延边、长白设立国家重点开发开放实验区。将临江口岸、南坪口岸由国家二类口岸升格为一类口岸，批准图们、龙井、长白、集安、临江边境县（市）设立国家级边境经济合作区。将东北边境风景大道（国道丹东至阿勒泰公路吉林段）、边境公路、图们—清津—罗先铁路、白山机场等支线和通用机场、三合口岸图们江大桥，以及图们口岸海关监管作业场所等口岸基础设施建设，纳入国家“十四五”规划。加强边境地区通信设施建设，扩大通信信号覆盖面，尤其是给予长期受朝鲜

无线通信屏蔽影响严重的长白县特殊支持，提升边境安全管控智能化水平。

（三）加大对东北东部边境地区资金、财税、土地、人才等要素的支持力度

继续加大对边境地区的政策支持和资金投入，在国家层面设立边境贸易发展资金、兴边富民行动专项资金，扶持边境地区发展特色优势产业，鼓励金融机构定向边境及商贸流通企业普惠金融创新，增强造血功能。继续加大对边境县（市）的转移支付力度，提高边境地区教育、医疗、养老等社会保障水平。制定边境地区各类产业园区、国际合作示范区等税费减免政策，对注册在边境地区并实质性经营的企业，减按15%征收企业所得税，降低边贸企业经营成本。立足边境地区欠发达的实际情况，赋予地方政府给予边境地区特殊用地审批权限。尽快批准东北虎豹国家公园调规，中央财政每年给予一定财政支持，解决边境地区面临发展空间受限等现实问题。适当增加边民补贴额度，调整统一补贴发放标准；适当提高边境干部待遇，落实边境县（市）机关事业单位特殊工资政策，提高艰苦边远地区津贴标准，并将村“两委”委员纳入发放范围，增强边境地区工作岗位吸引力；实施人才兴边战略，给予边境地区工作的各类人才专项补助，并逐年提高。

（四）建立部省联席工作机制，增进中央与地方联动帮扶，实施边境振兴攻坚战略，助力边境地区高质量发展

在国家发改委建立边境振兴发展部省联席推进工作机制，定期协商边境地区发展重大议题，做好高质量政策供给。鼓励中央单位定点帮扶边境县（市）机制，支持中央国家机关及直属企事业单位选派综合素质好的干部到边境地区挂职。推动内地发达省份与边境省份地方政府间的对口合作，建立发达地区经济实力较强县（市）与边境县（市）形成帮扶协作机制。支持沿海内地企业过剩产能向边境地区转移，支持长春新区、中韩（长春）国际合作示范区、长春兴隆综合保税区等在边境地区发展“飞地经济”，带动技术、资金、人流向边境地区聚集，加快推进边境地区经济社会高质量发展。

（五）出台系统性、可操作性支持边境地区发展加工贸易的政策文件，加大政策宣讲解读投入

进一步发挥边境经济合作区作用。支持边境地区发挥对朝、对俄口岸优势和政策优势，高水平建设集互市贸易区、工业园区、加工产业园区等为一体的综合性园区，大力发展互市贸易、落地加工、仓储物流、跨境物流等产业，入园企业可以享有多层优惠政策。进一步优化完善出境加工复进境关税等政策，支持关联企业在边境地区形成产业链集聚。继续创新互市贸易政策，放大边境地区互市进口商品落地加工试点优势，优化监管模式，吸引发达地区企业到边境地区从事落地加工项目，促进海产品、食品和中药材等落地加工企业集群集聚。支持智慧互贸发展，建立互市贸易及落地加工电商模式，承接国内外商品集聚加工销售。

（六）密切乡村振兴战略与强边富民联系，增强边境地区人的吸引力

设立专项资金，支持边境地区依托地域特色和资源优势，大力发展特色产业，推广“一村一品”，延伸产业链条。重点支持挖掘边境沿线丰富的旅游资源，建设边境旅游经济带。实施乡村建设行动计划，加快促进城乡基础设施一体化、基本公共服务均等化，实施人居环境提升工程，吸引本地边民回流、外来村民落户、城镇居民移居。支持盘活边境村闲置资源，开展农村宅基地制度改革试点，在保障村民利益、尊重农民意愿、依法合规的基础上，支持村集体和农民利用闲置宅基地和住宅，发展特色经济；支持城镇居民、工商资本租赁农房居住或开展经营活动。

（注：本报告引用数据及资料，均为本次调研中当地政府及相关企业提供。）

调研组成员：封雪梅　丁肇勇　丛艳辉　白云飞
杜云峰　金　建　陈嘉润

辽　宁：双循环新发展格局下实现辽宁更好对外开放

民盟中央辽宁调研组

2021年6月10日至11日，省政协副主席、民盟辽宁省委主委李晓安率调研组赴丹东市就民盟中央重点调研课题“优化沿边对外开放的体制机制，促进构建新发展格局”开展专题调研。11日上午，调研组召开座谈会，先后听取丹东市发改委、商务局、统计局、自然资源局、外事办公室、农业农村局、住建局、文旅局、市委政研室等相关部门关于丹东市经济社会发展及推进沿边地区发展相关情况介绍。

习近平总书记提出“构建以国内大循环为主体、国内国际双循环相互促进的新发展格局”，辽宁应该充分发挥区位优势，在双循环新发展格局下推进沿边地区的对外开放，以扩大内需为战略基点，深化供给侧结构性改革，畅通双循环，努力构建东北亚地区对外开放的战略支点。

一、辽宁沿边对外开放概述

辽宁对朝鲜半岛的对外开放历史悠久，清朝时期丹东已经设立了口岸，专门进行边地贸易，借助优越的地理位置，中朝经济文化交往频繁，贸易往来活跃，持续至今。

（一）辽宁沿边对外开放积极融入“一带一路”建设，成为东北亚经济合作区的重要节点

辽宁省位于中国东北地区的南部，东北、西北、西南分别与吉林省、内蒙古自治区和河北省毗连，对内连通内陆与东北和内蒙古，对外连通中国与东北亚地区，战略地位明显。丹东沿海沿边，是东北地区的出海口，也是东北地区连接亚欧大陆的枢纽。有史可考，从汉代起丹东就是中国陆路丝绸之路和海上丝绸之路的重点节点。当前，丹东沿边开放的重要工程是中朝鸭绿江经济合作，丹东边境经济合作区快速发展，广泛开展钢铁产业、医药产业、商贸物流等领域的双边和多边合作。向南构建以丹东为中心、依托辽宁沿海经济带、面向韩日朝的中日韩朝国际经济合作区，加快中日韩自由贸易区建设。向北构建内蒙古、黑龙江、吉林和辽宁面向俄罗斯、蒙古、朝鲜、日本、韩国的东北亚国际经济合作区，南北两条通道成为“一带一路”建设的延伸和补充。

（二）辽宁沿边开放逐步深入，边境经济合作水平提升

辽宁是我国对朝鲜进出口贸易的重要省份，近年来丹东对朝经济往来规模逐步扩大，合作的深度和广度逐步提升。丹东具有天然的地理优势，丹东港成为物流中心，与朝鲜开展频繁的对外经贸交往。随着丹东对朝贸易额的增长，丹东已经成为我国最大的对朝贸易商品集散地和对朝贸易物流中心，贸易商品结构趋于合理，贸易形式趋于灵活。目前，对朝贸易已经成为丹东市对外贸易的重要组成部分，其出口额占全市出口额的25%左右，出口商品结构也由小额商品为主，转变为大宗出口商品为主。主要包括日用百货、服装、粮油食品、家用电器、机械设备、石油制品、农药化肥、化工产品等制成品。进口商品多以原材料和初级产品为主，主要有钢材、木材、煤炭、芦苇、蚕茧、液化气、水产品、矿产品、有色金属、土特产品等。贸易方式灵活多样，一般为现汇贸易、易货贸易，以输出原料利用朝鲜劳动力资源的加工贸易，转口欧、美、韩等国家和地区的转口贸易以及两国边境地区居民利

用探亲、访问的时机携带物品进行的民间贸易，海上渔民的易货贸易等，极大地促进了辽宁对外贸易。截至2019年年末，全市实有外贸企业812家（其中边贸企业203家）、外资企业635家，商务部门批准的境外投资企业83家，36家企业拥有自主出口品牌，7家企业拥有国外品牌，对外贸易出口总量长期保持在辽宁居前5位①。

（三）辽宁边地基础设施建设引领区域发展

随着丹东对外开放深入发展，极大地推进了基础设施建设，尤其是口岸建设、港口建设和交通基础设施建设。在口岸建设方面，丹东拥有各类口岸13个，其中一类口岸5个，二类口岸8个。相对来说，丹东的口岸基础设施比较完备，与之配套的交通设施便利。丹东港有大东港和浪头港两个港区，8个泊位。民航已开通11条航线，为扩大和发展丹东的对外贸易提供了良好的条件，初步建成了陆海空立体交通体系。在交通基础设施方面，丹东与朝鲜之间存在多种物流运输途径，公路、铁路、水路都很便利。鸭绿江大桥的铁路和公路将中国丹东与朝鲜新义州相连。大部分过境的朝鲜采购团和个人都是经过丹东进入中国境内而完成。从2004年1月20日开始，丹东和平壤开通了公共汽车线路，方便了两岸地区人们的交往。

受边境贸易快速发展的推动，边境地区的基础设施改善明显，尤其在交通运输方面。目前，丹东地区已构筑“两环五射”公路网主骨架，形成区域快速通道网络。丹东的公路建设在全省处于领先水平。据统计，丹东各级普通公路200条，公路总里程4077千米，公路密度每百平方千米27.7千米；二级以上公路里程1131千米；高级、次高级路面里程2781千米；GBM②里程646千米；桥梁总数达到1951座53903米。高速公路两条，沈丹路91.7千米，丹大路86.7千米。港口码头泊位31个，年吞吐量2107万吨，各类船舶

① 周静言．“十四五”时期丹东地区对外开放策略［J］．辽东学院学报（社会科学版）2021(8)：23－27.

② GBM：GBM工程是实施具有中国特色的公路（G）标准化（B）、美化（M）建设工程的简称。

334艘，总吨位67982吨。公路客运站18个，其中一、二级站3个，三级站4个。货运场站2个，分别是丹东交通物流中心和东港货场，总占地面积为11600平方米，建筑面积27838平方米。

（四）辽宁沿边政治局面稳定，提振经济效果显著

朝鲜地处朝鲜半岛，经济社会发展相对落后，物资比较匮乏，耕地面积少，粮食供应短缺，生活产品供应不足，给地区稳定带来了许多不安定的因素。因此，边境贸易的发展有助于中朝边境稳定。新义州地区居住着大量的华侨。侨民在语言和生活习惯上具有天然的优势，进行边境贸易，商品直接运输到平壤、南铺等大城市，为缓解朝鲜西部地区的商品紧缺做出了极其重要的贡献。中朝边境地区从中国进口大量商品，朝鲜内地城市也到这些边境地区采购商品，所以边境贸易成为朝鲜扩大国内商品供给、缓解商品紧缺的重要途径，对稳定边境具有十分重要的战略意义。

中朝边境贸易呈现出一种新的发展态势，也就是边境贸易区域性合作。边境贸易区域性合作可以加快推进交通基础设施建设，合作实施高速公路、铁路、机场、港口和临港产业园区的建设和改造升级，促进交通便利化，强化产业协作配套，有利于资源的优化配置，联合推动物流贸易、金融服务和旅游业发展。此外，丹东在全国范围内首先提出了“东北东部12+1市（州）区域合作”，联合黑龙江和吉林的边境贸易城市，形成具有规模的贸易区域。东北沿边地区融合发展，充分利用了东北三省现有的资源，将区位优势和产业联动充分发挥，提振老工业振兴。

（五）探索沿边对外开放的“辽宁模式”

辽宁对外开放具有悠久的历史，经过多年的探索，总结出了“辽宁模式”。“辽宁模式”侧重于区域间的协调联动，也就是将沿边对外开放与区域整体发展结合起来，既依托沿边城市的区位优势进行对外开放，又紧密联系省域发展谋求共赢。辽宁的边地对外开放服务于老工业基地振兴的目标，紧紧围绕“一带一路”倡议、沈阳经济区、沿海经济带等重点工程，推进中朝

鸭绿江经济合作，重点建设丹东边境经济合作区，大力发展钢铁产业、医药产业、商贸物流等领域的合作，通过边地对外开放让辽宁形成了沿海与内地互动的对外开放新格局，助力全省经济社会发展。

丹东是辽宁对外开放的门户，省委省政府重视丹东的对外开放，推动丹东参与东北亚区域合作。2018 年 9 月，在辽宁省政府出台的《辽宁“一带一路”综合实验区建设总体方案》中，明确提出：“以丹东为门户，倡导研究连接朝鲜半岛腹地、直达南部港口的丹东—平壤—首尔—釜山铁路、公路及信息互联互通。争取国家适时设立‘丹东特区’，将丹东重点开发开放试验区、中朝黄金坪经济区和丹东国门湾中朝边民互市贸易区打造为对朝经贸合作重要支撑点。协调建设丹东至朝鲜新义州至平壤公路新通道、‘辽珲俄’铁路新通道以及丹东港至符拉迪沃斯托克港陆海双通道。”2019 年 6 月，辽宁省委省政府出台的《辽宁省关于深入推进兴边富民行动的实施意见》，把“兴边富民行动”作为推动丹东市全面振兴的有力举措，促进丹东边境地区加快发展，实现安边、稳边、固边、兴边、富边目标具有极为重要的政策保障作用。2019 年 10 月，辽宁省政府出台了《关于加快推进东北亚经贸合作打造对外开放新前沿的意见》〔辽政发（2019）15 号〕，进一步巩固了丹东在东北亚开放中的地位。

二、辽宁沿边对外开放的问题及成因

辽宁作为我国的沿边省份，沿边开放问题一直备受重视。由于国内外政治格局变更、朝鲜半岛局势演变，我国提出双循环新发展理念，辽宁边地对外开放的一些宏观问题逐渐凸显。目前，辽宁边地对外开放存在整体结构亟待升级、平台建设滞后、政策体系不完善，以及对朝合作机构建设滞后等问题。

（一）辽宁沿边对外开放结构亟待升级

相对而言，丹东对外开放工作的重点是对外贸易，而且处于相对简单的对外贸易层面，尚未形成有效利用地缘优势吸引国内外投资发展外向型的生产能力，区域经济增长的产业支撑不足，产业结构面临全面升级。丹东对外贸易出口商品结构单一，主要以纺织、小机电、百货、农副等劳动密集型和资源密集型产品为主，批量小、品种杂、经营分散；进口则以资源类的农、副、林、水产品为主。对外贸易集中在附加值较低的商品上，受自然条件、交通运输等因素影响比较大，且当地并没有相对配套的产业链，主要产品以外地供应的情况非常普遍。

总体上看，丹东利用了区位优势，在对外贸易流程上主要起到了通道作用，“通道经济”的占比非常高。究其原因是被出口国家需求量大的产品在丹东及周边地区并没有形成规模性生产，产业链条烦琐，难以形成高附加值产品，也难以拉动丹东本地经济发展。

（二）辽宁对外开放平台建设滞后，经济功能发挥受限制

对外开放平台是沿边地区开展对外经贸往来和文化技术交流的门户和场所，一般是边境口岸、边境经济合作区、自贸区等等。影响对外开放平台建设的因素主要为资金问题和政策导向，对外开放平台基础设施建设主要依靠地方财政，辽宁省和丹东市的财政投入非常有限，难以投入更多的资金进行改造或重建，严重影响基础设施建设进程。受建设资金不足和发展空间所限，边境口岸普遍存在口岸检验与货物监管查验场地狭小等问题，口岸国境桥梁陈旧、老化，亟待维修和改造，不能满足日益增长的口岸通行需要。口岸通关效能沿边地区基础设施建设、公共事业项目及产业转型升级发展基本依靠地方财政，而沿边地区地方财政普遍不足。

另外，由于政策不持续和建设资金缺口，边境经济合作区和自贸区也面临类似的窘境。在设立之初，各项政策支持和国家的扶持力度较大，形成了快速发展的局面。目前，沿边经济合作区享受的最有价值的政策仅有基础设施建设贷款贴息一项。此外，沿边经济合作区以边境贸易为主，缺乏产业支撑，受贸易政策调整的影响较大。

（三）辽宁沿边对外开放政策支撑体系尚需完善

在对外开放中，政策的连续性和稳定性是支撑对外开放的基础性条件。在实践中，沿边政策经常会受到各种因素的影响，稳定性不足和连续性中断的情况频发，对外开放政策支撑体系亟待完善。从实务角度出发，影响政策连续性和稳定性的主要原因是国际环境和制度体系。

长期以来，辽宁沿边开放政策是以维护和平发展，促进区域稳定为主线，尚未形成统揽全局的政策支撑体系。为鼓励中朝间的经济文化与边贸往来，提升沿边开放水平，辽宁省政府和丹东市政府在国家法律法规允许的范围内相继出台了一系列扶持、鼓励边境贸易发展的政策措施。这些政策措施对增强民族团结，繁荣、稳定边疆，巩固和发展朝鲜的睦邻友好关系发挥了积极作用。

目前，我国国家层面尚未构建完成完善的边贸法律体系，地方法律法规缺乏可参考的依据，往往存在许多漏洞和问题，边境贸易政策制定缺乏法律依据和相关政策配套，这也间接导致边地贸易政策缺乏稳定性和连续性。在政策执行过程中新问题、新情况经常出现，必须不断地进行修改和调整。这种不确定性使得对外开放事业受到了很多限制，边贸行为和文化交流难以顺利进行，有碍于边地对外开放事业。

（四）辽宁沿边对朝合作机构发展滞后

丹东市与朝鲜一江之隔，双方的对外经贸往来非常频繁。朝鲜的整体发展水平落后于我国，因为这一因素的存在，丹东与朝鲜的对外经济文化往来处于比较初级的阶段，导致丹东对外开放整体水平不高。与丹东接壤的朝鲜边境地区，是朝鲜的偏远地区，工业生产不发达，文化发展水平不兴旺，产业基础薄弱，投资吸引力不强，自主发展能力严重滞后。这样的自然条件造成朝鲜边境口岸基础设施建设更加滞后，无论是交通基础设施还是生活基础设施都很难满足日益旺盛的中朝双边经贸往来的需要。

相比之下，辽宁沿边地区开放开发的基础设施建设相对比较完备，对外开放的程度比较高，对外开放的热情也比较强烈。当前，朝鲜半岛政局趋于稳定，但不可控的因素依然存在，政策经常发生变化，对外合作的双方在政治上学法互信互通，防范心理较重。在实际操作层面，对外合作双方深入协调不足，政策落实不到位，区位优势难以发挥。因此，由政治因素引发的不安定因素，毫无疑问成为掣肘辽宁边地对外开放整体水平的壁垒之一。

三、辽宁进一步扩大沿边对外开放的路径

在双循环新发展格局下，辽宁扩大沿边对外开放，要以高水平的外交开放为目标，以"一带一路"倡议为引领，以产业合作为支撑，以基础设施和制度建设为依托，以平稳的外交政策为保障，持续推进沿边对外开放战略，加快发展步伐，让沿边对外开放持续健康稳定地发展。

（一）加强辽宁沿边对外开放的制度建设

在战略层面，将沿边对外开放放到影响地区发展的高度，在现有的政策体系内拟编制《沿边地区开发开放规划》，将沿边对外开放工作作为常态化工作，合理制定政策制度，为沿边对外开放提供制度保障。

在宏观层面，政府主管部门通过政策倾斜、政府扶持、资本介入、项目引进等方式鼓励沿边对外开放健康发展。在微观层面致力于构架沿边对外开放的制度体系，包括财税政策、支付转移、进出口商品管理、结算制度、口岸管理细则、纠纷处理规则、境外人员管理等，通过这些规章制度将沿边对外开放纳入法制化、规范化的轨道。

（二）加强国际通道和基础设施建设，融入东北亚物流运输网络

辽宁地处东北，区位优势显著，虽然不与蒙古、俄罗斯接壤，但作为东北地区对外开放的门户和连接国内通道，辽宁在交通枢纽上的优势极为显著。

加强与周边国家或区域基础设施互联互通建设，有利于拓展对外开放的广度和深度，提升对外开放的发展水平。例如，辽宁可以联合吉林、黑龙江和内蒙古自治区共同开发中俄国际通道、中蒙国际通道、跨境铁路大桥通道，打造东北亚物流运输网络。

在陆地运输基础设施建设方面，着力打造畅通的公路运输通道、口岸公路、浮箱固冰通道、界江新桥和跨境桥梁、国际公路运输通道等，为向东北亚地区深度开放筹建多层次的物流运输网络。在航运方面，辽宁可以发挥大连作为东北亚国际航运中心的优势，加快港口基础设施建设，提升信息化水平，优化辽宁沿海港口资源的功能布局和分工协作。此外，还要重视东北地区的区域合作，打通丹东、通化、白山等城市与丹东港之间的通道，构建东北地区新的出海通道。

另外，政策扶植物流企业，协助运营企业做好货物通关、换装运输、货源组织、宣传推广等相关工作。加强与大连、青岛、秦皇岛、天津等港口的联系沟通，完善电子转关、属地申报、口岸放行、信息交流等制度，不断拓展陆海联运业务合作，扩大转口货运量。与联检联运、外事、外经外贸等相关部门密切联系，合理利用有关政策和规定，为陆海联运做好服务工作。

（三）着力提升辽宁沿边对朝经济合作的广度和深度

辽宁省丹东市与朝鲜接壤，对朝经济往来频繁。总体来讲，中朝经济合作进展顺利，但经济合作模式单一。在双循环新发展格局下创新双方的合作模式非常重要。

在广度方面，中朝之间的经济合作的主体和客体都应逐步拓展。合作主体的范围逐步从政府、国际组织过渡到民间团体、公民个人，广泛吸纳民间资本参与双边经济合作，促进经济社会发展，让双方沿边对外开放的成果普惠于民。从客体角度来讲，中朝之间的经济合作可以渗透到法律允许的各个领域，例如，商品、技术、贸易、服务等。

在深度方面，要加强沿边地区的合作，整合现有沿边地区的各种园区，创建跨境区域经济合作区和边境自由贸易试验区等，使之在边境地区形成良性互动的合作模式。随着中朝经济合作的不断深入，国家间的、政府间的、民间组织间的、个人之间的合作机构将逐步出现，对多种形式的合作机构要进行严格管理，两国人文交往必然兴起，构建立体的合作交流机制是当务之急。两国的经济合作要突破贸易往来的层面，逐步向高级别的经济合作领域深入，在技术转让、知识产权保护、人才交流等领域谋求合作。近年来，中朝两国间的沿边区域经贸合作已经开始从边境贸易向资源开发、生产经营、技术交流和金融服务领域拓展。

（四）促成地区和平稳定，为边地对外开放营造良好的政治生态环境

稳定的政治生态环境是扩大沿边对外开放的基础和保障。辽宁毗邻朝鲜半岛，近年来半岛局势逐步趋于稳定，为各国之间的沿边开放提供了良好的现实条件，因此双边或多边经济文化交流越来越频繁。但是，由于地区发展水平、宗教信仰、历史文化传统等因素导致的不稳定状况依旧存在，不和谐的事件频有发生，这已经成为阻碍辽宁甚至我国东北地区同东北亚地区开展区域合作的重要原因。所以，我们要继续坚持睦邻友好的周边外交政策和互利共赢的经济外交战略，为我省沿边地区扩大开放提供和谐稳定的外交环境。用合作增强政治互信，建立地区和平共处的政治理念，将彼此关注的重点转移到经济文化的合作交流上，建立区域合作常态机制，提升区域经济合作制度化水平和区域经济一体化程度，强化互利共赢，以开放促合作，以合作求发展，以发展稳和平，以和平谋共荣。

（五）积极对接“一带一路”，打造中朝韩经济走廊

中朝韩经济走廊不仅是“一带一路”倡议的重要组成部分，也更加明确了东北作为国家向东北亚开放桥头堡的战略地位。辽宁应积极利用自身毗邻朝鲜的区位优势，积极推进区域合作，争取国家政策与资金扶持，将沿边对外开放与振兴东北老工业基地长远目标结合起来，积极对接“一带一路”倡议，着力打造中朝韩经济走廊。一方面，根据构建区域统一大市场的要求，

消除地方保护和行业壁垒，建立起非排他和无歧视的区域共同市场，促进人员劳务和生产要素的合理流动；另一方面，完善双边和多边合作各项规章制度，塑造良好的营商环境。中朝韩经济走廊建设应以提升贸易投资便利化水平为目标，促进双边和多边经贸往来，以多元化合作模式为纽带，提升区域合作水平。

四、辽宁沿边对外开放态势展望

双循环新发展格局下，丹东应充分利用当前宽松的对外开放政策条件，进一步发挥出在地处东北亚的区位优势，加速推进供给侧结构性改革，牢固产业基础，下力气在“巩固、增强、提升、畅通”上做文章，寻求对接“一带一路”建设、“中东欧 17 +1”合作等重大机遇，抢抓国发 46 号文件、东北东部绿色经济带发展规划等政策带来的新机遇，提升开放的广度和深度，推动沿边开放取得突破性进展，努力将丹东打造成东北地区对外开放的新前沿。

（一）建成海陆空立体物流运输网络

突破传统，从全新的角度和高度审视丹东的对外开放事业。立足于大陆架起点的区位优势，运用“十四五”期间的政策优势，加大基础设施建设投入力度，全方位开展与东北亚地区的贸易合作、积极参与东北地区绿色经济带建设，实现兴边富民。

努力促进城市转型，当前辽宁港口集团成功重整丹东港，丹东应抓住这一契机，将丹东建设成为陆上边境口岸型国家物流枢纽城市和东北东部现代化沿海港口城市。持续加大基础设施投入，认真研究东北东部绿色经济带发展规划和辽宁“一带一路”综合试验区建设总体方案，结合丹东实际，提升物流运输水平，将对外开放从全方位提升到新的高度。在陆路运输方面，综合规划高铁、高速公路，跨境桥梁的建设，重点推进丹东港经珲春口岸连通俄罗斯符拉迪沃斯托克港“辽珲俄”铁路新通道、丹东—通化高铁、宽甸—本溪高速公路等建设项目；加快鸭绿江公路大桥口岸全面投入使用，推动丹东至朝鲜、新义州至平壤公路新通道建设，力争开展连接朝鲜半岛腹地、直达南部港口的丹东—平壤—首尔—釜山铁路、公路建设规划的研究工作；在水上航运方面，发挥全球物流航运领域综合优势，加快建设丹东港至符拉迪沃斯托克港陆海双通道；在航空运输方面，加强丹东对朝鲜及俄罗斯远东城市的国际通航水平，“十四五”期间开通丹东—平壤、丹东—首尔、丹东—东京等国际航线或临时包机。

综上所述，通过海陆空全方位对物流业的推进，丹东物流业将承担起将“陆上丝路”和“海上丝路”在功能上对接互补、逐步形成具有丹东特色的多元走向的开放发展新格局。

（二）依托口岸工业园区优化对外开放平台

制定合理的、有区域特色的对外开放发展规划，积极争取财政扶持，尤其是中央财政的扶持，建设高水平对外开放平台，促进丹东边境经济合作区建设水平，申报宽甸边境经济合作区，全力推动辽宁丹东重点开发开放试验区获批，强化到丹东对外开放的重点工作中。申报丹东综合保税区，利用中韩自贸协定生效、中日韩自贸协定成功在望的契机，以韩国 SK 集团产城融合项目为核心，规划建设中韩丹东国际经济合作示范区，力争“十四五”期间正式获批。继续深化丹东与日本、韩国、蒙古、俄罗斯、朝鲜之间的经贸合作，根据国家对边境贸易的政策性调整，抓住时机，积极落实政策落地，加大互市的发展力度，重视进口商品加工厂、边境贸易升级、进出口商品工业园区和集散地建设，推进跨境经济合作。

丹东的开放升级要积极融入“一带一路”建议。按照“政府引导、企业为主、市场运作”的原则，引导丹东企业在周边国家建设资源利用型、农业产业型、商贸物流型、科技研发型、加工制造型等各类境外经贸合作区；鼓励丹东企业以多种形式参与周边国家矿产资源开采加工，建设境外矿产综合加工园区。在与省内其他地区的互联互动方面，丹东着力对接自贸区沈阳片区、大连片区，推广各地自由贸易试验区改革试点经验，加快建立海关特殊监管区域，提升投资贸易便利化水平，营造法治化、便利化营商环境。在口岸建设方面加大口岸建设资金投入力度，优化区域内口岸布局，着力加强联检楼、入境通道、检验检疫等基础设施建设；加快电子口岸建设步伐，提高口岸信息化水平，推进“三互”（信息互换、监管互认、执法互助）大通关工程；推动丹东机场航空口岸获批，争取丹东港扩大开放和太平湾口岸升级为一类口岸，形成优势互补、分工合理、功能完善的公路、铁路、航空口岸群①。实施兴边富民行动示范工程，建设少数民族百村产业项目 20 个，持续提升边境地区发展水平。

（三）双循环下的对外贸易转型升级

近年来，由于新冠疫情、中美贸易摩擦、联合国对朝制裁等因素，丹东对外贸易受到了很大的震动，以低技术含量产品、低附加值产品为主的传统对外贸易开始转型升级，产品技术含量高、高附加值的服务贸易和服务外包领域活跃起来。

拓宽对外贸易的覆盖面，不仅在东北亚地区的对外贸易领域深耕日韩贸易市场，同时重视欧美贸易市场，开拓俄罗斯、东南亚、中亚和非洲贸易市场，做强 4 个省级以上的外贸基地，新培育满族医药等 4 个省级外贸出口基地；推动对外贸易产品结构升级，促进高新技术、高附加值和劳动密集型产品出口；巩固农产品、纺织、服装等传统劳动密集型产品出口优势地位，提升汽车及汽车零部件和仪器仪表等产品出口规模和竞争优势；加大出口产品设计、功能等方面的创新力度，生产有品牌、有质量、有信誉的外贸产品，不断开发更高层次的产品，实现“优质优价优出”，推进外贸发展迈向中高端；加强农产品质量安全示范区建设，助力农业提质升级，促进优质农产品

① 张欣，崔日明．“一带一路”倡议下边境陆路口岸对外开放优势再造研究［J］．亚太经济，2019，04：111－117＋152．

出口，支持有条件的口岸开展生鲜食品进口业务，申请设立免税商店①；重视品牌建设，培育自主出口品牌，支持和引导企业对标与接轨国际一流标准，开展国际通行的质量管理体系、环境管理体系和行业认证，到2025年，形成一批具有较高知名度和国际竞争力的出口品牌。

利用互联网建设跨境电商平台。在互联网的推动下加快发展新兴对外贸易，对于电子商务、电子跨境贸易、电子支付平台等提供便利化条件和服务，推动海关、支付、物流等方面的数据共享、监管互助、办事协同；推动跨境电商与市场采购贸易、外贸综合服务、海外仓、旅游购物等新兴贸易业态联动发展。

五、结语

辽宁地处东北亚区域的中心地带，是中国东北三省中唯一既沿海又沿边的省份。近年来，随着朝鲜半岛的局势出现重大转折，辽宁沿边地区与东北亚区域经济合作逐步活跃。辽宁应抢抓新机遇，深耕边地对外开放，在东北亚区域经济合作中发挥助推与引领作用，推进辽宁进一步融入新发展格局，建成我国对外开放的新前沿。

调研组成员：江　楠　孙国良　崔雪峰　刘红果

---

① 李大庆．“一带一路”环境下辽宁港口物流与城市协同发展探讨［J］．商业经济研究，2017，22：163－165．

内蒙古自治区：
建设向北开放重要桥头堡 促进构建新发展格局

民盟中央内蒙古调研组

摘　要：内蒙古自治区位于祖国北部边疆，分别与俄罗斯、蒙古国接壤，是我国向俄罗斯、蒙古国开放的重要区域，在国家边疆繁荣稳定大局中具有重要的战略地位。加快内蒙古沿边地区开发开放，是适应经济全球化新形势，实行更加积极主动的开放战略，构建我国全方位开放新格局的重要组成部分。内蒙古自治区边境线长4221千米，共有经国务院批准的对外开放口岸19个，货运量常年在沿边省区位居前列，在全国沿边战略性布局发展中具有特殊性和代表性。本文从内蒙古向北开放基本情况、重点工作开展情况、口岸发展存在的困难和问题、口岸发展的建议等四个方面进行详细的阐述，分析了新时期内蒙古加快沿边战略性布局发展的方向和模式。

关键词：内蒙古；向北开放；口岸发展；调查研究

内蒙古自治区建设是我国向北开放的重要桥头堡，是习近平总书记和党中央为内蒙古量身定制的战略定位之一。开启全面建设社会主义现代化内蒙古发展新征程，必须紧扣这一战略定位，紧紧抓住国家构建新发展格局的战略机遇，深入践行开放发展理念，把联通内外、辐射周边、服务内地作为重要责任，把打造资源集聚集散、要素融汇融通的全域开放平台作为有效途径，以开放的主动赢得发展的主动。

按照民盟中央统一安排部署，2021 年 5—9 月，民盟内蒙古区委员会委托青年工作委员会、巴彦淖尔市委、呼和浩特市委、阿拉善小组等盟组织在当地围绕“加快沿边战略性布局发展，支撑促进构建新发展格局”，结合实际深入开展了调查研究，现将有关情况报告如下。

一、内蒙古向北开放基本情况

（一）基本区情

内蒙古自治区位于我国北部，东西直线距离 2400 多千米，南北跨距 1700 多千米，总面积 118.3 万平方千米，约占全国总面积的 1/8。东起大兴安岭和呼伦贝尔大草原，西至阿拉善沙漠戈壁，中部为锡林郭勒草原、阴山山脉及丘陵地带、鄂尔多斯高原、乌拉特高原及河套平原。这里有茂密的森林、丰美的草场、肥沃的农田、广阔的水面、众多的野生动植物和丰富的地下宝藏，素有“东林西铁、南粮北牧、遍地矿藏”的美称。

独特的地理位置、4221 千米的边境线，使内蒙古自治区在向北开放战略中处于重要地位。内蒙古是我国“北开南联、东进西出”的重要枢纽，具有陆海联运的优越条件，也是祖国向北开放的桥头堡、丝绸之路经济带的组成部分、“欧亚大通道”的节点，发挥着祖国向北开放重要窗口的作用。

（二）经济社会发展情况

“十三五”期间，内蒙古外贸进出口总额从 2015 年不足 800 亿元人民币增长到 2018 年 1095 亿元人民币，并连续三年保持千亿以上规模。外贸备案企业增加 86%，有进出口业绩的企业增加 47.3%。在过去的 5 年中，内蒙古双向投资水平不断提升，年平均利用外资 28.32 亿美元。在内蒙古对外投资中，中方实际投资额 36.09 亿美元，比“十二五”提高了 52.98%。内蒙古口岸建设步伐逐步加快，据统计，5 年来内蒙古口岸投入建设资金约 74 亿元人民币，进出境货物累计 4.1 亿吨。内蒙古始发中欧班列由 2016 年的 33 列提升至2020年的300余列，开行线路20余条，累计完成进出口贸易额超100亿元人民币①。

2020年，内蒙古全区地区生产总值为17360亿元，按可比价格计算，比上年增长0.2%。其中第一产业增加值为2025亿元，比上年增长1.7%；第二产业增加值为6868亿元，比上年增长1.0%；第三产业增加值为8467亿元，比上年下降0.9%。三次产业生产逐步恢复，第一、二产业增加值实现由负转正。2020年，内蒙古农牧业综合生产能力稳步提高，粮食总产、单产实现增长，畜牧业产量实现由降转增，奶业振兴全力推进。

2020年，内蒙古规模以上工业增加值增速实现转正，全区规模以上工业增加值由1～11月份下降0.2%转为全年增长0.7%，年内实现正增长。另外，内蒙古服务业支柱行业持续回暖。2020年，内蒙古服务业增加值比上年下降0.9%，较前三季度收窄2.1个百分点，降幅呈现逐季收窄态势。2020年，内蒙古全体居民人均可支配收入31497元，比上年增长3.1%，快于经济增速。其中，城镇常住居民人均可支配收入41353元，增长1.4%，农村牧区常住居民人均可支配收入16567元，增长8.4%，城乡居民收入差距持续缩小②。

（三）沿边开放情况

内蒙古自治区在我国向北开放战略中处于重要地位，边境线总长4221千米。目前，全区共有经国务院批准的对外开放口岸19个③。其中，对俄边境口岸4个，对蒙边境口岸10个，国际航空口岸5个。国际航空口岸有满洲里、呼和浩特、海拉尔、鄂尔多斯、包头；俄边境口岸有满洲里公路、铁路口岸，二连浩特公路、铁路口岸；对蒙边境口岸有甘其毛都、策克、满都拉、珠恩嘎达布其、额布都格、黑山头、阿日哈沙特、阿尔山、室韦、乌力吉公路口岸，形成了铁路、公路、航空等多方位、立体化的口岸开放格局。14个对俄、

---

① 数据来源于2021年内蒙古商务口岸工作会议。

② 数据来源于2020年内蒙古自治区经济运行情况新闻发布会。

③ 根据《内蒙古自治区“十四五”口岸发展规划》，全区目前共有经国务院批准的对外开放口岸20个。

对蒙陆路口岸，分别承担着中俄陆路运输货物总量的65%和中蒙陆路运输货物总量的95%。“十三五”期间，全区口岸货运量4.14亿吨，客运量2441万人次，交通工具量783万辆列架次，货运量常年在沿边省区位居前列。

内蒙古自治区现有经国家和自治区批复成立的边民互市贸易区5个，分别为满洲里、二连浩特、额尔古纳、额布都格和阿日哈沙特边民互市贸易区。目前，满洲里、二连浩特、额尔古纳和额布都格互市贸易区已正式封关运营，阿日哈沙特边民互市贸易区2021年4月7日通过部门联合验收，已经具备正式封关运营的条件。

二、重点工作开展情况

（一）深入开展试点改革

一是二连浩特互市贸易区获批边民互市贸易进口落地加工试点。建立定期报告制度，每半月以快报形式报自治区分管副主席并通报相关部门。2020年10月，在二连浩特市召开推进二连浩特边民互市贸易进口落地加工业务推进会。

二是满洲里市满购中心获批为第五批市场采购贸易方式试点市场，是国家首批三个边贸商品市场之一。2021年3月21日，满洲里新远货运代理有限公司代理的价值9.71万美元的货物，以市场采购贸易出口方式成功向满洲里海关报关，标志着满洲里市场采购贸易试点首单成功申报。目前，《满洲里市满购中心市场采购贸易方式试点工作实施方案》已上报自治区政府，待印发。4月8日，向商务部报送了《满洲里市满购中心市场采购贸易试点专项行动实施方案和2021年重点工作计划》，积极推动市场采购贸易试点建设，有序实现市场采购贸易创新提升专项行动的各项目标任务。

三是推动满洲里市获批第五批跨境电子商务综合试验区，制定印发《中国（满洲里）跨境电子商务综合试验区建设实施方案》，拨付资金900万元支持满洲里市跨境电子商务发展。2019年12月，满洲里综合保税区跨境电子商务公共服务平台上线运营，实现了海关监管下跨境电子商务业务的突破。2020年9月，满洲里市与京东集团签订战略合作框架协议，规划建设满洲里跨境电子商务智慧产业园。2020年11月，满洲里市开展了跨境电子商务业务培训暨企业对接会，引进10家跨境电子商务企业。

（二）加快沿边口岸城镇化建设进程

满洲里市、二连浩特市是依托口岸发展起来的沿边城市，达到了一定规模和水平，也为其他口岸起到了辐射和带动作用。口岸经济的发展离不开口岸城镇化建设，城镇化建设带动口岸贸易、餐饮、文化娱乐、旅游、金融等第三产业的发展。各口岸需要借鉴满洲里、二连口岸的经验，推广珠恩嘎达布其口岸牧民参与口岸镇建设的经验，进一步发挥满洲里、二连浩特口岸中心城市的辐射、带动、牵引作用的同时，进一步加快策克、甘其毛都、珠恩嘎达布其口岸的城镇化建设步伐，带动吃、住、行、游、购、贸等相关产业的发展，促进物流、人流、信息、技术等生产要素跨地区、跨国界的合理流动，发展和繁荣口岸经济。

三、存在的困难和问题

（一）政策优势并未充分转化落实

一是国家赋予了各类试验区和开放平台先行先试的使命，赋予了很多新政策，并要求各有关部门制定具体实施方案、抓紧修订完善有关规章制度。但国家部分部委没有给试验区相应的授权，政策优势没有得到充分转化，出台的支持政策中一些涉及重大资金、项目、利益的举措政策在征求意见阶段已被删除或弱化，很多政策的表述更注重发展目标、路径，实质优惠内容及措施较少。

二是国家发改委发布《沿边重点开发开放试验区等开放合作平台建设中央预算内投资专项管理办法》（以下简称《办法》）中，未将呼伦贝尔中俄蒙合作先导区开放合作平台纳入政策支持范围。根据该《办法》第二条“沿边重点开发开放试验区等开放合作平台包括：经国务院批准、在沿边地区设立的重点开发开放试验区；东北、中西部地区的中欧班列集结中心、中外合作产业园等与‘一带一路’建设相关的平台”；第三条“设立专项投资，旨在支持试验区等开放合作平台改善发展条件，引导生产要素集聚，促进形成地区经济发展的增长极、推进‘一带一路’建设的排头兵”的内容，呼伦贝尔中俄蒙合作先导区开放合作平台符合《办法》确定的支持范围和专项设立宗旨。

三是在《东北地区西部生态经济带发展规划》等一系列规划中提出“中央安排的东北地区西部公益性建设项目，取消边境一线地区和贫困地区县级及以下配套资金”，亟须实现。

（二）沿边开放地区基础设施建设周期和投资回报周期较长

中国口岸建设成果远超蒙俄，全方位打造了开放、便捷、通行能力强的“升级版”口岸。相比较而言，蒙古国与俄罗斯的口岸开发开放滞后，大规模的建设大多从2020年开始，建设能力不足，资金缺口较大，蒙古国尚需要中国大量的援助，且通关能力较低，通关效率低下。中国的道路设施相对完善，但蒙俄道路和基础设施条件相对较差。

（三）沿边物流产业发展水平较低

一是整体效应及信息化水平不强。综合物流基地建设进度趋缓且缺乏整体效应，物流园区和物流中心建设情况并未达到规划预期，运营情况不够理想且水平较低。各个区物流园区和物流中心之间的协同发展不够，物流基地建设缺乏协同性和联动性。物流信息化水平不高，制约了各种物流基础设施之间的功能配套和优势互补，阻碍了物流功能的发挥和物流效率的提高。中小物流企业的信息化程度很低，绝大多数商场或企业没有物流信息系统，企业之间缺乏共同的物流信息平台，缺乏物流信息交换。

二是国内外市场需求低迷。目前，受疫情影响国际公路物流方面每日发车数量受限，国际物流发展整体影响较大。另外，“一带一路”补贴对口岸冲击造成满洲里口岸与木材消耗市场出现价格倒挂，如经由满洲里到达成都的木材价格就出现等于或低于满洲里市场价的情况，致使满洲里木材物流量急剧降低，严重影响公司物流业务。同时，俄罗斯市场竞争日益激烈，果菜销售难度增加，对俄果菜出口减少。

三是缺乏具有示范带动作用的物流企业。绝大部分商场市场采用自营物流和供应商物流，物流企业也只能提供单项或分段的物流服务，物流功能主要停留在储存、运输和城市的配送上，相关的包装、加工、配货等增值服务不多，不能形成完整的物流供应链。

（四）边合区建设相对滞后

一是边合区基础设施仍较薄弱。边合区完善投资环境等基础设施建设资金主要依靠地方财政，可用资金非常有限，导致园区基础设施建设进展滞后，许多项目由于资金投入不足，进展缓慢。例如，满洲里边合区自建区以来，一直采取政府投入、贷款筹集、企业垫资的方式建设区内基础设施。因此，边合区的基础设施现状与企业和辖区居民的需求相比，仍存在较大差距。

二是边合区政策优势不突出。国家最初赋予边合区的优惠政策期限限定在“八五”期间，且当时的政策已被其他政策覆盖，边合区政策优势已不复存在。国家赋予的西部大开发、振兴东北等老工业基地优惠政策覆盖范围广，边境地区处于交通和市场末梢，与其他地区相比在政策利用上优势不突出。

三是边合区部分管理权限不足。我区 2 个边合区不同程度地存在管理权限不足的问题，许多管理权限仍由市政府有关部门执行，导致边合区经济发展、项目审批、土地开发利用和城市建设管理等方面工作运行效率减缓。

四是边合区招商引资能力欠缺。目前来看，我区边合区普遍存在着发展水平滞后、优惠政策匮乏、人才引进乏力等现象，制约边合区的发展，也是边合区招商引资的“瓶颈”。

（五）口岸管理水平有待提高

主要有口岸功能定位不清，存在同质化竞争；互联互通重大基础项目建设未能对等提升；建设资金短缺，投入机制不健全；外部环境欠优、毗邻国家口岸开放程度不高；地方口岸管理机构级别设置较低、工作力量不足、工作协调难度大；等等。

（六）服务于沿边对外开放的复合型语言人才短缺

一是蒙语、俄语人才不能满足需求。目前，我区以俄语国家为主要商务合作对象的用人单位不在少数，但因俄语人才缺乏，他们大多使用英语进行沟通。蒙语、俄语人才普遍存在外语口语薄弱、翻译能力较差、相关专业知识较少、实践经验缺乏等问题。

二是内蒙古高校兼通汉蒙俄语人才培养出现断层。一方面，开设相关课程的高校数量较少且目前没有取得俄语专业博士学位授予权的高校。高层次人才严重缺乏，同声传译、高级口译人才更是凤毛麟角。导致与俄罗斯等俄语国家在许多领域的科技经贸合作受到制约。另一方面，区内高校俄语专业普遍缺乏行业倾向性。很多高校的俄语专业都是针对传统的俄语语言或文学教育，并未充分利用自身院校的优势，培养具有理工背景、财经背景或其他有关专业背景且俄语语言能力强的专业复合型人才。“俄语＋专业知识”“俄语＋蒙语＋专业知识”的复合型语言人才缺乏，无法满足当前中蒙俄经贸合作对语言人才的需求。

四、建议

（一）制定实施细则，让好政策真正落地生根

一是各有关部门应认真学习领会涉及沿边经济发展、口岸建设发展的产业、财税、土地、金融和人才等扶持政策精神，准确把握政策要求，制定切

实可行的实施细则。

二是将呼伦贝尔中俄蒙合作先导区开放合作平台纳入政策支持范围。呼伦贝尔市地处对俄罗斯和蒙古国开放合作前沿，是欧亚大陆桥的重要枢纽，在建设丝绸之路经济带中具有举足轻重的地位。且国家发改委、外交部、公安部等八部委复函的《呼伦贝尔中俄蒙合作先导区建设规划》也明确了“国家重点开发开放试验区相关政策在先导区实行”。呼伦贝尔中俄蒙合作先导区开放合作平台纳入《办法》支持范围，有利于发挥政府投资资金的引导和带动作用，激发社会投资活力，鼓励社会资金投入先导区建设。因此，有必要将呼伦贝尔中俄蒙合作先导区开放合作平台纳入政策支持范围。

三是落实《东北地区西部生态经济带发展规划》等一系列规划中提出“中央安排的东北地区西部公益性建设项目，取消边境一线地区和贫困地区县级及以下配套资金”。

（二）优先发展基础设施建设，带动中俄蒙共同繁荣

一是拓宽资金渠道，解决基础设施建设的资金短缺问题。利用政府引导，积极吸引社会资本投入，采取 PPP① 等模式，在政府信用保障的前提下，给社会资本以收益的信心。比如，在建设铁路、公路等设施的同时，可以利用交通优势，开发城市综合体、产业园区等，使单纯的基础设施建设产生正面的外溢效应。同时深化金融合作，畅通资本流动，创新保理、租赁、信托、证券等多层次融资服务，满足企业金融服务需求。

二是加强中俄蒙基础设施方面的统一标准建设，便捷交通物流；统一口岸通关手续、检验检疫程序、技术流程规定等，降低货物通关成本和停留时间，逐步形成兼容规范的运输规则，实现国际运输便利化。在信息认证、监管、检验检疫、物流等多方面进行合作，营造便利化的海关制度环境。

三是借鉴其他经济走廊在基础设施建设方面的经验做法，如新亚欧大陆

---

① PPP：Public-Private Partnership，政府和社会资本合作，是公共基础设施中的一种项目运作模式。

桥经济走廊的“渝新欧”“长安号”等中欧班列；中国—中南半岛经济走廊市场化运作的高铁建设项目；中巴经济走廊的喀喇昆仑公路、瓜达尔港等基础设施项目；中国—中亚—西亚经济走廊推动的4G通信网络工程。中蒙俄经济走廊在加强铁路、公路、口岸等设施建设之外，在通信方面也应该加强沟通协作，统一标准，推动覆盖沿边口岸地区的4G、5G的通信网络的互联互通，为区域性经贸合作提供支持。

（三）促进沿边物流产业高质量发展

一是强化组织领导，建立部门协调联动工作机制。加强对物流业发展的宏观指导，负责物流业发展的统筹规划、研究解决口岸物流发展中的重大问题，推动物流业重大项目的落实。同时组建口岸物流行业协会，并给予适当的政策和资金扶持，发挥行业协会在沟通政企、制定行业规划等方面的中介、桥梁作用。

二是制定优惠政策，优化物流发展的良好环境。明确物流业发展的战略目标、方向和领域，制定符合口岸实际的财政、税收、用地等政策。在财政政策方面，建议通过设立财政引导资金扶持物流中心、物流项目、物流技术创新、物流信息化及物流高新技术应用项目等的建设；在税费政策方面，在一定时期内给予物流企业税费扶持；在物流企业车辆养路费、运管费等方面给予一定的优惠政策；在土地政策方面，针对物流园区投资大、回收周期长、具有一定公益性的特征，建议将物流园区、货运站场和城市配送中心建设用地纳入市级总体发展规划，并在地价上予以优惠，对特殊仓储用地予以保留；在融资政策方面，鼓励金融机构开展对物流业的融资创新，建立适合物流企业的贷款评价体系。

三是着力培育物流龙头企业，发挥重点企业引领作用。以重点企业为龙头，按照“政府引导、企业自主、重点培育”原则，培育一批服务水平高、国际竞争力强的物流龙头企业，鼓励企业投资或参与物流园区建设，以物流园为平台，拓展物流增值服务和延伸服务领域。

四是整合规范物流资源，鼓励传统企业转型升级。要依托口岸区位优势，进一步优化商业布局，出台政策、投入资金积极扶持电商企业发展，扶持传统企业转型升级。

五是加快产业延链补链强链。建议国家、自治区在农畜产品精深加工、传统工业改造提升、服务业提档升级等产业引导资金项目安排上对口岸地区适当给予政策倾斜，更好地支持少数民族边疆地区经济社会发展。在农畜产品加工业方面，继续以提高农畜产品加工转化率和发展壮大玉米、肉羊、肉牛、大豆、奶业、小麦、饲草饲料、马铃薯 8 个农牧业产业集群作为提质升级的重点和主攻方向，做大做强产业主体，提升农畜产品加工业。依托重点旗市的标准化生产基地和加工园区，从基地建设、精深加工、质量追溯和品牌营销推广体系建设等方面，夯实加工业发展基础，提升农畜产品加工能力水平和市场竞争力。在旅游业方面，按照原生态、多民俗、国际化、全域游发展方向，精心策划精品线路，开发特色游产品，推动旅游与生态、文博、民俗深度融合，加快发展生态康养游、休闲度假游、研学体验游，全力打造国际化高端旅游目的地。在中草药方面，着力推动中（蒙）药材良种繁育基地建设，引进培育壮大中（蒙）药材加工转化企业，推动与文旅、健康产业融合发展。

（四）加大边合区建设力度

边合区产业要和跨境经济合作区形成差异化互补关系，实现联动。要将空间布局、产业项目、定位等六要素，结合国家方针政策，全方位、科学合理地考虑边合区规划，提升其综合实力。要建设标准化厂房，杜绝闲置，做到集展览、办公功能于一体。要紧密结合四大支柱产业发展，制定项目入园管理办法，利用优越的产业基础、资源优势、市场优势，坚持高起点科学规划，合理布局产业园区，使园区成为项目投资的集聚地。

（五）口岸管理

为避免口岸成为简单的通道，应重点从以下几个方面做好工作：一是开拓对外合作市场，积极组织企业参加境内外各类展销活动，支持企业在境外设立商品展示、品牌推广、仓储物流、批发零售和售后服务等国际营销服务网络；二是探索农畜产品落地加工，通过打造额布都格、黑山头粮食特殊监管场地，依托进口俄蒙农畜产品资源优势，打造进口农畜产品落地加工基地，促进进口农产品加工产业规模化发展；三是吸引外流企业回流，利用国家、自治区出台的各项稳外贸措施，重点为企业解决税务、外汇管理、通关等方面存在的困难，提供便利条件，引导域外本土企业回归内蒙古。

（六）加大复合型语言人才培养和储备力度，深化中蒙俄高校校际合作

一是增设本科俄语语言文学专业，结合院校实际情况开设特色专业俄语，如科技俄语、旅游俄语、医药俄语等。培养既具有专业理论知识，又熟练掌握俄语的紧缺人才。这不仅能使各高校的大学公共俄语教学各具特色，又能使学生具有广泛的社会适应性和就业竞争力，使一批优秀的复合型人才脱颖而出。

二是进一步深化中蒙俄高校校际合作。大力拓宽渠道，不断加强与蒙俄高校合作，推动学历学位互认和取得证书事项，为中蒙俄校际合作交流和区内教育、文化、经贸发展做出更大努力。完善互派留学生的合作协议，吸引优秀学生投入复合型语言人才队伍中。包括对来华留学生奖学金设置、出国留学生费用资助等。支持互派语言教师交流访学或深造学业。中蒙俄高校依托各自优势，在教学研究、科研成果转化等方面走实走深，合作共赢。进一步加大派出力度，包括人数、频率和经费等，提高教师的语言实践能力和综合素质。争取国家留学基金委为内蒙古自治区蒙俄语言专业人才培养增设留学指标。

（七）加强对外交流与沟通

一是经济让利。在蒙古国基础设施建设上予以援手，释放善意，一方面提升蒙古国的基建水平，提升中蒙贸易效率；另一方面增进中蒙友谊，促进睦邻友好。针对俄罗斯国内对中俄贸易中俄罗斯处于弱势的担心，中国可对

俄罗斯出口中国的产品适度降低关税，让利于俄罗斯企业。

二是加强教育医疗合作。除了继续加强文化与旅游方面的合作外，应当重视教育在对外开放中的作用，增加留学生项目，促进民间教育和医疗的合作。

三是扩大对外文化交流的民间主体。打破文化交流活动参与者的领域界线，实现文化交流主体范围从政界到普通民众的转变；充分利用沿边地区地理优势，制定多元化优惠政策，促进边境人民往来，发挥友好关系的辐射效应，带动内地人民的热情；注重发挥民间团体的作用。

四是加强智库建设及专业人才的培养。以内蒙古、北京的优秀智库为依托，在蒙古国和俄罗斯设立智库分支机构，借此加强与欧美地区智库的合作交流。

五是进一步拓宽文化交流的广度与深度。一方面要充分利用边境口岸城市的地理优势，实现边境与内地城市文化交流同步发展；另一方面要进一步丰富文化交流的内容，加强内蒙古与沿边国家在智库、教育、科技、医疗卫生、旅游等方面的交流与合作，并通过搭建如博览会、论坛、学术会议等平台，拓宽文化交流的内容和渠道。

（八）试行“入境免签”政策

建议借鉴目前在海南省实行的“59 国入境免签”政策，参照2004 年1 月国家批准黑龙江省黑河市实行全域互市贸易免签政策，试行“允许外国公民持有效护照免签证入境内蒙古自治区边境旅游试验区，入境后可在试验区免签停留 30 日”的政策。将内蒙古现有互贸区范围扩大至边境旅游试验区全域，俄罗斯、蒙古国公民持有效护照均可免签入境试验区，入境后可在试验区免签停留 30 日。

调研组成员：董恒宇　胡润召　杜伯军　王剑峰
贾利平　司见南

专家观点篇

"十四五"时期深化沿边地区开发开放的战略思路和政策设计研究

马燕坤[*]

摘　要： 中国特色社会主义进入新时代，国内外形势不断发生新变化，要求加快推进沿边地区开发开放。当前，我国沿边地区人口人才流失较为严重，基础设施建设滞后，营商环境普遍不佳，"通道经济"特征明显，经济发展与生态保护的矛盾突出。"十四五"时期，深入推进沿边地区开发开放，要把战略重心放在中心城市，着力于全面融入国内大循环，培育新的经济增长极，改善营商环境，吸引企业投资和人才创业，需要国家通过资金、资源、政策等方面的倾斜措施提供强有力的支持。

关键词： 沿边地区；对外开放；中心城市

我国陆地边境线 2.28 万千米，与 14 个国家相邻，周边地区形势错综复杂、各种风险丛生，沿边地区的战略地位至关重要。然而，由于生产生活条件较差、对外开放起步较晚，沿边地区经济社会发展长期滞后于内地和沿海地区。中国特色社会主义进入新时代，解决社会新的主要矛盾，全面建设社会主义现代化国家，构建形成新发展格局，强化国土安全、边境稳定和民族团结，都对加快沿边地区开发开放提出了战略要求。

---

* 作者简介：马燕坤，经济学博士，现为国家发展和改革委员会经济体制与管理研究所副研究员。

一、我国沿边地区开发开放的现状特点

我国沿边地区地形地貌以高原山地为主，生产生活条件不佳，近40个少数民族分布于此，人口分布稀疏，经济发展严重滞后。为促进沿边地区开发开放，我国在沿边地区设立了类型多样、数量众多的开发开放平台。

（一）地形地貌以高原山地为主

从东北濒临黄海的辽宁省丹东市到西南濒临北部湾的广西壮族自治区防城港市，我国沿边地区依次分布着长白山、小兴安岭、大兴安岭、内蒙古高原、阿尔泰山、天山、昆仑山、青藏高原、喜马拉雅山、横断山脉、云贵高原、两广丘陵等山脉、高原和丘陵。以高原山地为主的地形地貌，造成我国沿边地区自然条件不佳，开发开放的成本较高，甚至很多地区生态环境极度脆弱，不适宜人类生存。

（二）聚集着七成数量的少数民族

我国有55个少数民族，其中近40个少数民族分布在沿边地区，包括蒙古族、维吾尔族、藏族、壮族、朝鲜族、满族、回族、哈萨克族、柯尔克孜族、傈僳族、傣族、景颇族、苗族、锡伯族、塔吉克族、独龙族、佤族、拉祜族、哈尼族、彝族、瑶族等，很多少数民族人口与周边国家同一民族毗邻而居（赵艳春，2018）。从自治地方来看，我国5个自治区中有4个属于涉边省份，分别是内蒙古自治区、新疆维吾尔自治区、西藏自治区和广西壮族自治区；沿边地区的地级行政区自治地方有延边朝鲜族自治州、昌吉回族自治州、博尔塔拉蒙古自治州、伊犁哈萨克自治州、克孜勒苏柯尔克孜自治州、怒江傈僳族自治州、德宏傣族景颇族自治州、西双版纳傣族自治州、红河哈尼族彝族自治州和文山壮族苗族自治州；沿边地区的县级行政区自治地方有宽甸满族自治县、长白朝鲜族自治县、肃北蒙古族自治县、巴里坤哈萨克自

治县、和布克赛尔蒙古自治县、察布查尔锡伯自治县、塔什库尔干塔吉克自治县、贡山独龙族怒族自治县、耿马傣族佤族自治县、沧源佤族自治县、澜沧拉祜族自治县、西盟佤族自治县、孟连傣族拉祜族佤族自治县、江城哈尼族彝族自治县、金平苗族瑶族傣族自治县、河口瑶族自治县。

（三）人口分布普遍稀疏

我国沿边地区地域广阔，但多属于高寒地带，大部分地区人迹罕至，生产生活条件普遍比较恶劣艰苦，人口分布普遍稀疏。以地级行政区作为统计单元，根据全国第七次人口普查数据，我国沿边地区的人口平均密度仅为 20 人/平方千米，不到全国人口密度的 1/7，涉边 9 省（自治区）沿边地区的人口平均密度都低于全国人口密度，均明显低于本省（自治区）人口密度（如表 1 所示）。其中，辽宁、广西两省（自治区）沿边地区的人口平均密度都比较高，分别达到 146 和 112 人/平方千米，都接近于全国人口密度，但仅为本省（自治区）人口密度的 1/2；黑龙江、内蒙古、甘肃、新疆、西藏 5 省（自治区）沿边地区的人口平均密度都低于 50 人/平方千米，均不到全国人口密度的 1/3。

表 1　全国及涉边九省（自治区）全域和沿边地区的人口平均密度

地区	全域（人/平方千米）	由地级行政区组成的沿边地区（人/平方千米）
辽宁省	288	146
吉林省	127	55
黑龙江省	72	38
内蒙古自治区	20	12
甘肃省	55	6
新疆维吾尔自治区	16	14
西藏自治区	3	2
云南省	120	91
广西壮族自治区	211	112
全国	150	20

数据来源：全国及各省（自治区）第七次人口普查数据

(四) 经济发展严重滞后于内地

我国沿边地区人口分布稀少，生产条件不佳，开发程度较低，开放起步较晚，又远离国内外大市场，经济发展水平和居民收入水平都明显偏低。2020 年，由地级行政区组成的沿边地区的地区生产总值为 34951.02 亿元，仅占国内生产总值的 3.44%，比常住人口占比低 1.63 个百分点，比土地面积占比低 35.32 个百分点；人均地区生产总值为 47744 元，仅为全国人均国内生产总值的 67.83% （如表 2 所示）。其中，辽宁省、吉林省、黑龙江省、内蒙古自治区、甘肃省、新疆维吾尔自治区、云南省和广西壮族自治区的沿边地区人均地区生产总值均低于本省（自治区）平均水平，辽宁省、吉林省、黑龙江省、新疆维吾尔自治区、西藏自治区、云南省和广西壮族自治区的沿边地区人均地区生产总值都明显低于全国人均国内生产总值，比重均在 80% 以下。

表 2　涉边各省（自治区）的沿边地区人均地区生产总值及占比

地区	人均地区生产总值（元）	本省（自治区）平均水平占比	全国平均水平占比
辽宁沿边地区	35614	60.40%	50.60%
吉林沿边地区	42131	82.38%	59.86%
黑龙江沿边地区	38894	90.43%	55.26%
内蒙古沿边地区	66945	92.74%	95.12%
甘肃沿边地区	62300	94.09%	88.51%
新疆沿边地区	49544	92.83%	70.39%
西藏沿边地区	52839	101.31%	75.07%
云南沿边地区	42818	82.43%	60.83%
广西沿边地区	42878	97.01%	60.92%

数据来源：中国及各地区第七次人口普查数据和 2020 年国民经济与社会发展统计公报

（五）设立了多种形式的国家级开发开放平台

口岸是由国家指定对外开放的门户，是国际货物运输、人员跨境往来的枢纽。截至2021年12月31日，我国由地级行政区组成的沿边地区经国务院批准的对外开放口岸共有141个，包括水运口岸31个、航空口岸27个、铁路口岸14个和公路口岸69个（如表3所示）。口岸对我国沿边地区扩大对外开放发挥了重要的促进作用。1991年以来，为了进一步推动沿边地区开发开放，国务院在边境地区陆续批准设立了边民互市贸易区、边境开放城市、边境经济合作区、跨境经济合作区、沿边重点开发开放试验区、边境旅游试验区、综合保税区、中国自由贸易试验区片区、国家级经济技术开发区、国家级高新技术产业开发区等开发开放平台（如表4所示）。目前，我国沿边地区已经形成以国家口岸、边境城市、边境经济合作区、边民互市贸易区、跨境经济合作区、边境旅游试验区、重点开发开放试验区、自由贸易试验区等平台为主体的全方位、多层次开发开放格局（庄芮等，2021）。

表3　国务院在沿边地区批准成立的国家口岸分布

省（自治区）	沿边地区国家口岸
辽宁	水运口岸（大连、营口、丹东、庄河、葫芦岛、旅顺新港、锦州、长兴岛、盘锦）、航空口岸（沈阳、大连）、铁路口岸（丹东）、公路口岸（丹东）
吉林	航空口岸（长春、延吉）铁路口岸（集安、图们、珲春）、公路口岸（珲春、集安、圈河、临江、开山屯、三合、南坪、长白、古城里、沙坨子、双目峰）
黑龙江	水运口岸（哈尔滨、富锦、佳木斯、同江、黑河、漠河、呼玛、逊克、抚远、孙吴、萝北、嘉荫、饶河）、航空口岸（佳木斯、牡丹江、哈尔滨、齐齐哈尔）、铁路口岸（绥芬河、哈尔滨、同江）、公路口岸（绥芬河、东宁、密山、虎林、黑河、黑瞎子岛、黑河〔索道〕）
内蒙古	航空口岸（海拉尔、满洲里、包头、二连浩特、呼和浩特、鄂尔多斯）、铁路口岸（二连浩特、满洲里）、公路口岸（珠恩嘎达布其、满洲里、二连浩特、阿尔山阿日哈沙特、额布都格、甘其毛都、满都拉、策克、黑山头、室韦、乌力吉）
甘肃	航空口岸（兰州、敦煌）、公路口岸（马鬃山）

续表

省（自治区）	沿边地区国家口岸
新疆	航空口岸（乌鲁木齐、喀什、伊宁）、铁路口岸（阿拉山口、霍尔果斯）、公路口岸（红其拉甫、霍尔果斯、巴克图、伊尔克什坦、吉木乃、卡拉苏、都拉塔、吐尔尕特、塔克什肯、老爷庙、红山嘴、乌拉斯台、木扎尔特、阿黑土别克）
西藏	航空口岸（拉萨）、公路口岸（吉隆、普兰、樟木、里孜）
云南	水运口岸（思茅、景洪、关累）、航空口岸（昆明、西双版纳、丽江、芒市）、铁路口岸（河口、磨憨）、公路口岸（瑞丽、磨憨、打洛、河口、天保、都龙、勐康、金水河、畹町、腾冲、孟定、田蓬）
广西	水运口岸（防城港、北海、钦州〔梧州 、柳州、贵港〕）、航空口岸（南宁、桂林、北海）、铁路口岸（凭祥）、公路口岸（友谊关、东兴、水口、龙邦、平孟、爱店、峒中、硕龙

资料来源：海关总署国家口岸管理办公室网站

表 4　　1992 年以来国务院批准成立的沿边地区开发开放平台

省（自治区）	沿边地区开发开放载体平台
边境开放城市（14 个）	黑河、绥芬河、珲春、满洲里、二连浩特、伊宁、博乐、塔城、畹町、瑞丽、河口、凭祥、东兴、丹东
边境经济合作区（17 个）	丹东、珲春、和龙、黑河、绥芬河、满洲里、二连浩特、伊宁、博乐、塔城、吉木乃、畹町、河口、瑞丽、临沧、凭祥、东兴
跨境经济合作区（3 个）	中国磨憨—老挝磨丁、中国瑞丽—缅甸木姐、中国红河—越南老街
沿边重点开发开放试验区（9 个）	广西东兴、广西凭祥、广西百色、云南瑞丽、内蒙古满洲里、内蒙古二连浩特、云南勐腊（磨憨）、黑龙江绥芬河—东宁、新疆塔城
边境旅游试验区（2 个）	内蒙古满洲里、广西防城港
综合保税区（8 个）	满洲里、珲春、绥芬河、凭祥、红河、阿拉山口、霍尔果斯、喀什
中国自由贸易试验区片区（5 个）	中国（广西）自由贸易试验区（崇左片区）、中国（云南）自由贸易试验区（红河片区、德宏片区）、中国（黑龙江）自由贸易试验区（黑河片区、绥芬河片区）
国家级经济技术开发区（8 个）	海林、牡丹江、双鸭山、呼伦贝尔、巴彦淖尔、酒泉、奎屯—独山子、蒙自
国家级高新技术产业开发区（1 个）	延吉

资料来源：作者根据相关资料整理

二、当前沿边地区开发开放存在的突出问题

我国沿边地区开发开放严重滞后，经济发展落后于内地和东部沿海地区，加上生态环境脆弱，当前存在人口人才严重流失、基础设施条件欠佳、营商环境普遍不佳、“通道经济”特征明显、发展保护矛盾突出等问题。

（一）人口人才流失严重

我国边境地区人居环境普遍较差，就业机会较少，生活成本较高，随着东中部地区和边境省份重点地区经济快速发展，沿边地区人口人才城乡持续流出态势。2020 年，全国第七次人口普查数据显示，以地级行政区作为统计单元的沿边地区常住人口为 7320.44 万人，相比 2010 年全国第六次人口普查数据减少了 285.12 万人，占全国第六次人口普查数据的 3.75%。常住人口发生减少的地区主要出现在东北地区，辽宁、吉林和黑龙江三省所有的沿边地级行政单元常住人口都是减少的，其中，通化市常住人口减少超过 100 万人，将近第六次人口普查数据的一半。如果以县级行政区为统计单元，我国沿边地区人口流失问题更为严重。除新疆维吾尔自治区外，其他 8 个省份沿边的 103 个县级行政单元第七次人口普查的常住人口合计为 1647.06 万人，相比第六次人口普查数据减少了 119.80 万人，占第六次人口普查常住人口的 6.78%。在 103 个县级行政单元中，有 68 个地方发生了人口减少，同样主要出现在东北地区，人口减少率普遍在 10% 以上，甚至超过 50%。毋庸置疑，流失人口的主体是青壮年人口和人才。青壮年人口和人才的大量流失，严重削弱了我国沿边地区经济社会发展的内生动力。

（二）基础设施建设滞后

我国沿边地区基础设施建设滞后，对开发开放和产业发展形成严重制约。受地方政府建设维护资金不足所限，大部分沿边地区的口岸基础设施条件落

后、检查防疫设备年久失修，口岸通关效率普遍较低，口岸功能亟待完善提升。受邻国口岸政策的影响，一些边境口岸长期处于关闭状态。各类开发开放平台的水、电、路、气等配套基础设施建设的资金投入不足，基础设施条件普遍不能满足经济社会发展的需求，管理体制有待理顺，甚至一些开发开放平台建设处于停止状态。交通基础设施建设滞后，公路等级普遍较低、不能形成闭环网络，很多沿边地区没有通铁路和高速公路，普遍缺少联通内外的大运力骨干通道，跨境通道通而不畅，跨境物流的硬性成本普遍较高，沿边地区与内陆和沿海地区的互联互通水平较低，严重制约着货物运输、人员往来和招商引资。市政基础设施建设不完善的问题普遍存在，交通、医疗、教育、商贸、通信、文化、供排水等城镇功能普遍薄弱，城市用水问题普遍存在，严重削弱了沿边地区的城市和城镇聚集产业与吸纳人口的能力。边境物防技防设施建设不足，一些边境地区主要靠人看眼盯，存在安全隐患。

（三）营商环境普遍不佳

沿边地区各级政府的财力有限，对城市建设和各类开发开放平台的投入不足，产业发展的配套设施建设滞后，不能满足企业建设和人才发展所需的基础设施条件。"放管服"改革不到位，各级政府工作人员的服务意识淡薄，企业发展和人才创业的交易成本较高。部分边境管理政策已不适应沿边地区的开放发展需要，也没有强有力的政策措施促进资金、人才、技术等核心生产要素向沿边地区集聚，还缺少能够有效促进沿边地区与周边国家和地区加强合作的机制和政策（孙久文等，2017）。

（四）"通道经济"特征明显

我国边境贸易多为"穿岸而过"，很少在沿边地区落地加工，"通道经济"特征明显，开发开放"两张皮"的现象比较普遍（丁阳等，2015）。以辽宁省丹东市为例，边境贸易出口商品结构单一，以纺织、小机电、百货、农副等劳动密集型和资源密集型产品为主，批量小、品种杂、经营分散，主要依靠外省供应；进口则以资源类的农、副、林、水产品为主，相当部分也都直接销往内地，很少落地加工，没有在当地实现仓储、加工等环节的增值。边境贸易不能促进沿边地区形成规模的生产力，创造不出较多的就业机会，难以有力支撑边境城市和城镇发展壮大。因此，我国沿边地区城市规模普遍不大。2020年，以地级行政区为统计单元的沿边地区，在25个地级城市中，只有包头的人口规模在100万人以上，属于大城市行列，中等城市只有丹东、鹤岗、鸡西、佳木斯、牡丹江5个，其他都是小城市；以县级行政区为统计单元的沿边地区，33个县级城市的人口规模都没有超过25万人，在10万人以上的县级城市也只有东港、珲春、满洲里、博乐、泸水、腾冲、瑞丽、芒市、景洪、靖西和东兴11个城市集中在西南地区，其中4个县级城市是自治州政府所在地。

（五）发展保护矛盾突出

我国沿边地区多属于高寒地带，一些沿边地区的生态环境非常脆弱，对经济和人口的综合承载能力较低，生态环境治理的压力也比较大，推进开发开放与保护生态环境的矛盾日益突出。例如，广西沿边地区，生态环境较为脆弱，土地、能源、矿产资源相对匮乏，资源环境承载力较低，部分地区长期对自然资源过度开发、粗放利用，保护和修复的治理措施滞后，付出了较大的环境代价，石漠化、水土流失、矿山生态破坏、环境污染、土壤重金属污染等环境问题突出，对区域可持续发展造成了严重的不利影响。此外，我国沿边地区还广泛分布着国家级和省级自然保护区，2021年9月，国务院批准设立的东北虎豹国家公园位于吉林、黑龙江两省沿边地区，未来很可能在沿边地区增设多个国家公园，将会进一步加重沿边地区的生态环境任务。

三、“十四五”时期沿边地区开发开放面临的新形势

近年来，国内外形势不断发生变化，对深入推进我国沿边地区开发开放来说，既有机遇，也有挑战。

（一）中国特色社会主义进入新时代

党的十九大做出了中国特色社会主义进入新时代的重大判断。进入新时代，我国社会主要矛盾发生了转变，主要表现为人民日益增长的美好生活需要与不平衡不充分发展之间的矛盾。我国沿边地区发展不充分，与内陆和东部沿海地区较大的发展差距，沿边地区各族人民的收入水平和生活水平严重低于内陆和东部沿海地区，是新的社会主要矛盾的主要表现方面之一。解决新时代中国社会主要矛盾，推进共同富裕，要求深入推进沿边地区开发开放，把沿边地区的丰富资源优势和区位优势转化为经济优势，加快提高沿边地区的经济发展水平和居民生活水平，不断缩小沿边地区与内陆和东部沿海地区的差距。

（二）我国进入新发展阶段

进入“十四五”时期，我国进入新发展阶段，开启全面建设社会主义现代化国家新征程、向第二个百年奋斗目标迈进。现代化是生产力发展的客观要求，是人类社会发展的必然趋势。我国推进的现代化，具有中国特色、中国式的现代化，是社会主义现代化，是实现全体人民共同富裕的现代化。沿边地区的现代化，沿边地区各族人民的现代化，是我国全面建设社会主义现代化国家新征程的重要一环，是不可或缺的。加快推进沿边地区现代化步伐，要求深入推进沿边地区开发开放，不断缩小与全国现代化进程的差距。

（三）中央提出构建形成新发展格局

党的十九届五中全会提出，形成强大国内市场，构建以国内大循环为主体、国内国际双循环相互促进的新发展格局。构建新发展格局包括两个方面：一个是以国内大循环为主体的发展格局，要求畅通国内大循环，助力形成强大的国内市场；另一个是国内国际双循环相互促进的发展格局，对畅通国内大循环与国际大循环提出了要求，旨在更充分地利用国际市场和国际资源。沿边地区与沿海地区一样，也是联结国内国际两大循环的重要枢纽，不仅是事关国家安全与边疆稳定的屏障，更是人员进出入境、货物进出口的平台口岸和通道命脉，在新发展格局中占有重要地位、具有特殊作用（郭锐和廖仁郎，2021）。目前来看，沿边地区作为联结国内国际两大循环的枢纽地位还不够强大，有的地方甚至可以说很薄弱。深入推进沿边地区开发开放，就是要加快提高沿边地区的经济社会发展水平和国内国际两大市场的联通水平，不断增强沿边地区支撑国内国际双循环相互促进的枢纽功能。

（四）世界正经历百年未有之大变局

近年来，世界政治经济发生深刻变化，国际环境日趋错综复杂，世界出现百年未有之大变局，并不断演化。尽管和平与发展仍然是时代主题，但国际形势的不稳定性不确定性明显增加，新冠肺炎疫情大流行影响广泛深远，经济全球化遭遇逆流，民粹主义、排外主义抬头，保护主义、单边主义、霸权主义对世界和平与发展构成威胁。俄乌冲突爆发一直拨动着世界主要国家的“神经”，给世界政治经济发展罩上了越来越浓的阴云。这一系列国际环境的新变化新形势，都给我国推进沿边地区开发开放提出了严峻挑战。

（五）中国正式加入区域全面经济伙伴关系协定

2021年4月15日，中国向东盟秘书长正式交存《区域全面经济伙伴关系协定》（RCEP）核准书。这标志着中国正式完成RCEP核准程序。RCEP的生效实施，标志着世界上涵盖人口最多、成员构成最多元、经贸规模最大、发展活力最强、发展潜力最大的自由贸易区正式落地。2022年1月1日起，RCEP正式生效。中国加入区域全面经济伙伴关系协定，使得沿边地区在发展边境贸易、利用伙伴国资本和资源、商品进入伙伴国市场等方面更加便利，对深入推进沿边地区尤其是毗邻东盟国家的西南沿边地区无疑是重大利好。

四、“十四五”时期深化沿边地区开发开放的新思路

“十四五”时期，深化我国沿边地区开发开放，应把战略重心放在中心城

市，全面融入国内大循环，培育新的经济增长极，改善营商环境，吸引企业投资和人才创业，形成产业集聚发展。

（一）把开发开放的重心放在中心城市

沿边地区的中心城市是指沿边地区地级市政府、地区政府、自治州政府和盟政府的所在地，其中，地级市政府的所在地属于地级城市，地区政府、自治州政府和盟政府的所在地都属于县级城市。一般情况下，这些中心城市都是区域的政治、经济、文化、科技、信息和产业的中心，经济综合实力较强，人口规模较大。在保障国土安全和边境稳定及抵御发展风险方面，中心城市要比一般城市、城镇和乡村强得多。新形势下，深入推进沿边地区开发开放，要把培育壮大中心城市作为战略重点。一方面，把这些中心城市建设成为坚守在沿边地区的一座座“堡垒”，强有力地保障国土安全和边境稳定。另一方面，把这些中心城市发展成为镶嵌在沿边地区的一颗颗“珍珠”，辐射带动沿边地区繁荣协调发展和城乡融合发展，促进边民富裕、民族融合和团结。

（二）全面融入国内大循环

党的十九大报告明确提出，推动形成全面开放新格局。这个全面开放新格局是指陆海内外联动、东西双向互济的开放格局。“一带一路”倡议是构建全面开放新格局的“进军号”。沿边地区是向西开放的前沿，应努力融入丝绸之路经济带的建设，紧紧抓住国家推动丝绸之路经济带建设的重大机遇，利用好周边邻国及丝绸之路经济带沿线国家的市场和资源，为自身的开发开放服务。与此同时，沿边地区应更加注重向内开放，努力全面融入全国统一大市场、全面融入国内大循环，充分利用作为世界第二大经济体的国内市场和资源。因为周边邻国及丝绸之路经济带沿线大部分国家的经济体量、宏观经济稳定性与中国完全不在一个层次上，再加上基础设施、社会治理的断层式落差，沿边地区倘若忽视国内市场而在劣质外部市场上投入过多资源，实属舍本逐末。

（三）培育新的经济增长极

增长极理论由法国经济学家弗朗索瓦·佩鲁提出。佩鲁认为，经济增长不可能在所有行业均匀分布，而是首先出现在或集中在那些创新力较强并具有较大辐射带动作用的行业，人们称之为"增长极"。后来，增长极理论被引入区域经济领域，是指区域经济增长不可能在所有地区均匀分布，而是经济要素集聚在某一个或某几个较小的地方，形成区域经济增长极，然后通过极化效应和扩散效应对区域经济活动产生影响。改革开放40多年的实践证明，培育经济增长极是促进区域经济发展的有效举措（肖金成，2018）。我国沿边地区蔓延两万多千米，不可能把每个地区都发展起来，也不是所有地区都适合开发。新形势下，深入推进沿边地区开发开放，应布局和培育新的经济增长极作为重点任务。通过国家政策和资金的大力支持与集中投入，推动这些新的经济增长极快速崛起，推动他们所在的中心城市加快发展壮大，支撑这些中心城市成为促进沿边地区繁荣发展、保障国土安全和边境稳定的战略性支点。

（四）改善营商环境，吸引企业投资和人才创业

根据世界银行的定义，营商环境是指市场主体在准入、生产经营、退出等过程中涉及政务环境、市场环境、法治环境、人文环境等有关外部因素和条件的总和。优化营商环境的目的是为企业生产经营提供良好的外部环境，降低企业生产经营的制度性交易成本（陈伟伟和张琦，2019）。沿边城市的营商环境不但与北京、上海、深圳等东部发达城市的差距巨大，与中西部内地城市也是远远不能比的。沿边城市要吸引企业和人才，必须大幅改善营商环境，促进形成法治化、国际化、便利化的营商环境。首先是加大产业配套基础设施建设力度，集中力量尽可能完善产业园区的"十一通一平"① 基础设施条件，改善硬性营商环境。其次是加快深化"放管服"改革，简化项目审

① "十一通一平"的基础设施，即道路、给水、雨水、污水、电力、供热、工业蒸汽、天然气、通信、互联网、有线电视网和土地平整。

批程序，尽可能缩短项目审批周期，施行某些行业“负面清单”制度和项目建设登记备案制度。最后是出台产业发展促进政策，实行建设用地“零地价”、税收减免、人才补贴、出口免税、高速公路免过路费等优惠政策，对制造业企业集聚发展和人才创新创业形成切实有效的吸引力。

五、“十四五”时期深化沿边地区开发开放的对策建议

沿边地区基础条件薄弱，但战略地位十分重要。“十四五”时期，深入推进沿边地区开发开放，必须依靠国家在资金、资源、政策等方面提供大力支持。

（一）以地级行政区为基础单元规划建设沿边经济带

区域经济发展需要产业集聚发展来支撑，同时吸引人口和人才集中。区域经济发展直接表现为城市经济体量和人口规模的发展壮大。如果以省级行政区为基础单元规划沿边经济带，几乎囊括整个西部地区和东北地区，面积过大，国家的支持政策和资金容易分散、针对性不强。如果以县级行政区基础单元规划建设沿边经济带，行政区数量过多，产业基础极度薄弱，城市发育严重不足，国家的支持政策和资金也容易分散，沿边经济带建设需要较漫长的时间。考虑到沿边地区地级城市的人口规模普遍较大，产业发展也已经具有一定基础，通过国家政策和资金的集中扶持，吸引企业向沿边地区集聚，有可能在较短时间内让沿边地区的城市发展壮大。因此，建议以地级行政区为基础单元规划建设沿边经济带，并把规划建设沿边经济带上升为国家战略，通过赋予特殊政策，使沿边地区发展成为世人瞩目的焦点和企业投资的洼地。

（二）完善区域性中心城市功能

区域性中心城市的功能越完善，对人口和人才的吸引力越强（肖金成和马燕坤，2020）。首先是区域性中心城市的交通功能，对城市吸引企业集聚和与周边城市经济联系具有重要的基础支撑作用；其次是区域性中心城市的生

活性服务功能，包括教育、医疗、卫生、文化、体育、商贸、科研、娱乐、生态、居住等方面，是促进企业发展和提高城市居民生活品质的重要条件；最后是区域性中心城市的生产性服务功能，对制造业高质量发展具有重要的促进作用。沿边地区的城市功能普遍不健全，应重点布局，分步实施，不仅要完善区域性中心城市的城市功能，而且要有重点地提升某些城市功能的品位。因为越高层次的城市功能品位，越能吸引高层次的人才聚集。

（三）进一步加大中央财政对沿边地区的转移支付力度

一直以来，国家对沿边地区发展都高度重视。2016 年年初，《关于支持沿边重点地区开发开放若干政策措施的意见》发布，提出“加大对边境地区民生改善的支持力度”“加大对边境地区居民基本社保体系的支持力度”，并提出“研究设立沿边重点地区产业发展（创业投资）基金”。从这些年沿边地区的发展现状来看，中央财政应进一步加大对沿边地区的转移支付力度。中央财政不仅要通过产业发展（创业投资）基金支持沿边地区加快产业发展，而且要通过转移支付大幅改善沿边地区各城市的市政基础设施条件，使沿边地区的城市也能满足人们对美好生活的向往，增强他们对人口和人才的吸引力和吸附力。

（四）创新体制机制促进边境贸易大发展

边境贸易指两国接壤地区的居民之间的集市贸易。发展边境贸易是提高我国边民和邻国边民收入的有效方式，也是繁荣沿边地区经济，巩固拓展脱贫攻坚成果的重要手段。应通过创新体制机制大力促进边贸市场大发展。一是把允许开展边境贸易的地域范围扩展至以地级行政区为基础单元的沿边地区。二是明显提高沿边地区个人参与边境贸易的关税等各类税收免征额。三是扩展沿边地区边境贸易的商品类型和数量。四是创新沿边地区边境贸易模式，以搭建商贸产品交易网络平台开展跨境电子商务合作为切入点，注重线上线下双管齐下，拓宽边境贸易渠道（李曦淼，2021）。五是以推进边境贸易商品交易的自动化、智能化为重点，以降低人力成本和疫情负面影响为目标，提升边境贸易的效率（李曦森，2021）。

（五）鼓励和引导沿海地区与沿边地区对口合作

对口支援和对口帮扶在促进我国区域协调发展中发挥了重要作用（侯景新和于子冉，2021）。对口关系本质上是区域间的转移支付。20 世纪 80 年代以来，我国实行的对口支援和对口帮扶政策，产生了显著的经济效益和社会效益，在很大程度上促进了区域协调发展。借鉴对口支援和对口帮扶的经验，鼓励和引导沿海地区与沿边地区开展对口合作，且在地级行政区层面开展对口合作。沿海地区与沿边地区的对口合作，可以把沿海地区的资金、人才、技术、理念等生产要素引入沿边地区，从而加快沿边地区经济社会发展的步伐。

（六）加强区域和国际区域次区域合作

沿边地区要打破行政区划的壁垒，与国内周边地区加强区域合作，实现优势互补，促进要素自由流动，形成对企业和人才的联合吸引力。以边境经济合作区建设为抓手，创新国际区域次区域合作机制，在能源、矿产、农业、制造业、旅游、安全等领域加强与周边国家和地区之间的国际区域合作和国际次区域合作。积极借助上海合作组织、亚太经合组织、东北亚区域合作机制、欧亚经济共同体、中亚区域经济合作计划、金砖国家峰会、中俄合作论坛、亚欧会议、博鳌亚洲论坛、欧亚经济论坛、亚欧博览会等国际组织和国际合作机制的作用，提升国际区域次区域合作的水平和效率。

（七）有序实施行政区划设置优化调整

以地级行政区为基础单元规划建设沿边经济带，其中有些中心城市距离边境线很远，而有些城市区位交通条件适宜但行政级别较低，都可能对推进沿边地区开发开放形成制约因素。因此，有必要因地制宜，有序推进沿边地区部分城市行政区划设置优化调整。一是建议把县级市珲春市、同江市、霍尔果斯市、瑞丽市升格为地级市。二是建议撤销兴安盟和锡林郭勒盟，分别成立地级兴安市和地级锡林郭勒市。三是建议有序推动阿勒泰地区、塔城地区和和田地区开展地市合并工作，分别成立地级阿勒泰市、地级塔城市和地级和田市。

参考文献

[1] 赵艳春. 新时代沿边民族地区经济发展研究［J］. 合作经济与科技，2018（22）：2.

[2] 庄芮，宋荟柯，张晓静. 我国沿边开放战略思考：历史逻辑与推进方向［J］. 国际贸易，2021（7）：9.

[3] 孙久文，周玉龙，和瑞芳. 中国的沿边经济发展：现状，问题和对策［J］. 经济社会体制比较，2017（2）：11.

[4] 丁阳，夏友富，吕臣. 新型国际分工模式下的沿边开发开放问题研究［J］. 江苏社会科学，2015（1）：8.

[5] 郭锐，廖仁郎. 新发展格局下我国沿边地区跨越式发展的战略思考［J］. 云南师范大学学报：哲学社会科学版，2021，53（3）：12.

[6] 肖金成. 培育增长极充分发挥开发区的优势［N］. 人民政协报，2018-12-21（7）.

[7] 陈伟伟，张琦. 系统优化我国区域营商环境的逻辑框架和思路［J］. 改革，2019（5）：10.

[8] 肖金成，马燕坤. 西部地区区域性中心城市高质量发展研究［J］. 兰州大学学报：社会科学版，2020，48（5）：8.

[9] 李曦森，以边贸固脱贫促发展［N］. 云南日报 2021-01-22（5）.

[10] 侯景新，于子冉. 对口合作的形成机制与实践启示［J］. 区域经济评论，2021（2）：7.

内聚与外联：内地与沿边协调发展问题研究*

郑长德**

摘　要：陆地边疆与内地间的发展不平衡是中国经济活动空间分布不平衡的主要表现。基于边疆地区在我国经济社会发展的重要战略地位、发展状态和共同富裕的基本要求，实现沿边与内地的协调发展，是区域协调发展宏观区域战略的重要支柱。边疆省区资源禀赋丰裕，经济发展已有较为坚实的基础，受初始条件与“第一自然”的约束，经济发展与内地，特别是发达地区的差距较大，且此差距还有进一步扩大的趋势。因此，边疆与内地协调发展的目的首先是缩小边疆省区与内地的发展差距，为此要进一步深入推进边疆省区的开发开放，促进其经济发展。从新经济地理学视角分析，内聚与外联是重要的战略选择。所谓内聚，就是扩大经济规模，降低区内的运输成本，提升或保住边疆省区在全国的制造业份额，提升边疆地区对经济活动的集聚能力。所谓外联，就是充分利用一带一路建设机遇，加快边疆地区的开放，加强交通基础设施建设，实现互联互通，消除贸易障碍，降低交易成本，实现与周边国家的一体化，并增加进入国际市场的

---

* 基金项目：2018年度国家社科基金重点项目“‘历史交汇期’有效缩小民族地区多维发展差距的理论与对策研究”（编号：18AMZ001）。

** 作者简介：郑长德，男，四川省广元市人，经济学博士，西南民族大学经济学院教授、博士生导师。主要研究方向：中国少数民族经济、区域经济、金融理论。

机会。

关键词：陆地边疆；内地；区域协调发展；新经济地理学

一、问题的提出

中国地域辽阔，人口众多，历史悠久，经济活动空间分布的不平衡表现在不同的空间尺度，其中陆地边疆与内地间的发展不平衡具有持续性又随时代变迁，具有新的特点。基于边疆地区在我国经济社会发展中的重要战略地位、发展状态和共同富裕的基本要求，实现沿边与内地的协调发展，是区域协调发展宏观区域战略的重要支柱。

中国的沿边地区包括陆海两个部分，本文关注陆地沿边地区与内地的协调发展。中国的陆地沿边地区（简称陆疆）（见表 1），从县域看，包括 140 个陆地边境县（市辖区、市、旗），国土面积约 194.6 万平方千米，占全国陆地总面积的 20.27%，总人口 2378.53 万人（2019 年），占全国比重的 1.70%；从地级行政区看，包括 45 个市（地区、自治州、盟），陆地国土面积 366.9 万平方千米，占全国陆地总面积的 38.22%。2020 年，第七次人口普查，有 7320.43 万人，占全国总人口的 5.07%，按省级行政区计算，包括辽宁、吉林、黑龙江、内蒙古、甘肃、新疆、西藏、云南、广西等 9 个省（自治区），面积 569 万平方千米，占全国陆地总面积的 59.27% 以上，2020 年，普查总人口为 274240460 万人，占全国总人口[①]的 19.0%。

---

① 此处总人口为大陆 31 个省、自治区、直辖市人口和现役军人以及香港特别行政区、澳门特别行政区、台湾地区的人口合计。

表 1　　中国陆地沿边地区的构成（个）

省（自治区）	内蒙古自治区	辽宁省	吉林省	黑龙江省	广西壮族自治区	云南省	西藏自治区	甘肃省	新疆维吾尔自治区	合计
市（地区、自治州、盟）	7	1	3	8	3	8	4	1	10	45
县（市辖区、市、旗）	20	5	10	18	8	25	18	1	35	140

注：新疆建设兵团 58 个边境团场暂未列入

资料来源：《中国民族统计年鉴》(2020)，第 332-333 页

陆疆是我国国家安全的重要战略屏障，是维护国家主权完整、保证国防安全的关键地区；是我国陆路开放的前沿、“一带一路”的核心区和重要依托，决定着我国对中亚、俄罗斯、东盟、南亚贸易的市场份额。同时，较大程度地影响欧洲、西亚的市场以及我国对外开放的总体格局。

“治国必治边”①。中华人民共和国成立以来，国家一直高度重视边疆建设，不断加强边疆地区开发和对外开放力度，一方面扩展大规模的工业和基础设施建设，极大地改善和夯实了边疆地区的经济基础、通达性，城乡居民生活水平有了较大改善。另一方面，在边疆地区进行的大规模的资源开发和环境保护工程，为国家工业化、现代化的推进提供了原料和燃料动力，初步扭转了边疆地区环境退化局面，部分地区重现“绿水青山”。

党的十八大以来，边疆地区在国家宏观区域战略中的地位和重要性更加突出，党的十八届三中全会、党的十九大、十九届六中全会通过的报告和决议中，多次提出加快沿边开发开放步伐，并在中华人民共和国国民经济和社会发展第十三个五年规划和第十四个五年规划中，对进一步提升沿边地区开发开放水平、促进沿边地区经济社会持续健康发展和长治久安，做出全面规

① 习近平在中央第六次西藏工作座谈会上强调，依法治藏富民兴藏长期建藏，加快西藏全面建成小康社会步伐［N］. 西藏日报，2015－8－26（1）.

划和部署。同时，先后出台了《关于加快沿边地区开发开放的若干意见》《沿边地区开发开放规划（2014—2020年）》《兴边富民行动“十三五”规划》等专项规划，最近又出台了《“十四五”特殊类型地区振兴发展规划》，促进边境地区繁荣稳定是其中的重要内容。《推动共建丝绸之路经济带和21世纪海上丝绸之路的愿景与行动》实施以来，作为“一带一路”核心区和门户地区的边疆省区，积极行动，主动深入融入，成效显著。

由于历史、地理等方面因素的影响，相较于全国平均水平和国内较发达的地区，边疆地区总体发展水平较低，以陆地边境县为例，2019年人均地区生产总值达41385.81元，相当于全国平均水平的58.38%，而且这种差距还有进一步扩大的态势。因此，推动沿边地区与内地的协调发展，缩小发展差距，促进边境地区繁荣稳定，尚需进一步加大力度，创新举措。

本文的结构如下，第2节对边疆与内地经济发展的差异与差距进行了描述性的分析，考虑到区域的有机联系和数据的可得性、完整性，本文的分析所指的边疆地区主要集中于省级行政单位，即边疆9省（自治区），其余的省（直辖市、自治区）属于内地①。第3节基于新经济地理学视角，对经济活动在边疆与内地的分布演进进行了解释性分析。第4节是结论与相关的政策建议。

二、边疆与内地：差异与差距

本节从禀赋结构、经济发展、居民收入等方面，对边疆省区与内地的差异和发展差距进行描述性分析。

（一）禀赋结构

一个地区的禀赋结构是该地区已有的各种资本及其组合状态，包括区

① 分析中不包括中国港澳台地区。虽然对我国空间的这种二分法有些粗略，但本文聚焦的是边疆省区与全国和内地的比较，重点研究的是边疆省区。

位资本、自然资本、物质资本、人力资本、金融资本、社会资本与制度资本等。这些资本及其组合直接决定或间接地影响着各类经济主体活动的类型及成本—收益构成，进而是该地区的比较优势所在（林毅夫，2012）。

边疆与内地由于所处区位、自然环境与开发开放历史的不同，禀赋结构呈现较大的差异，从表2可以看出，边疆省区总体上地域辽阔，人口相对稀少，资源富集，是支撑我国现代化建设重要的能源资源战略基地和资源接替区，关系着我国能源安全的命脉，并影响我国的资源安全；生态地位重要，是我国重要的生态屏障区，影响甚至决定着我国的生态安全。

表2　边疆与内地：禀赋结构（2020年）

禀赋类型	项目	单位	边疆		内地	
			绝对量	占全国（%）	绝对量	占全国（%）
人口[①]	总量	万人	27424	19	116926	81
	密度	人/平方千米	48.20		299	
国土面积[②]		万平方千米	569	59.27	391	40.73
水资源[③]		亿立方米	12627.4	39.95	18977.8	60.05
森林资源[③]		万立方米	1026136.3	58.44	729886.7	41.56
土地资源[③]	耕地	千公顷	62765.9	49.09	65096	50.91
	园地	千公顷	49.09	65096	50.91	49.09
	林地	千公顷	32.06	13704.6	67.94	32.06
	草地	千公顷	204476.8	77.3	60053.3	22.7
	湿地	千公顷	15006.5	63.94	8462.8	36.06
自然保护区面积[③]		万公顷	6842.8	69.67	2978.5	30.33

续表

禀赋类型	项目	单位	边疆		内地	
			绝对量	占全国（%）	绝对量	占全国（%）
矿产资源基础储量[④]	石油	万吨	170903.5	48.81	179216.8	51.19
	天然气	亿立方米	22396.57	41.2	31968.89	58.8
	煤炭	亿吨	864.41	34.56	1636.48	65.44
	铁矿石	亿吨	89.22	45.31	107.7	54.69
	锰矿石	万吨	21483.9	69.23	9549.68	30.77
	铬矿	万吨	398.86	97.96	8.32	2.04
	钒矿	万吨	284.81	29.92	666.96	70.08
	原生钛铁矿	万吨	47.79	0.21	23017.31	99.79
	铜矿	万吨	1900.71	64.2	1059.85	35.8
	铅矿	万吨	1327.44	70.11	565.96	29.89
	锌矿	万吨	3368.77	73.57	1209.96	26.43
	铝土矿	万吨	51007.97	50.64	49714.96	49.36
	菱镁矿	万吨	84902.81	84.25	15869.71	15.75
	硫铁矿	万吨	43836.8	35.59	79335.78	64.41
	磷矿石	亿吨	7.09	20.62	27.3	79.38
	高岭土	万吨	48495.21	69.99	20789.84	30.01
劳动力[⑤]		万人	14258	18.99	60806	81.01
资本存量[⑥]		亿元	71952.6	13.48	461630.6	86.52
人力资本存量		万人·年	220506.5	19.26	925237.13	80.74

资料来源：①人口数据来自《中国统计年鉴》（2021）；②国土面积数据来自《2019—2020 中国省市经济发展年鉴》表 1-2；③数据来自《中国统计年鉴》（2021）表 8-9、表 8-22、表 8-21、表 8-25；④数据来自《2019－2020 中国省市经济发展年鉴》表 9-1—9-8；⑤数据来自《中国统计年鉴》（2021）表 4-3；⑥作者利用《新中国六十年统计资料汇编》及《中国统计年鉴》（历年）数据计算的 2020 年数

在经济分析中，特别注意一国或地区的资本与劳动，用资本—劳动比定义禀赋结构，即

$$k = \frac{K}{L} \tag{1}$$

其中 K 是资本存量，L 是劳动力数量。根据单豪杰（2008）的方法，选择折旧率为 10.96%，1952 年作为基期，计算了边疆与内地的资本存量，利

用总就业人数作为劳动力数量，把大陆31个省（直辖市、自治区）的资本存量和劳动力数量加总，作为全国的资本存量和劳动力数量，图1绘出了1978—2020年边疆省区劳均资本存量与全国和内地的比值的变化，可以看出自20世纪80年代以来，边疆省区的劳均资本存量低于全国平均水平和内地，2020年，边疆省区劳均资本存量只相当于全国的71%、内地的66.47%。因此，边疆省区的禀赋结构是偏低的。

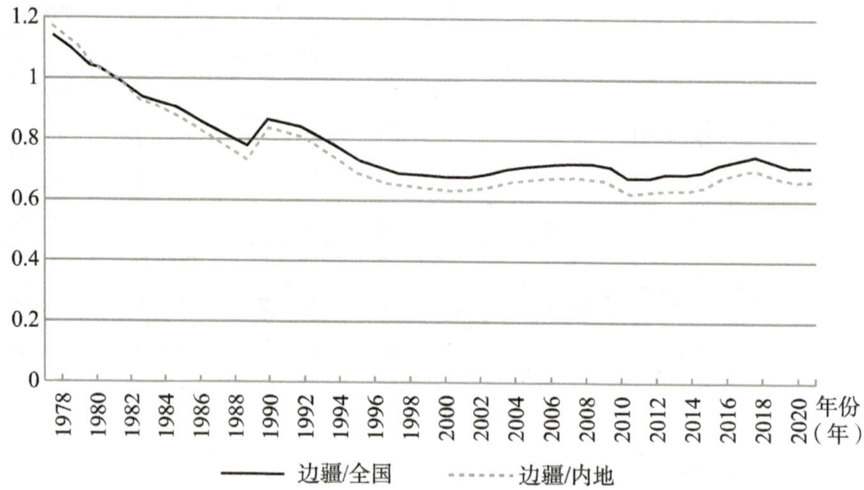

图1 1978—2020年边疆省（区）劳均资本存量与全国和内地的比值的变化

资料来源：作者利用《新中国六十年统计资料汇编》《中国统计年鉴》（历年）数据计算绘制

禀赋结构的另一个重要方面就是人力资本存量。这里的人力资本存量定义为15岁及以上人口平均受教育年限乘以15岁及以上人口数，根据第6次和第7次人口普查数据计算获得。计算表明，边疆省区人力资本存量占31个省（直辖市、自治区）的人力资本存量的比重，2010年为20.44%，2020年为19.26%，相应地，内地的比重分别为79.56%和80.74%。从比重的变化看，2010—2020年边疆省区有人力资本流出。

（二）经济份额

从地区生产总值和各产业增加值两个方面比较边疆省区与内地的经济发

展总体情况。边疆省区地区生产总值总量 1952 年为 143.23 亿元，1978 年为 3678.8 亿元，2000 年突破 1 万亿元，达到 100280.1 亿元，2020 年突破 10 万亿，达到 139880.21 亿元，占全国比重依次为 21.09%、21.73%、17.89%、13.77%。与之相对，内地的经济份额 1952 年是 79.81%，1978 年是 78.27%，2000 年增加到 82.11%，2020 年为 86.23%。可以看出，1952—1978 年边疆省区与内地的经济份额相对稳定，1978 年以后，随着改革开放的推进，边疆与内地开始分异。图 2 绘出了 1952—2020 年边疆与内地地区生产总值份额格局的变化。

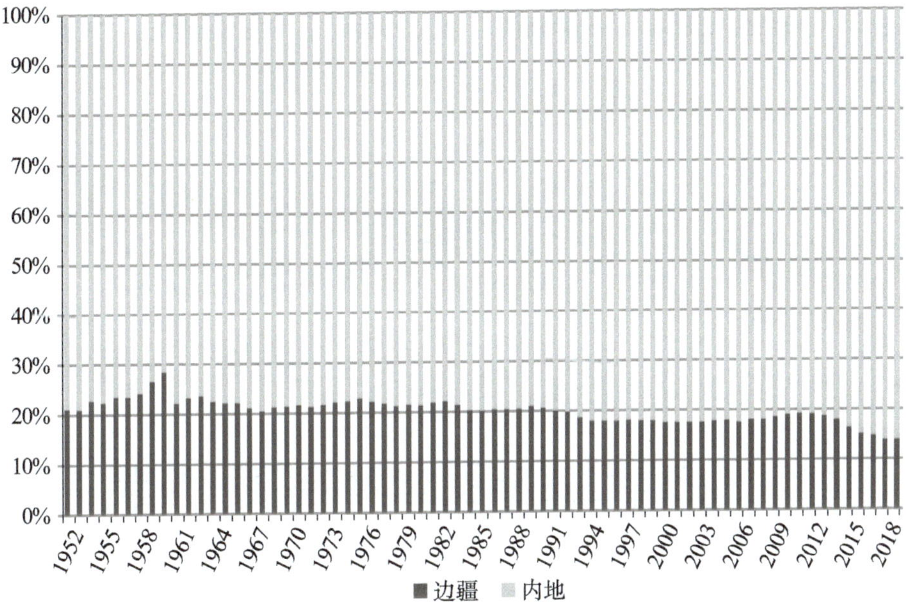

图 2　边疆与内地地区生产总值份额格局的变化（1952—2020 年）

资料来源：作者利用《新中国六十年统计资料汇编》《中国统计年鉴》（历年）数据计算绘制

边疆省区各产业增加值占全国比重的变化见表 3 和图 3。图 3 说明，1952 年以来，边疆省区第一产业增加值占全国比重稳中有升，2020 年占全国的1/4 左右，而第二产业、第三产业和工业增加值占全国比重却在持续下降，特别是 1978 年以来，这种下降趋势更加明显，其中尤以工业增加值下降最快，从

1978 年的 24.06% 下降到 2020 年的 10.01%。

表 3　　部分年份边疆省区产业增加值份额的变化（单位：%）

	地区生产总值	第一产业	第二产业	第三产业	工业增加值
1952	21.09	20.93	29.66	15.05	29.54
1978	21.73	20.36	25.72	15.53	24.06
2000	17.89	21.36	17.48	17.08	15.92
2020	13.77	25.45	12.46	13.04	10.01

资料来源：作者利用《新中国六十年统计资料汇编》《中国统计年鉴》（历年）数据计算

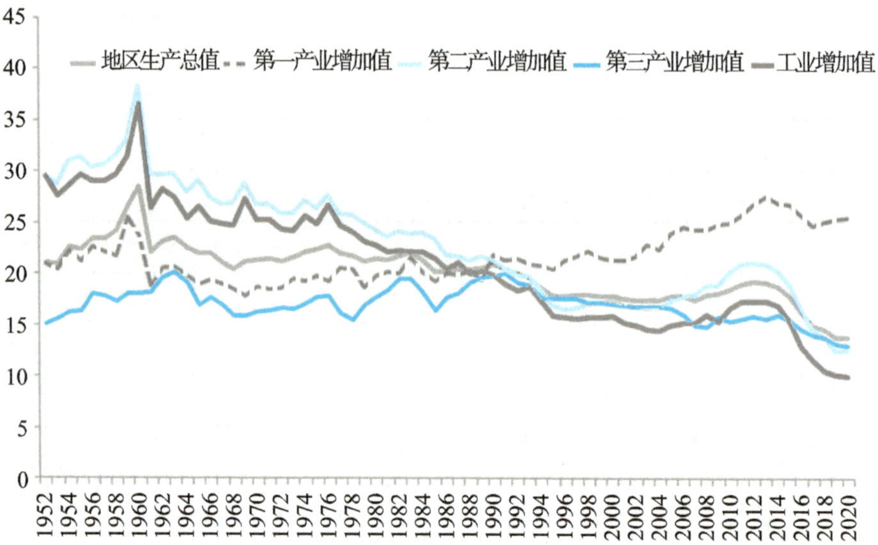

图 3　边疆省（区）经济总量占全国份额的变化（1952—2020 年）

资料来源：作者以《新中国六十年统计资料汇编》《中国统计年鉴》（历年）数据计算绘制

（三）经济差距

总体上，人均地区生产总值依然是衡量地区经济发展水平的主要指标。一直到 1984 年，边疆省区的人均地区生产总值高于全国平均水平，也高于内地平均水平，1985 年之后，边疆省区的人均地区生产总值才开始低于全国平均水平和内地平均水平。2020 年，边疆省区人均地区生产总值 51002.88 元，与全国平均水平相差20997.12元，与内地平均水平相差25993.02元，边疆省区人均地区生产总值分别相当于全国平均水平的70.84%和内地的66.24%，如图4所示。

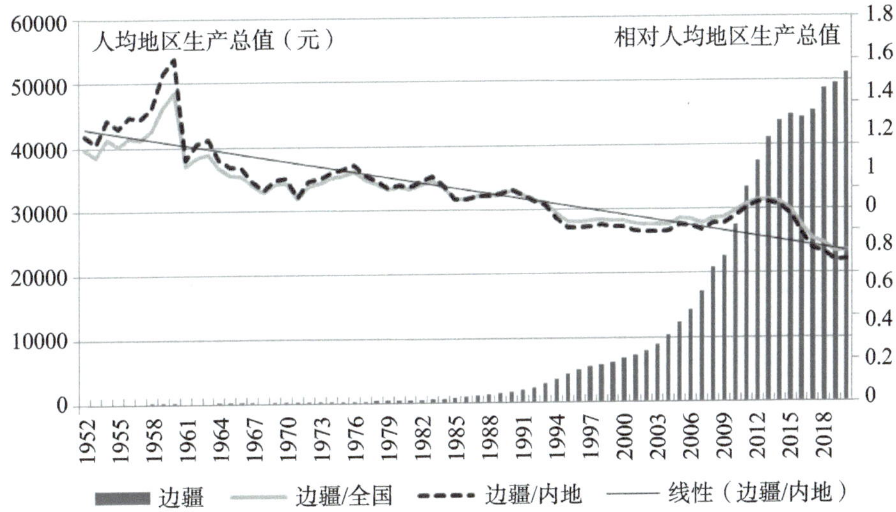

图4　边疆省（区）人均地区生产总值及与全国和内地的比较（1952—2020年）

资料来源：作者以《新中国六十年统计资料汇编》《中国统计年鉴》（历年）数据计算绘制

（四）结构与效率

从产业结构变化看，经济发展的一个基本趋势是随着经济发展，人均收入水平的提高，三次产业变化的第一个基本趋势是：第一产业（农业）无论是产值比重还是就业比重都趋于下降，而非农产比值与就业比重上升；在经济发展到一定程度时，三次产业变化呈现第二个基本趋势，即第三产业的比重上升，而第二产业的比重开始下降，呈现倒"U"形模式。我国三次产业结构的变化，全国、边疆省区和内地均表现出这些基本趋势（表4和图5），与标准的结构变迁模式比较，我国产业结构变迁呈现非典型的特征，即产值结构的变化快于就业结构的变化，特别是第一产业产值比重下降的速度快于第一产业就业比重的下降速度，如从全国看，1952—1978年，第一产业产值比重从50.95%下降到27.7%，下降了23.25%，而同期就业比重从83.5%下降到70.5%，只下降了13%；1978—2020年，第一产业产值比重下降了20%，而就业比重只下降了。

表4　　部分年份全国、边疆与内地产业结构格局（%）

	全国			边疆			内地		
	Ⅰ	Ⅱ	Ⅲ	Ⅰ	Ⅱ	Ⅲ	Ⅰ	Ⅱ	Ⅲ
1952	50.95	20.88	28.16	50.35	29.37	20.28	51.11	18.62	30.27
1978	27.69	47.71	24.60	25.91	56.45	17.65	28.18	45.29	26.53
2000	14.68	45.54	39.79	17.53	44.49	37.98	14.06	45.76	40.18
2005	11.64	47.02	41.34	15.67	45.81	38.52	10.77	47.29	41.95
2010	9.33	46.50	44.18	12.64	50.68	36.68	8.58	45.55	45.87
2015	8.39	40.84	50.77	12.55	43.38	44.07	7.48	40.29	52.23
2020	7.65	37.82	54.53	14.14	34.22	51.63	6.62	38.40	54.99

资料来源：作者以《新中国六十年统计资料汇编》《中国统计年鉴》（历年）数据计算

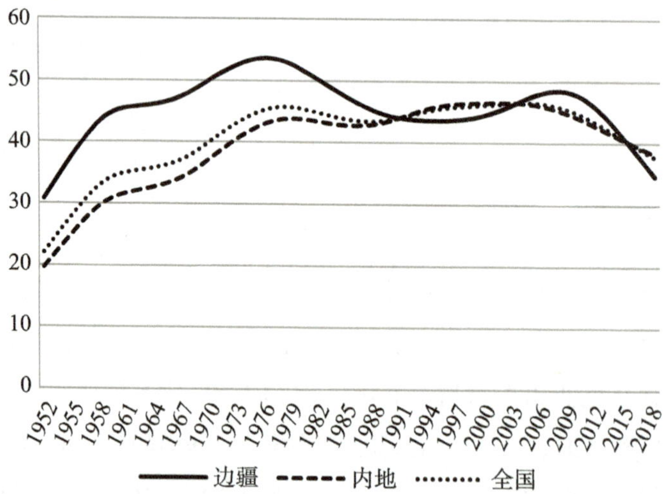

图5　第二产业比重的变化（趋势项①）（1952—2020年）

资料来源：作者根据《新中国六十年统计资料汇编》《中国统计年鉴》（各年）数据计算绘制

① 实际产值比重经H-P滤波分析后得到的趋势项。

与全国和内地相比，边疆省区产业结构的变化有些独特性，其一是边疆省区第一产业比重远高于全国和内地，2020 年边疆省区第一产业增加值占比 14.14%，远高于同年全国（7.65%）、内地（6.62%）的水平；其二，边疆省区工业增加值比重下降的时间比全国和内地早，而且下降的速度快、幅度大，统计数据显示，边疆省区工业增加值占地区生产总值的比重从改革开放初期就开始下降，2008 年以后加速下降，如图 6 所示。结合前面关于边疆省区工业增加值占全国比例的变化，可以看出，边疆省区在人均收入水平还比较低的情况下就开始了去工业化。

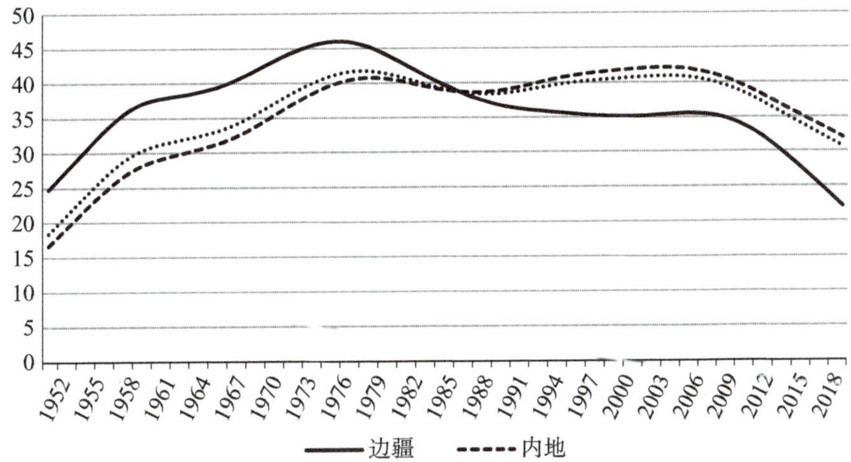

图 6　工业增加占比的变化（趋势项①）（1952—2020 年）

资料来源：作者根据《新中国六十年统计资料汇编》《中国统计年鉴》（各年）数据计算绘制

从劳动生产率看，考虑到 1978 年以前部分省区数据缺失，这里主要考虑改革开放以来全国及边疆省区和内地劳动力生产率的变化，如图 7 所示。可以看出，20 世纪 90 年代以来，边疆的劳动生产率持续低于全国平均水平和内地平均水平。分产业的比较劳动生产率如表 5 所示，可以看出，边疆省区除第二产业较高外，第一产业和第三产业的劳动生产率都低于全国和内地。

① 实际产值比重经 H-P 滤波分析后得到的趋势项。

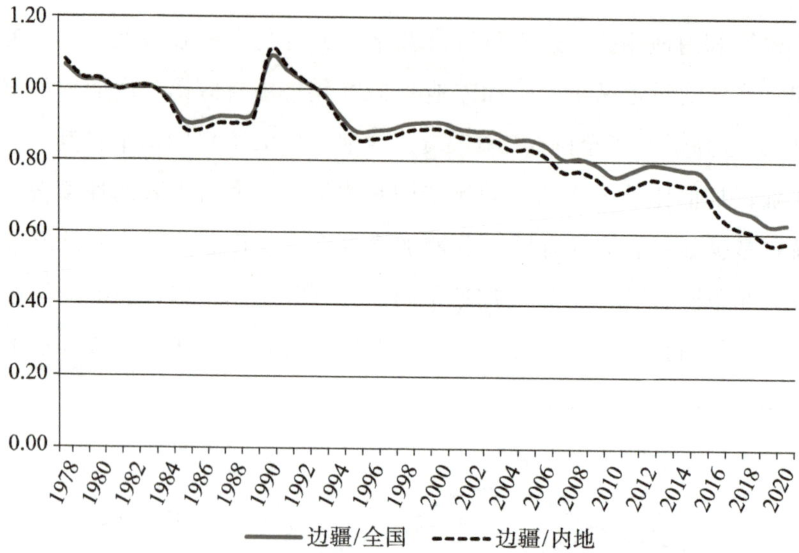

图 7　比较劳动力市场率（1978—2020 年）

资料来源：作者根据《新中国六十年统计资料汇编》《中国统计年鉴》（各年）数据计算绘制

表 5　部分年份比较劳动生产率（分产业）

	第一产业		第二产业		第三产业	
	边疆/全国	边疆/内地	边疆/全国	边疆/内地	边疆/全国	边疆/内地
1983	1. 01	1. 01	1. 09	1. 12	0. 81	0. 77
1990	1. 12	1. 15	1. 10	1. 13	1. 01	1. 01
1995	0. 93	0. 92	0. 89	0. 87	0. 93	0. 92
2000	0. 94	0. 93	1. 16	1. 19	0. 88	0. 86
2005	0. 98	0. 97	1. 20	1. 24	0. 83	0. 80
2010	0. 81	0. 75	1. 18	1. 21	0. 71	0. 67
2015	0. 77	0. 70	1. 24	1. 29	0. 79	0. 76
2020	0. 77	0. 71	0. 85	0. 83	0. 65	0. 61

资料来源：作者根据《新中国六十年统计资料汇编》《中国统计年鉴》（各年）数据计算

从物质资本生产率看，如图 8 所示，边疆的比较物质资本生产率在 1952—2000 年一直处于上升状态，在 1980 年之后，无论与全国比较，还是与内地比较，边疆的比较物质资本生产率大于 1，2000 年以后比较物质资本生产率开始下降，2020 年，边疆物质资本生产率大体上相当于全国平均水平的 90%。

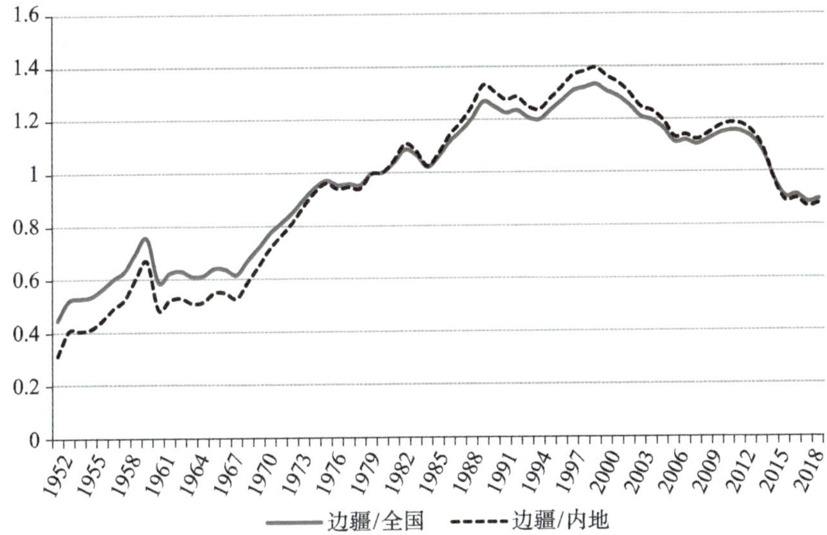

图 8　比较物质资本生产率（1952—2020 年）

资料来源：作者根据《新中国六十年统计资料汇编》《中国统计年鉴》（各年）数据计算绘制

（五）贸易开放

外贸进出口状况可以测度一个地区对外开放的程度。改革开放以来，边疆省区对外贸易增长迅速，进出口总额 1978 年是 213606 万美元，2020 年达到 28689446 万美元，是 1978 年的 134.31 倍，年均增长超过 12%，贸易依存度（外贸进出口总额/地区生产总值）从 1978 年的 4.60% 提高到 2020 年的 14.15%。但与全国和内地平均水平比较，边疆省区对外贸易规模小，对外开放度低。1978 年，边疆省区外贸进出口总额占全国的 10.35%，2020 年这个比重下降到 6.14%，而内地的占比则从 1978 年的 89.65% 增加到 2020 年的 93.86%，如图 9 所示。1978—2020 年全国的贸易依存度从 9.65% 提高到 31.71%，提高了 22.06 个百分点，同期内地的贸易依存度从 11.05% 提高到 34.52%，提高了 23.47 个百分点，而边疆省区贸易依存度只提高了 9.55 个百分点，如图 10 所示。

边疆省区虽然临边，有多个邻国，不过这些国家经济发展水平较低，边疆省区本身外贸能力有限，开放政策由沿海向内陆边疆的渐次推进，及对外连通等因素的影响，临边的区位优势尚未发挥出来。

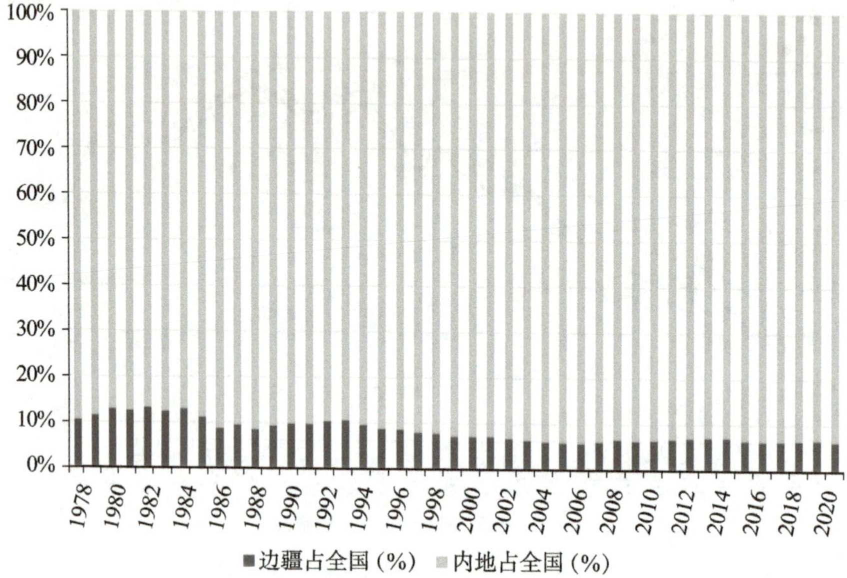

图 9 进出口总额在内地与边疆的分布格局（1978—2020 年）

资料来源：作者根据《新中国六十年统计资料汇编》《中国统计年鉴》（各年）数据计算绘制

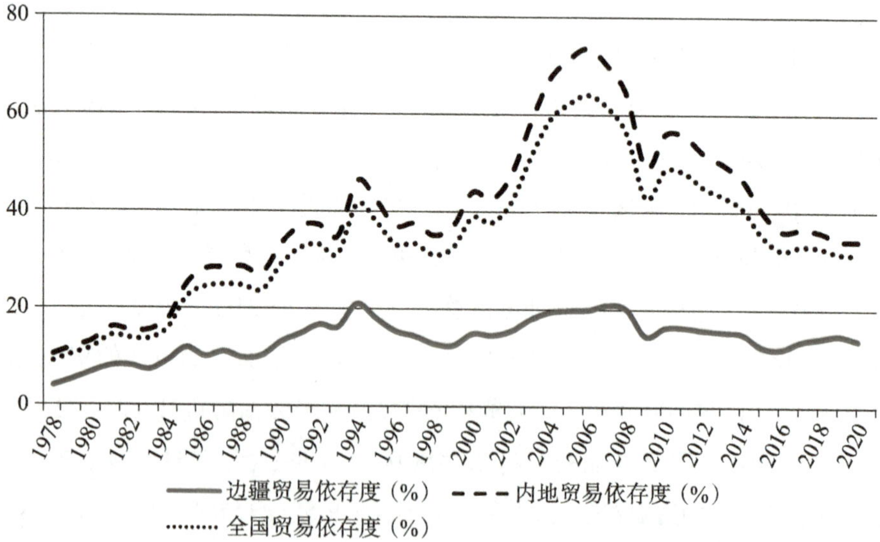

图 10 全国、内地与边疆的贸易依存度（%）（1978—2020 年）

资料来源：作者根据《新中国六十年统计资料汇编》《中国统计年鉴》（各年）数据计算绘制

（六）生活水平

改革开放以来，边疆省区与全国一样，伴随经济的高速增长，城乡居民生活水平同步提高。表6给出了全国和边疆省区三个时期收入的年均增长率，1978—2020年，边疆省区农村居民人均纯收入的增长都在10%以上，但都低于全国平均水平，城镇居民人均可支配收入除内蒙古外，其余省区也低于全国平均水平。进入21世纪的前20年（2000—2020），大部分边疆省区农村居民人均纯收入增长率高于全国水平，辽宁、黑龙江和甘肃虽然低于全国水平，但差异不大，城镇居民人均可支配收入中，内蒙古、辽宁较全国水平高，其余省区均低于全国水平。2010—2020年，在边疆省区农村居民人均纯收入增长中，东北边疆的辽宁、吉林和黑龙江比全国低，其余省区高于全国水平，在城镇居民人均可支配收入增长中，辽宁、吉林、黑龙江和广西比全国低，其余地区都高于全国水平。

表6　全国与边疆省区居民收入的增长（年均%）

	农村居民人均纯收入			城镇居民人均可支配收入		
	1978—2020	2000—2020	2010—2020	1978—2020	2000—2020	2010—2020
全国	12.25	10.67	11.21	12.24	10.20	8.66
内蒙古	12.21	11.05	11.60	12.44	11.00	8.86
辽宁	11.43	10.53	9.71	11.87	10.63	8.59
吉林	11.26	10.92	9.92	11.93①	10.17	8.04
黑龙江	11.43	10.62	10.04	10.58	9.67	8.43
广西	11.76①	10.92	12.55	12.16	9.50	7.71
云南	11.54	11.41	12.51	11.95	9.31	8.85
西藏	11.11	12.72	13.43	10.75	9.71	10.63
甘肃	11.65	10.40	11.69	11.09	10.12	9.88
新疆	12.03	11.42	11.71	11.82	9.53	9.83

注：①为1980—2020年数据

资料来源：作者根据《新中国六十年统计资料汇编》《中国统计年鉴》（各年）数据计算得到

增长率的差异带来边疆省区居民收入与全国居民收入的平均水平的差距与边疆省区内部的收入差距。图 11 和图 12 绘制的是边疆省区农村居民人均纯收入和城镇居民人均可支配收入与全国水平比的变化，可以看出，总体上，无论是农村居民收入还是城镇居民收入，改革开放以来，边疆省区与全国的差距在波动中扩大，当然，省区间这种差距扩大的速度有高有低，如农村居民人均纯收入，1978 年内蒙古是全国的 98.08%，2020 年为 96.70%，吉林 1978 年是全国的 136%，2020 年为 93.79%；城镇居民人均可支配收入，黑龙江 1978 年为 132.59%，2020 年为 70.98%，广西 1978 年为 84.22%，2020 年为 81.81%。

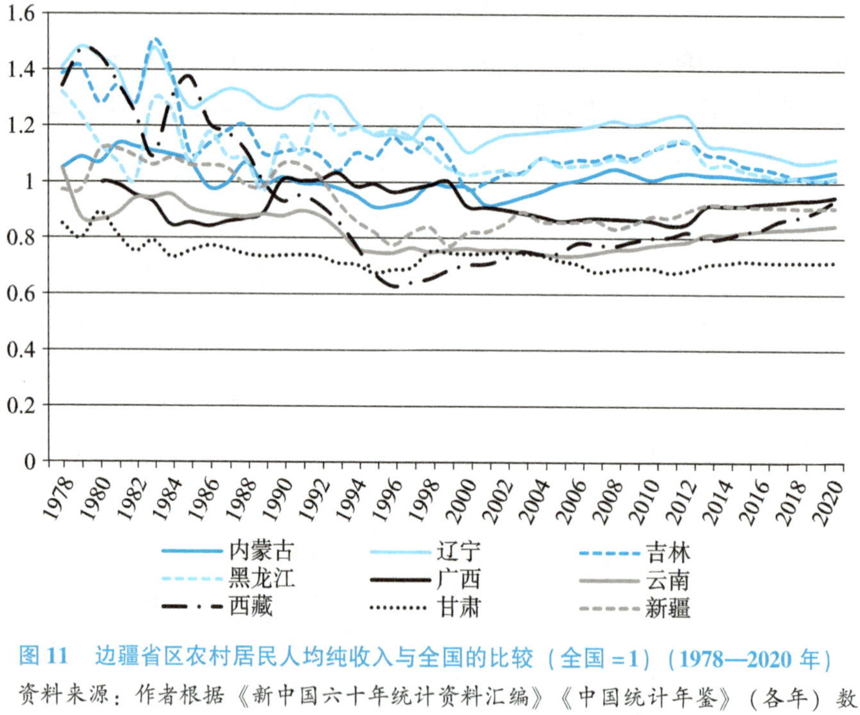

图 11　边疆省区农村居民人均纯收入与全国的比较（全国 =1）（1978—2020 年）

资料来源：作者根据《新中国六十年统计资料汇编》《中国统计年鉴》（各年）数据计算绘制

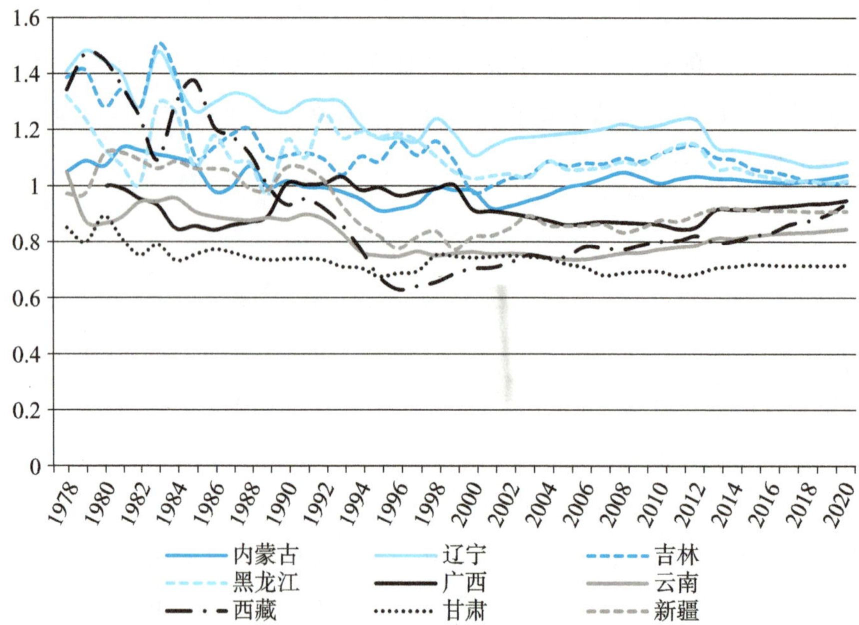

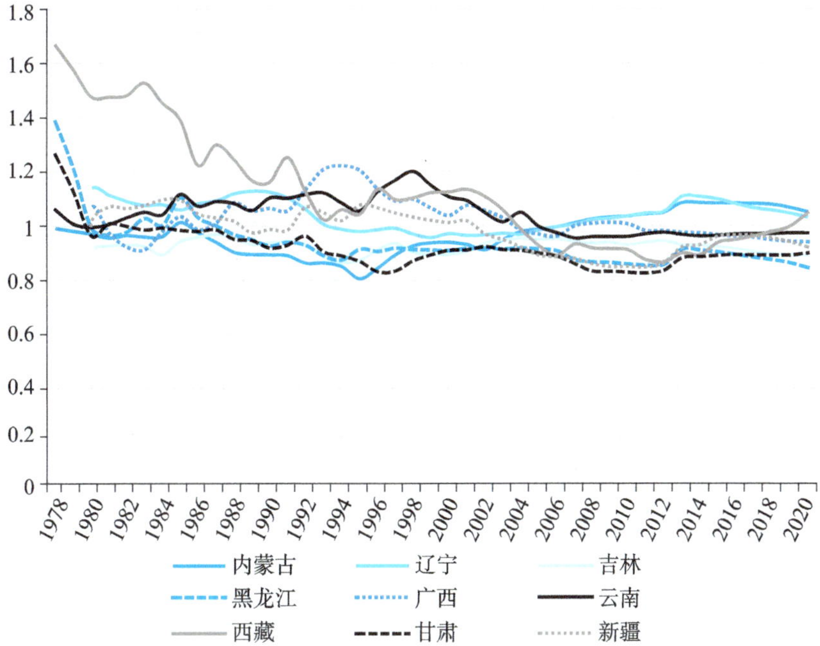

图 12　边疆省区城镇居民人均可支配收入与全国的比较（全国 =1）（1978—2020 年）

资料来源：作者根据《新中国六十年统计资料汇编》《中国统计年鉴》（各年）数据计算绘制

2013 年，国家统计局开始公布全体居民可支配收入，边疆省区居民可支配收入与全国比值见表 7，2013—2020 年，内蒙古、辽宁、吉林、黑龙江等省区的这个比值在下降，云南有所提高，其余保持基本稳定，不过大多数边疆省区居民可支配收入都低于全国平均水平。

表 7　边疆省区居民可支配收入与全国比较（全国 =1）（2013—2020 年）

	内蒙古	辽宁	吉林	黑龙江	广西	云南	西藏	甘肃	新疆
2013	1.02	1.14	0.87	0.87	0.77	0.69	0.53	0.60	0.75
2014	1.02	1.13	0.87	0.86	0.77	0.68	0.53	0.60	0.75
2015	1.02	1.12	0.85	0.85	0.77	0.69	0.56	0.61	0.77
2016	1.01	1.09	0.84	0.83	0.77	0.70	0.57	0.62	0.77
2017	1.01	1.07	0.82	0.82	0.77	0.71	0.60	0.62	0.77
2018	1.01	1.05	0.81	0.81	0.76	0.71	0.61	0.62	0.76
2019	0.99	1.04	0.80	0.79	0.76	0.72	0.63	0.62	0.75
2020	0.98	1.02	0.80	0.77	0.76	0.72	0.68	0.63	0.74

资料来源：作者根据《中国统计年鉴》（2014、2021）数据核算

三、边疆与内地工业活动的分布：新经济地理学解释

上节的分析说明，从禀赋—产出份额看，表 8 揭示的 2020 年边疆与内地的要素禀赋份额与经济产出份额，所以静态地看，边疆省区的物质资本积累不足，经济产出中不流动的土地密集型的第一产业份额高，而流动的第二产业特别是工业份额低，在现有技术水平下，第一产业主要是规模报酬不变甚至是递减，而工业是规模报酬递增的；动态地看，改革开放以来，边疆省区的去工业化显著且速度快，与之相联系的是边疆省区与内地的发展差距呈现持续扩大的趋势。

表 8　　　　中国经济活动空间分布（2020 年）：边疆与内地

	要素禀赋份额（%）			经济产出份额（%）					人均地区生产总值（元）
	人口	物质资本	人力资本	地区生产总值	第一产业	第二产业	第三产业	工业	
边疆	19.00	13.48	19.26	13.77	25.45	12.46	13.04	10.01	51002.88
内地	81.00	86.52	80.74	86.23	74.55	87.54	86.96	89.99	76995.9

资料来源：作者计算

（一）边疆与内地的工业分布：封闭经济

我国地域辽阔，各地区禀赋结构与经济组成差异显著，由于本文主要讨论边疆与内地的协调发展问题，因此简单地划分为边疆与内地。首先考虑封闭经济情形，即边疆与内地是一体化的经济内部的两个区域，暂不考虑对外开放。里卡德·福斯利德（*Rikard Forslid*，*2004*）提出的多区域自由资本模型（FC 模型）中，内点均衡时第 j 个区域的工业份额为

$$n_j = \frac{1}{R} + (s_j - \frac{1}{R}) \frac{(R-1)\phi}{1-\phi} \tag{2}$$

其中 n_j 区域 j 的工业份额，R 是区域数，s_j 是区域规模，ϕ 是贸易自由度水平（与运输成本负相关）。上式说明，区域的制造业份额决定于其规模 s_j 和

ϕ，而且对于初始规模大于平均规模的区域（$s_j > 1/R$），规模越大，贸易自由度越高，区域的制造业份额越大。

如果我们考虑由 2 个不同规模的区域组成的经济，如本文的内地与边疆：$s_{内地} > s_{边疆}$（不妨假设 $s_{内地} = 0.80$，$s_{边疆} = 0.20$）。内地的初始禀赋最大，是核心区，而边疆的初始禀赋最低，是边缘区。区域间贸易成本假定是对称的，经济一体化意味着区域间贸易成本的下降。图 13 画出了随着贸易自由化 ϕ 的增加，各区域制造业份额的变化。可以看出，随着贸易成本的下降，内地（核心区）的制造业份额快速增加，边疆（边缘区）的产业份额快速下降，直到完全去工业化为止。

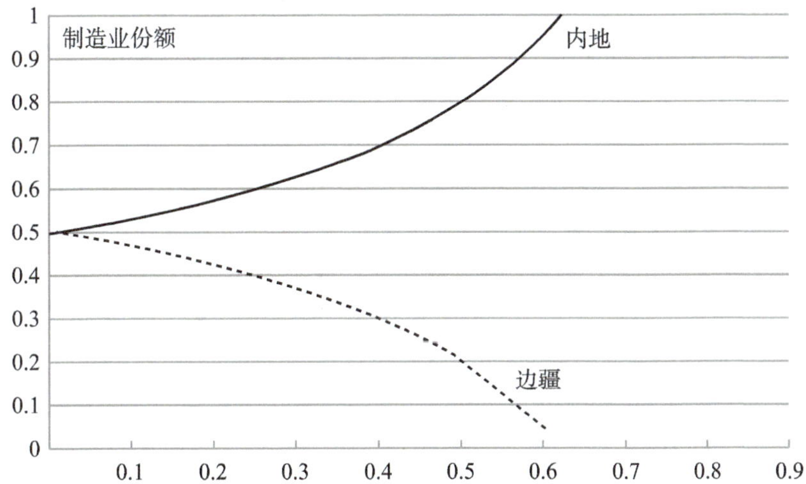

图 13　经济一体化与边缘地区的去工业化

资料来源：作者计算绘制

边疆地区相对于内地，远离全国经济核心区和政治核心区，是典型的边缘区，初始的人口份额和资本份额远低于内地。西部大开发以来，大规模的基础设施建设，特别是连接边疆地区与内地的高速公路、铁路及航空港的建设，极大地降低了边疆与内地之间的运输成本和贸易成本，经济一体化程度得到深入推进，（2）式表明，在 $s_j < 1/R$ 的情况下，$dn_j/d\varphi < 0$，所以作为边缘区的边疆省区制造业产业份额下降，有其必然性。假设区域间贸易成本对称，

可以用全国线路密度作为贸易自由度的代理变量，分析其与边疆省区的工业增加值份额之间的关系，结果表明两者间具有显著的负相关关系，1952—2020 年的对数线性回归，$R^2=0.8216$，1978—2020 年的对数线性回归，$R^2=0.6678$。

（二）边疆与内地的工业分布：开放经济

上节的分析只考虑了封闭经济，没有讨论对外贸易的影响。实际上，边疆与内地的对外贸易都有较大的发展，特别是改革开放以来，随着对外交往的各种约束的放松，对外贸易成本大幅下降，触发了对外贸易的快速发展，提高了接近世界市场的内地（沿海地区）的区位吸引力。图 14 表明了全国贸易依存度与边疆省区工业增加值份额、相对人均地区生产总值间存在负相关关系。因此，在考虑工业活动在边疆与内地的分布时，必须同时考虑国内各区域联系成本的下降和对外贸易成本的下降。

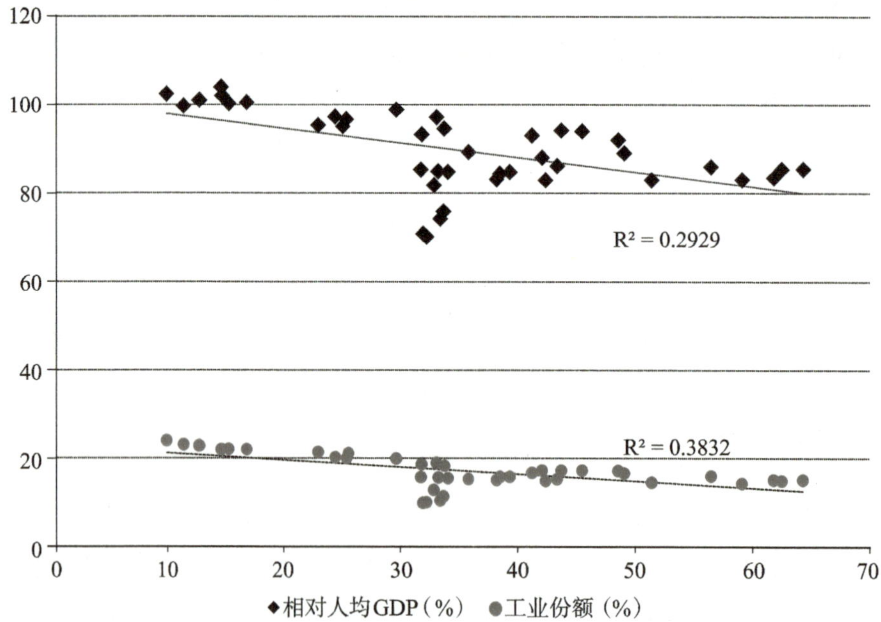

图 14　全国贸易依存度与边疆省区相对人均 GDP、工业份额的关系

资料来源：作者计算

已有的研究表明，对外贸易的发展会影响一个经济体的内部地理结构。

克鲁格曼和利瓦斯（*Krugman, P. R. and R. Livas Elizondo, 1996*）在一个两国三区域框架中提出，两国之间国际贸易成本的降低可能会促进本国经济活动的分散。相反，阿隆索·维拉尔（*Alonso-Villar, 2001*），帕鲁齐（*Paluzie, 2001*）、马吕斯·布鲁哈特、马蒂厄·克罗泽特、帕米娜·柯尼格（*Marius Brülhart, Matthieu Crozet, Pamina Koenig, 2004*），马蒂厄·克罗泽特和帕米娜·柯尼格·苏贝伦（*Matthieu Crozet and Pamina Koenig-Soubeyran, 2004*），蒙福特和尼科利尼（*Monfort and Nicolini, 2000*），曾道智和赵来勋（*Dao-Zhi Zeng, Laixun Zhao, 2010*）等分别在三国、两国三区域和两国四区域新经济地理学框架中表明，对外贸易的发展和对外贸易成本的下降更有可能促进开放贸易的国家内部经济活动的集聚。把这些研究与中国边疆省区与内地的实际相结合，三国两区域新经济地理学框架如图 15 所示。

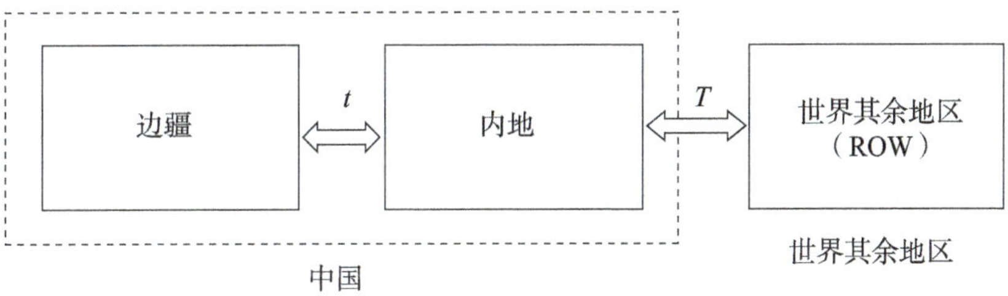

注：t 是运输成本，T 是贸易成本

图 15　两国三区域 NEG 框架

资料来源：作者绘制

利用这个两国三区域不对称的 NEG（汇编指令中的求补指令）框架，研究对外贸易对我国边疆与内地经济活动的分布的影响，主要见解如下：

在开放经济中，内地和边疆都面临着两个新的因素：国外需求和国外供给。随着对外贸易成本的降低，一方面，进入大型国外市场降低了国内企业靠近国内消费者的动机，而国内消费者在其销售额中所占份额缩小。因此，国外需求的存在削弱了国内需求的外部性。出于类似的原因，国外供给的存在削弱了国内成本外部性，即国外企业现在在国内消费者可获得的总供给中所占的份额扩大。另一方面，对外贸易成本的下降也会影响国内的竞争效应，与其他国内企业的竞争相比，外国企业对国内市场的竞争大，因此，外国供给的存在降低了国内企业远离国内竞争者的需求，从而降低了分散经济活动的需求。虽然，国外需求和国外供给降低了集聚力和分散力，但模拟表明，对分散力的影响更大，对外贸易成本的下降有利于国内经济活动的集聚。

由于内地包括了大部分沿海地区，相较于以陆路运输为主的边疆，对外贸易成本更低，且初始规模大，接近世界大市场；而边疆省区初始规模小，虽靠边，但邻国经济发展不高，邻国的陆地边疆也是不发达地区，在这种情况下，国内企业现在可能会选择最接近国外市场的区位即内地，以便它们从最佳的国外需求渠道中获益，这就是对外贸易成本的下降产生的一个潜在影响，即将国内企业拉向内地的拉动效应。当然，如果企业位于边疆，使其尽可能远离外国竞争者，这样，贸易成本的降低可能会将国内企业推向偏远的边疆，以此作为抵御大规模外国竞争的一种反应，此即所谓的推动效应，不过这种效应只有在边疆的工业活动份额较大的情况下，才能起作用。模拟表明，边疆的工业份额在80%以上时，工业才会向该区域集中（*Matthieu Crozet and Pamina Koenig-Soubeyran*，*2004*）。

此外，模拟还表明，在国内的边疆与内地不对称的情况下，如果国外经济是专门化农业，而国内经济有相同数量的农业和制造业，对外贸易成本降低后内地的区位吸引力增加；如果外国经济中制造业的劳动力份额比国内大，对外贸易成本降低后内地的集聚力减弱；如果国内经济的制造业份额小，此时制造业有可能向边疆转移，而当国内经济制造业部门占优势时，内地的集聚力将增强。

四、深入推进边疆省区的开发开放，努力实现边疆与内地的协调发展

本文的分析表明，边疆省区资源禀赋丰裕，经济发展已有较为坚实的基础，受初始条件与“第一自然”的约束，经济发展与内地，特别是发达地区

的差距较大，且此差距还有进一步扩大的趋势。因此，边疆与内地协调发展的目的首先是缩小边疆省区与内地的发展差距，为此要进一步深入推进边疆省区的开发开放，促进其经济发展。从新经济地理学视角分析，内聚与外联是重要的战略选择。所谓内聚，就是扩大经济规模，降低区内的运输成本，提升或保住边疆省区在全国的制造业份额，提升边疆地区对经济活动的集聚能力。所谓外联，就是充分利用一带一路建设机遇，加快边疆地区的开放，加强交通基础设施建设，实现互联互通，消除贸易障碍，降低交易成本，实现与周边国家的一体化，并增加进入国际市场的机会。具体表现如下。

（一）内聚：提高边疆地区的集聚力

通过扩大一个地区的经济规模，提高规模报酬递增的程度，可以加快该地区的经济发展。边疆地区集聚力弱的一个重要方面就是初始份额偏低。扩大边疆地区经济规模，可供选择的策略有以下几点。

1. 通过购买力转移增加当地需求，扩大市场规模

考虑这样的转移支付政策，直接给边疆地区进行货币转移支付。研究表明，在人口和购买力方面，边疆地区的特点都是当地市场规模较小。将资金引导到这些地区，人为地扩大市场规模，从而影响企业的区位决策。不过，这样的转移支付政策被证明是对生产率不利的。因为一方面，此种转移支付是通过对发达地区征税融资，结果可能是发达地区的收入下降，边疆地区的收入增加，可能促使企业重新选择区位，移到购买力相对增加的区域，产业集聚程度下降，不利于溢出效应，因此增长率降低。另一方面，由于经济地理过程的不对称性和锁定性（不可逆性），已有的基于市场形成的集聚锁定非常强大，从而几乎完全抑制了基于购买力（扭曲性）再分配的区域发展政策的影响；而且这种转移要发挥作用，需要的力度是比较大的，而且要具有可持续性。

2. 立足资源禀赋，重点开发特定区位和不流动的资源，扩大产品市场范围

边疆地区的禀赋资源中，有些资源是不可流动的，有些资源是特定区位的，边疆地区的一个机会就是投资于主要依赖于固定当地要素的利基产品，再加上对特定地点的人力资本、恰当的基础设施投资和正确的体制机制的投资（*Behrens，K.，Gaigne，C.，2006*）。从长期来看，基于地方不流动资源开发得非常具有差异化的新产品可能是促进经济发展的有效途径。因为基于开发当地的固定资源的企业，转移的概率相对较低，而且侧重于投资和改善用于开发这些区域特定资源的人力资本，这不是一般的人力资本，迁移的机会也较小。另外，这种特色产品受到区外进口竞争的影响较小。特色农业、矿业，地理标志产品产业等就是这样的产业。

3. 促进向边疆地区的产业转移

促进向边疆地区的产业转移政策是鼓励发达地区向边疆地区进行产业转移。此政策的结果是发达地区的产业集聚度下降，边疆地区产业集聚度上升，收入增加，区域差距缩小。目前，鼓励国有资源型企业把企业总部迁移到资源所在地是可行的选择。国有资源型企业，尤其是大型企业的企业总部均设在发达地区或核心区，它们在边疆地区进行资源开发，然后把利润汇回总部所在地区，同时资源所在地还流失了一部分资源税收，这降低了资源所在地的资本禀赋。如果把企业总部迁移到资源所在地，会增加这些地区的资本禀赋，从而增加产业份额（郑长德，*2011*）。

4. 促进边疆地区的区域创新

加强边疆地区知识创新的政策，降低了边疆地区的创新障碍或创新成本，

如给边疆地区 R&D[①] 补贴、教育基础设施建设、降低产品市场的进入障碍，建立有益于新企业成立和发展的资本市场，或者改善边疆地区的创业环境，鼓励高校在边疆地区建立科技园区等。边疆地区创新成本下降，增长率增加，降低了区域间的收入差距（郑长德，2012）。

（二）外联：深度融入“一带一路”建设，整体构建对外开放新格局

坚持开放引领发展的原则，以推进“一带一路”建设为统领，实施更加积极主动的开放战略，整体提高开放的总体水平，构建陆海内外联动、东西南北四向开放的全方位开放新格局，把边疆地区建设成为我国向西、向北、向南开放的重要基地和充满活力的沿边开发开放经济带（郑长德，2017）。

1. 深度推进基础设施互联互通，把边疆地区建设成为我国沿边开放的国际重要通道枢纽

优先推进一批连接中国与中亚、东南亚、蒙古国和俄罗斯等重点矿区、产业园区，主要城市和毗邻城市的重大铁路、公路和机场项建设。加强口岸基础设施建设，优化口岸布局，实施口岸升级改造工程，完善贸易通道和人员交往通关能力，促进口岸提质增效。

2. 深化与沿线国家经贸合作，支持与邻国的经济一体化

继续实施“走出去”战略，按照企业主导、政府推动、公平交易、互利共赢、统筹规划、稳步推进的原则，深化对外贸易，推进对外贸易向优质优价、优进优出转变。加大对“走出去”企业的扶持力度，支持有条件的企业在境外建立资源利用、加工制造、商贸物流、农业产业、科技研发基地和园

---

① R&D：research and development，指在科学技术领域，为增加知识总量（包括人类文化和社会知识的总量），以及运用这些知识去创造新的应用进行的系统的创造性的活动，包括基础研究、应用研究、试验发展三类活动。

区，积极对接沿线国家工业园区，不断深化扩大经贸合作。支持企业扩大先进技术设备进口，鼓励建设进口商品城、进口商品直销中心。

3. 全面提升内陆开放水平

充分发挥边疆省区的国际比较优势，大力发展内陆开放型经济，扩大边疆省区特色优势产业对外开放；营造优良的营商环境，扩大利用外资规模。充分发挥边疆省区具有国际声誉的旅游资源优势，大力发展国际旅游业；借鉴上海等自由贸易试验区改革试点经验，加快边疆省区自由贸易区建设，使其具有示范引领作用。

4. 支持沿边重点地区开发开放

重点开发开放试验区、沿边国家级口岸、边境城市、边境经济合作区和跨境经济合作区等沿边重点地区是我国深化与周边国家和地区合作的重要平台，是沿边地区经济社会发展的重要支撑，是确保边境和国土安全的重要屏障，正在成为实施“一带一路”倡议的先手棋和排头兵，在全国改革发展大局中具有十分重要的地位。

（三）投资于基础设施

促进边疆省区发展最经常采用的政策是加强该地区的基础设施建设，特别是交通、通信基础设施建设。从改善边疆地区交通基础设施看，政府的政策有两个重点可以选择：一是改进边疆地区与其他地区（特别是发达地区）的交通联系，如修建跨省区的高速公路、高速铁路等；二是改进边疆地区内部各区域间的交通联系，如在省内修建通县公路、通乡公路和村村通等。前者降低了边疆地区与发达地区间的交易成本，后者的主要目的在于降低区内交易成本，实现区内经济一体化。

1. 降低边疆地区内部的交易成本

边疆地区内部市场规模可以通过有利于其流动生产活动的集聚而得到改

善。研究表明，低内部运输成本或高外部成本都可以促进集聚（*Behrens* 等人，*2006*）。内部基础设施的改进对边疆地区特别有效。事实上，降低这些地区内货物和人员的运输成本实际上相当于增加其内部市场规模。作为降低内部运输成本的有利副产品，市场变得更具竞争力，从而减少区外企业的外部影响，并加强区内公司的地位。此外，内部运输成本的降低以及与之相关的内部市场规模的增加可能会带来其他优势，如降低区外企业的渗透能力、由集聚推动的生产率提高、增加企业和品种数量等。

2. 降低区际交易成本

如果基础设施投资政策目的在于降低边疆地区和发达地区间的交易成本，如修建联系发达地区与边疆地区的高速公路网和高速铁路，极大地降低了两个地区间联系的时间成本，使得企业选择位于发达地区的区位，因为那里有规模报酬的利益，由于区域间交易成本下降，企业在边疆地区销售其产品的成本会下降。因而此类政策扩大了发达地区企业的市场范围，加速了产业向发达地区的集聚，从而提高了发达地区的长期增长率，降低了发达地区内部工人和资本家间的收入差距，因为产业集聚降低了垄断竞争企业的利润。此种政策对于边疆地区来讲，虽然与发达地区的联系加强了，但并未提高该地区的产业集聚水平，从短期看，是不利于边疆地区发展的，不过，从长期看，由于发达地区企业的产品在边疆地区的销售成本下降，可能会增加边疆地区产品的种类，更好地满足该地区居民的多样化消费偏好，从而会提高该地区的规模报酬递增程度，这又会促进经济发展。

3. 投资于技术溢出的新型基础设施，助推数字化转型

研究表明，降低区际和区内运输成本对基础设施政策都具有不良副作用，要么导致较低的增长，要么导致较高的名义收入不平等，要么导致更多的产业集聚。而促进区域间技术溢出效应的公共政策增加了整个经济的增长，减少了区域之间的名义收入不平等，并降低了空间集中度（*Baldwin* 等，*2003*）。例如，改善电信基础设施，改善互联网接入，加强以 5G、人工智能、工业互

联网、物联网为代表的新型基础设施的建设，有助于新技术从一个地区扩散到另一个地区，促进了通常需要面对面交流的思想的“运输”。降低了创新成本，促进了增长，减少了地区之间的收入差距，并导致企业向边疆地区迁移。

近年来，各地区特别注意数字经济产业布局，而新型基础设施主要是基于数字经济的，从普惠性角度考虑，近期的优先事项应该是进一步加强信息高速公路建设，在保障互联网地域全覆盖的基础上，提高网络的稳定性和速度，降低网络使用成本（在条件可能的情况下实现国家领土范围内网络的免费使用）。

（四）完善沿边城镇体系，形成沿边增长极

边疆地区扩大的规模报酬递增经济活动、内陆开放门户的空间载体就是不同规模的城市与城镇所形成的城镇体系（梁双陆，2009）。随着“一带一路”建设的推进，特别是6条陆上经济走廊（中国—蒙古—俄罗斯经济走廊、新欧亚大陆桥、中国—中亚—西亚经济走廊、中国—印度支那半岛经济走廊、中国—巴基斯坦经济走廊和孟加拉国—中国—印度—缅甸经济走廊）建设的推进，沿边地区集聚力较大的城市和边境城镇具有成为区域增长极的潜力，实际上有的沿边城市已经成为区域经济增长极。当然，目前沿边城市规模小、城镇体系不完善、集聚力还很弱（宋周莺，祝巧玲，2020），因此需要根据沿边地区自然资源禀赋、经济社会发展基础，完善城镇体系。支持基础好、人口规模较大的城市建设成为大城市和特大城市；以边境县（市、区、旗）和边境团场为重点，加大对经济社会发展基础较好、开发开放潜力较大的边境重点城镇的支持力度，集聚人口和生产要素，提高人口和经济发展支撑能力；加强边境村庄基础设施建设。

参考文献

［1］宋周莺，祝巧玲. 中国边境地区的城镇化格局及其驱动力［J］. 地理学报，2020，75（8）：14.

［2］林毅夫. 新结构经济学：反思经济发展与政策的理论框架：a framework for rethinking development and policy［M］. 北京大学出版社，2012.

［3］郑长德. 开放带动："一带一路" 建设与西部地区的经济发展［J］. 南开学报：哲学社会科学版，2017（3）：10.

［4］郑长德. 西部民族地区工业结构的逆向调整与政策干预研究［C］// CNKI. CNKI，2011：9.

［5］郑长德. 基于新经济地理学视角的支持欠发达地区经济发展的政策研究［J］. 西南民族大学学报：人文社会科学版，2012（7）：6.

［6］郑长德. 跨越与赶超：民族地区经济发展研究［M］. 北京：民族出版社，2021：241-262，263-278，437-456.

［7］单豪杰. 中国资本存量 K 的再估算［J］. 数量经济技术经济研究 2008（10）：17-31.

［8］梁双陆. 边疆经济学：国际区域经济一体化与中国边疆经济发展［M］. 人民出版社，2009.

［9］Alonso Villar O. Large Metropolises in the Third World：An Explanation［J］. 2001，38（8）：1359-1371.

［10］Baldwin R，Forslid R，Martin P，et al. Economic Geography and Public Policy［J］. 2003.

［11］Behrens K，C Gaigné，Ottaviano G，et al. Is remoteness a locational disadvantage?［J］. J Econ Geogr，2006.

［12］Đoković Emilija Đ. Masahisa Fujita，Paul Krugman，Anthony J. Venables：The spatial economy：Cities，regions，and international trade. The MIT Press Cambridge，Massachusetts-London，England，2000.

［13］Krugman P，Livas E. Trade policy and third world metropolis［J］. Journal of Development Economics，1996，49：137-150.

[14] Crozet M, Soubeyran P. EU enlargement and the internal geography of countries [J]. Journal of Comparative Economics, 2004, 32 (1): 265-279.

[15] Matthieu C, Pamina K. Trade liberalization and the internal geography of countries [M]. Chapters, in: Jean-Louis Mucchielli & Thierry Mayer (ed.), Multinational Firms´Location and the New Economic Geography, chapter 5, Edward Elgar Publishing, 2004; 91-108.

[16] Monfort P, Nicolini R. Regional Convergence and International Integration [J]. Journal of Urban Economics. 2000 (48): 286-306.

[17] Paluzie E. Trade policy and regional inequalities [J]. Papers in Regions Science, 2001 (80): 67-85.

[18] Zeng D Z, Zhao L. Globalization, Interregional and International Inequalities [J]. Research Institute for Economics & Business Administration, Kobe University, 2007 (3).

[19] Michael P. A simple, analytically solvable, Chamberlinian agglomeration model [J]. Regional Science and Urban Economics. 2004, 34 (5): 565-573.

云南沿边经济带发展思路研究

肖金成　徐志峰　张文韬　申秀敏*

摘　要：经济带是经济要素空间集聚的重要形态，打造沿边经济带有利于加快发展巩固边疆，有利于促进民族团结，有利于加强生态环境保护，有利于加强对外合作。云南沿边经济带综合经济实力逐渐增强，对外开放逐渐加深，居民收入水平不断提高，但同时面临着基础设施建设薄弱，城市发育不良，自我发展能力弱和协同发展水平较低等问题。建设云南沿边经济带，要发挥中心城市的辐射带动作用，推动沿边县市间的互惠合作，加强沿边地区与滇中地区的合作，深化区域和国际次区域合作。

关键词：云南；沿边经济带；战略研究

党的十七大报告指出，遵循市场经济规律，突破行政区划界限，形成若干带动力强、联系紧密的经济圈和经济带。经济带是经济要素空间集聚的重要形态，同时是我国未来经济要素聚集的主要方向。在国土空间格局调整中，经济带具有极其重要的地位。

云南边境线长4060千米，占我国陆地边境线的17.8%。云南与3个国家

---

* 作者简介：肖金成，经济学博士，中国区域科学协会副会长，中国宏观经济研究院二级研究员，中国社会科学院大学博士生导师；徐志峰，管理学硕士，云南中岑咨询助理研究员；张文韬，经济学博士，云南社会科学院副研究员；申秀敏，经济学硕士，云南财经大学研究生。

相邻，中缅边界1997千米，中老边界710千米，中越边界1353千米。周边地区形势错综复杂、各种风险丛生。沿边地区是我国重要的战略资源储备地区和国家重要的生态安全屏障，在扩大对外开放，促进沿边地区繁荣稳定，提升国家形象中有着重要的战略地位。在新发展格局下，党中央、国务院对加快沿边地区开发开放、构建全方位开放新格局、深化与周边国家的睦邻友好合作、促进沿边地区繁荣稳定做出了重大战略部署，“一带一路”倡议、长江经济带建设战略实施，为沿边地区加快发展注入了新的活力。而云南作为我国沿边经济带涉及的8个省份之一，对于构建我国面向南亚东南亚辐射中心具有重要的战略地位。

一、云南沿边经济带的范围界定

（一）经济带概念的内涵

经济带是城市带和产业带的统称，是沿交通干线集聚经济要素，形成一个个城市，不仅使已有交通基础设施发挥更好的效益，而且有利于承东启西，连南贯北，促进区域协调发展。经济带也称为产业带，因为沿交通线产业比较密集。产业发展创造了很多就业岗位，促进了人口的聚集，大小不一的城市或城镇就出现了，所以经济带也称为城市带，因为沿交通线城市也比较密集。在交通线上聚集着一个个城市或城镇，城市的规模也比较大，这样就形成了一条和周边地区具有明显差异的经济聚集的形态。经济带是由一个个城市和城镇组成的，相对于没有交通线的地区，产业比较密集、城市比较密集、人口比较密集，经济相对比较发达。

（二）云南沿边经济带的内涵

沿边经济带以沿边地级市或县级市为单元，增强边疆区域性中心城市对产业的吸引力和人口的集聚力，从根本上可以改变边疆城市小而弱的情况。加强城市之间的通达性，以线串点，以点带面。在边疆地区发展现代化城市

是巩固边疆的重要举措，

云南沿边经济带是由云南沿边的城市或城镇构成的带状区域，与相邻国家的相邻地区开展国际次区域合作，在实现富边、安边、固边目标的同时，实现安邻、睦邻、富邻的目标，并使其成为“一带一路”建设的动力点。

（三）云南沿边经济带的辐射的范围界定

1. 地级行政区

以地级行政区来界定沿边地区，从北到南依次包括怒江傈僳族自治州、保山市、德宏傣族景颇族自治州、临沧市、普洱市、西双版纳傣族自治州、红河哈尼族自治州、文山壮族苗族自治州等8个沿边州市。2020年，以地级行政区为基础单元的沿边地区土地面积为19.54万平方千米，占云南省国土面积的51.0%。

2. 县级行政区

以县级行政区来界定沿边地区，从北到南依次包括贡山县、福贡县、泸水市、腾冲市、龙陵县、盈江县、陇川县、芒市、瑞丽市、镇康县、耿马县、沧源县、西盟县、澜沧县、江城县、孟连县、勐海县、景洪市、勐腊县、绿春县、金平县、河口县、富宁县、麻栗坡县、马关县等25个沿边县市。2020年，以县级行政区为基础单元的沿边地区土地面积为9.02万平方千米，占云南省国土面积的23.5%（见表1）。

表1　以不同等级行政区为基本单元的云南沿边地区一览表

地级行政区	县级行政区
怒江傈僳族自治州	贡山县、福贡县、泸水市
保山市	腾冲市、龙陵县
德宏傣族景颇族自治州	盈江县、陇川县、芒市、瑞丽市
临沧市	镇康县、耿马县、沧源县

续表

地级行政区	县级行政区
普洱市	西盟县、澜沧县、江城县、孟连县
西双版纳傣族自治州	勐海县、景洪市、勐腊县
红河哈尼族自治州	绿春县、金平县、河口县
文山壮族苗族自治州	富宁县、麻栗坡县、马关县

二、云南沿边经济带的发展现状

（一）综合经济实力逐渐增强

1. 地级行政区方面

从2000—2020年，经过20年的发展，云南沿边州市综合经济实力有了显著的提升。2020年，沿边州市GDP总量达7812.37亿元，占云南省生产总值的31.9%，为2000年GDP总量的18.9倍，年均增长达到15.8%。分州市来看，云南沿边州市形成“一超多强一弱”的发展格局。2020年，沿边州市GDP达到2000亿元以上的仅有红河州，为2417.48亿元，在云南沿边州市中居首位，占沿边州市GDP的30.9%，占云南省GDP的9.9%。GDP达到1000亿元以上的有文山州和保山市，分别为1185.12亿元、1052.58亿元，分别占沿边州市GDP的15.2%、13.5%，分别占云南省GDP的4.8%、4.3%。GDP达到500亿元以上的有普洱市、临沧市、西双版纳州和德宏州，分别为945.42亿元、821.32亿元、604.18亿元和575.54亿元。沿边州市中排名末位的为怒江州，GDP仅有210.73亿元，占沿边州市GDP的2.7%，占云南省生产总值的0.9%，是云南沿边州市经济排名首位红河州GDP的1/11左右，如图1所示。

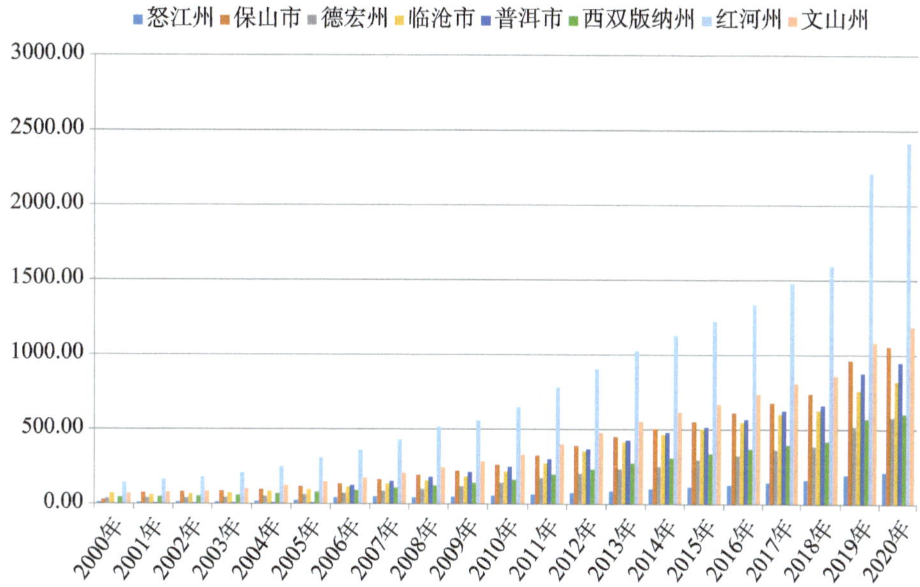

图 1　2000—2020 年云南沿边州市 GDP 增长情况（亿元）

2. 县级行政区方面

从 2000—2020 年，云南沿边县市地区生产总值呈现逐年增长趋势。2020 年，沿边县市 GDP 总量达 2733.1 亿元，占沿边州市 GDP 总量的 35.0%，占云南省 GDP 总量的 11.1%，较 2000 年 GDP 总量增长了 15.5 倍，年均增长达到 14.7%。从各县市来看，以地区生产总值考虑可以划分 5 个发展梯队：GDP200 亿元及以上、150 ~ 200 亿元、100 ~ 150 亿元、50 ~ 100 亿元及 50 亿元以下县市。2020 年，GDP 达到 200 亿元以上县市有景洪市和腾冲市，分别为 316.64 亿元、282.35 亿元。处于第二梯队的有芒市、瑞丽市和勐海县，GDP 分别为 177.22 亿元、167.02 亿元和 160.73 亿元。处于第三梯队的有富宁县、勐腊县、龙陵县、马关县、耿马县、盈江县和河口县 7 个县，其中富宁县 GDP 最高，为 127.48 亿元，最低的河口县 GDP 也达到 110.22 亿元。处于第四梯队的有金平县、麻栗坡县、泸水市、陇川县、镇康县、绿春县、孟连县、沧源县、江城县 9 个县市，GDP 均值为 65.65 亿元。

GDP50 亿元以下的县市有西盟县、福贡县和贡山县，最低的贡山县 GDP 仅达到 18.81 亿元，接近云南沿边县市经济排名首位的景洪市 GDP 的 1/17 左右，如图 2 所示。

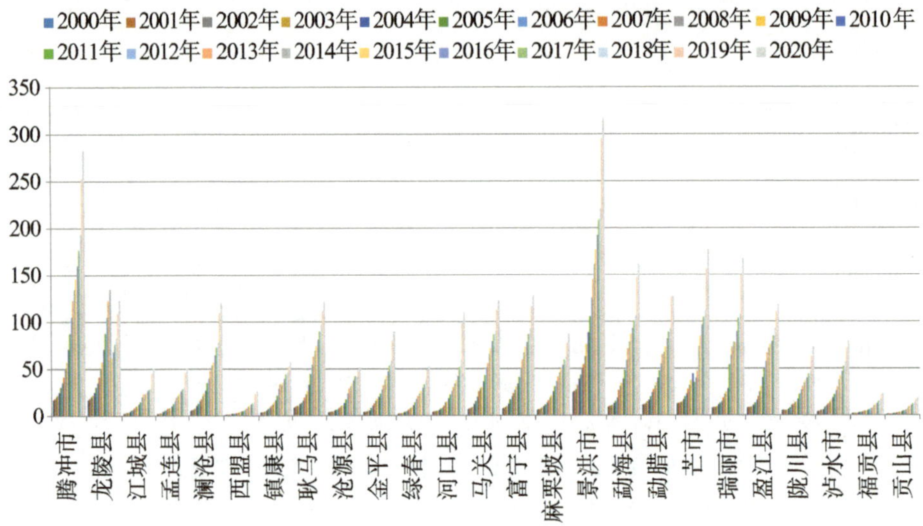

图 2　2000—2020 年云南沿边县市 GDP 增长情况（亿元）

（二）对外开放逐渐扩大

从图 3 可以看出，2000—2020 年，云南沿边州市对外贸易获得了较快增长，对外开放程度逐渐加深。2020 年，云南沿边州市出口额达到 78.69 亿美元，占云南省出口额的 35.5%，较 2000 年出口额增长了 63 倍，年均增长达到 23%；进口额达 82.8 亿美元，占云南省进口额的 49.3%，较 2000 年进口额增长了 22 倍，年均增长达 16.7%。从分州市来看，红河州和德宏州进出口贸易量均在云南沿边州市中表现突出，对外开放力度较大，出口额达 35.95 亿美元、30.45 亿美元，占云南沿边州市出口额的 45.7%、36.8%，占云南省出口额的 16.2%、13.8%。此外，西双版纳州和普洱市近年来的进出口贸易额有着较为明显的增长趋势，拥有可观的发展潜力。

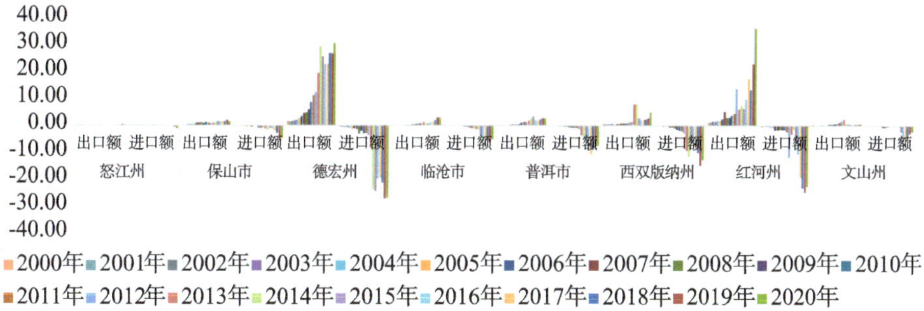

图 3　2000—2020 年云南沿边州市进出口贸易情况（亿美元）

（三）居民收入水平不断提高

1. 地级行政区方面

2000—2020 年，云南沿边州市农村居民收入水平呈现不断增加的趋势。2020 年，西双版纳州、红河州和保山市农村居民人均可支配收入均超过了云南省平均水平。其中，西双版纳州农村居民人均可支配收入达到 15463 元，高于云南省农村居民收入 2641 元，较 2000 年农村居民收入增长了 8.9 倍，年均增长率达到 11.5%，如图 4 所示。

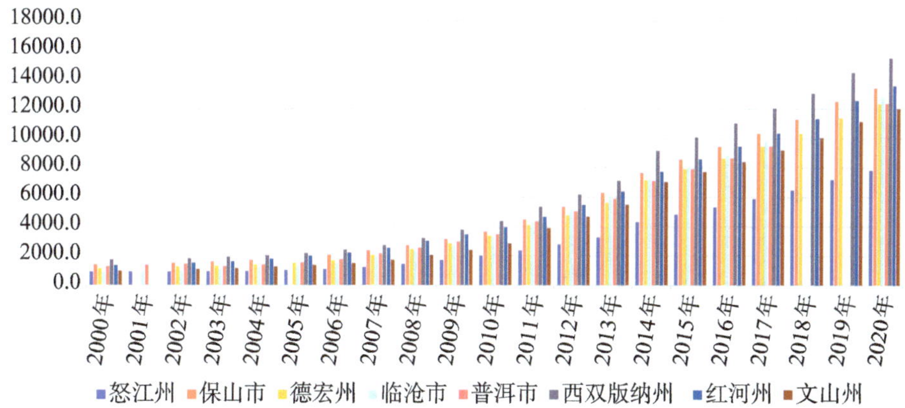

图 4　2000—2020 年云南沿边州市农村居民人均可支配收入情况（元）

2. 县级行政区方面

2000—2020年，云南沿边县市农村居民收入水平不断增强。2020年，在云南省平均水平之上的有景洪市、河口县、瑞丽市、勐海县、芒市、耿马县和腾冲市7个县市，其中，景洪市和河口县发展相对较好，农村居民人均可支配收入最高的景洪市达到17615元，高出云南省平均水平4773元。农村居民人均可支配收入在10000元以下的为怒江州3县市，其中，最低的福贡县仅为7557元，少于云南省平均水平5285元。勐腊县、盈江县等15县市农村居民收入水平均在10000元以上。随着收入水平的提高，有效地带动了消费，促进了沿边市场的活跃与地区经济发展，如图5所示。

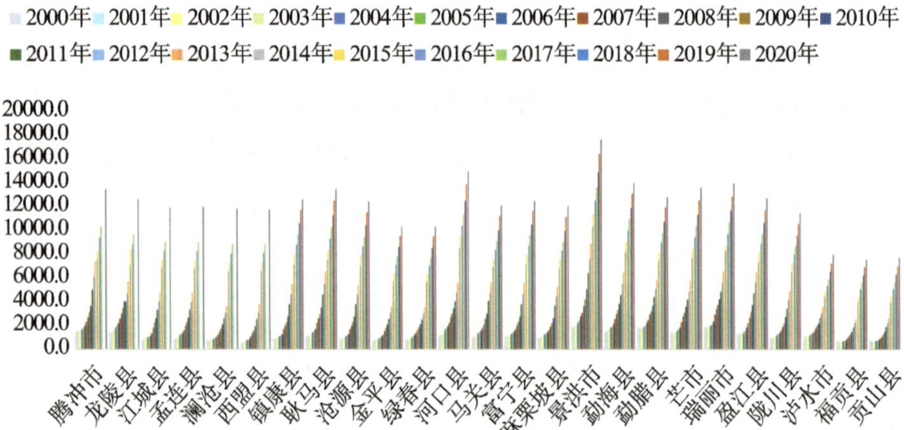

图5　2000—2020年云南沿边县市农村居民人均可支配收入情况（元）

（四）人口数量有所增长

1. 地级行政区方面

2000—2020年，云南沿边州市常住人口总数持续增长。从图6可以看出，红河州和文山州常住人口数量在云南沿边州市中较为突出。2020年，云南沿边州市常住人口达到1825万人，占云南省常住人口的38.7%，较2000年增长了11.8%，年均增长率达到0.6%。其中，红河州常住人口为447.8万人，在沿边州市中排名第一位。其中，州辖区常住人口为213.6万人，城镇化率47.7%。怒江州常住人口最少，仅有55.3万人，城区常住人口29.0万人，城镇化率52.4%，属于Ⅰ型小城市。云南沿边地区Ⅱ型小城市有泸水市、福贡县等22个县市区，城区常住人口均在20万人以下（见表2）。

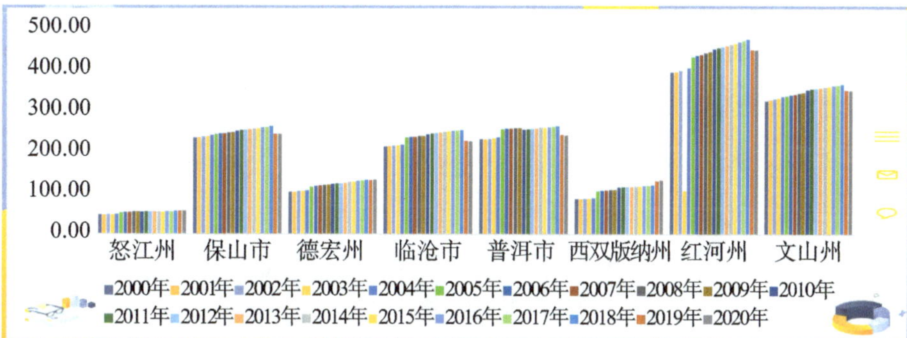

图6　2000—2020年云南沿边州市人口发展情况（万人）

表2　2020年云南沿边城镇规模结构情况

城镇规模等级	数量（个）	城市
Ⅱ型大城市（100～300万）	2	红河州、文山州
中等城市（50～100万）	5	保山、普洱、临沧、西双版纳、德宏
Ⅰ型小城市（20～50万）	4	怒江、景洪、腾冲、瑞丽
Ⅱ型小城市（20万以下）	22	贡山、福贡、泸水、龙陵、盈江、陇川、芒市、镇康、耿马、沧源、西盟、澜沧、江城、孟连、勐海、勐腊、绿春、金平、河口、富宁、麻栗坡、马关

2. 县级行政区方面

从图7可以看出，2000—2020年，云南沿边县市常住人口总数增长总体较为平稳。景洪市和腾冲市常住人口数量较多。2020年，云南沿边县市常住人口达676.1万人，占云南省常住人口的14.3%，较2000年增长了17.7%，年均增长达0.8%。其中，景洪市常住人口为64.4万人，在沿边县市中排名第一位，其中，城区常住人口为35.85万人，城镇化率55.8%，属于Ⅰ型小城市。贡山县常住人口最少，仅有3.85万人，城区常住人口1.63万人，城镇化率42.3%，属于Ⅱ型小城市。从表3可以看出，云南沿边县市常住人口超过50万人的有景洪市和腾冲市，在30万至50万人的有澜沧县、芒市等7个县市，在10万至30万人的有龙陵县、江城县等14个县市，10万人以下的有西盟县和贡山县。

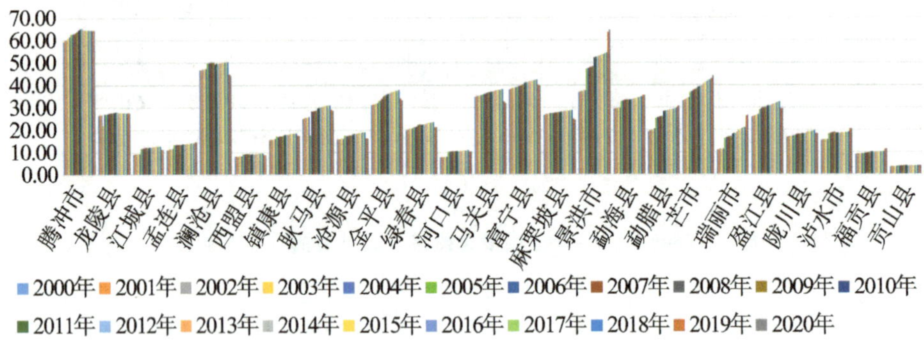

图7　2000—2020年云南沿边州市常住人口情况（万人）

表3　2020年云南沿边县市常住人口分布情况

常住人口数量（万人）	个数（个）	县　市
50万人以上	2	景洪市、腾冲市
30～50万人	7	澜沧县、芒市、富宁县、金平县、马关县、勐海县、勐腊县
10～30万人	14	龙陵县、江城县、孟连县、镇康县、耿马县、沧源县、绿春县、河口县、麻栗坡县、瑞丽市、盈江县、陇川县、泸水市、福贡县
10万人以下	2	西盟县、贡山县

三、云南沿边经济带的发展特征与问题

（一）人口分布不均衡

沿边地区生产生活条件普遍比较恶劣艰苦，人口分布不均衡。2020 年，云南沿边州市的平均人口密度为 92.4 人/平方千米。其中，仅有红河州和保山市人口密度超出全省平均水平。怒江州、临沧市、普洱市和西双版纳州都在 100 人/平方千米以下，怒江州的人口密度仅为 37.6 人/平方千米，仅达到云南省 1/3 左右的平均水平。2020 年，沿边县市的平均人口密度仅为 83 人/平方千米，仅为全省人口密度的 69.3%。其中，只有同为德宏州的瑞丽市和芒市的人口密度超过了云南省平均水平，其他 23 个县市人口密度均在云南省平均水平之下。云南沿边地区人口分布不均衡，阻碍了沿边地区的经济社会发展，如图 8、图 9 所示。

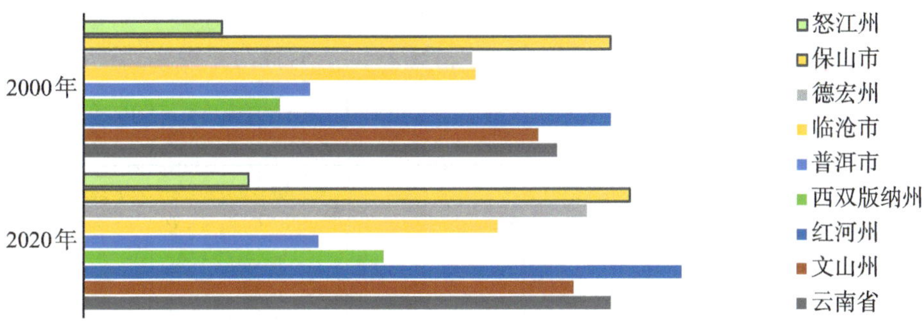

图 8　2000 年和 2020 年云南沿边州市人口密度情况（人/平方千米）

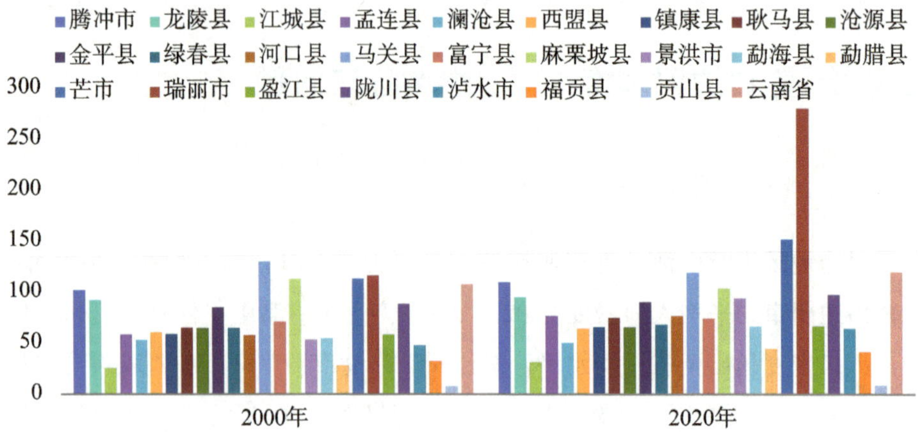

图 9　2000 年和 2020 年云南沿边县市人口密度情况（人/平方千米）

（二）基础设施建设薄弱

云南省沿边地区基础设施建设薄弱，制约着产业集聚和经济发展。2020 年，沿边州市公路通车里程为 135975 千米，占云南省的 46.5%。其中，高速路通车里程为 3423 千米，仅占云南省的 40.7%；一级路通车里程为 430 千米，仅占云南省的 26.1%。铁路方面，沿边州市中怒江州、保山市、德宏州仍未通铁路。铁路运输相较于全程公路运输每吨货物节约 30% ~50% 的成本，同时货运时间也将得到有效缩短。以公路为主的运输方式长期制约着沿边开放经济发展。另外，2020 年，云南沿边州市政府所在地建成区总面积为 227.38 平方千米，仅占昆明市政府所在地的 59.7%（见表 4）。

表 4　2020 年云南沿边州市政府所在地城区面积与建成区面积情况

	泸水市	芒市	临翔区	思茅区	景洪市	蒙自市	文山市	隆阳区	五华区
城区面积（km^2）	11.94	50	25.27	43.41	83.63	38.85	42	57.95	397.86
建成区面积（km^2）	11.02	20.52	17.1	26.5	37.77	33.63	39.86	40.98	380.59

（三）城市发育不良

云南沿边城市中城区常住人口在20万人以下的有22个，占总沿边城市的66.7%。沿边城市发育不良，人口大部分集聚在非沿边的政府所在地，导致沿边县市人口分布较少。2020年，红河州政府所在地的蒙自市常住人口58.6万人，占红河州13个县市人口的13.1%。怒江州政府所在地的泸水市常住人口20.4万人，占怒江州4个县市人口的36.9%。县市方面，2020年，沿边县市常住人口在30万人以下的16个，占总沿边县市人口的64%。其中，西盟县和贡山县城区常住人口分别为8.7万人、3.85万人，均未超过10万人。

（四）自我发展能力弱

2020年，沿边州市一般公共预算收入为474.88亿元，仅占云南省的22.4%，财政自给率为20.9%，低于云南省9.5个百分点。分州市来看，沿边州市财政自给率均低于云南省平均水平，最低的怒江州仅有9.2%，与财政自给率最高的红河州相差19.2个百分点。从县级行政区域来看，2020年，沿边25个县市一般公共预算收入为121.97亿元，仅占全省的5.8%，财政自给率为14.3%，低于全省16.1个百分点。沿边县市中仅有景洪市财政自给率高于云南省平均水平，为34.8%。最低的福贡县仅有3.4%。从图10可以看出，2020年，云南沿边州市人均GDP最高的是红河州，达到53985元，是最低的怒江州的1.4倍。沿边区域内生发展动力不足，难以形成可持续发展能力。

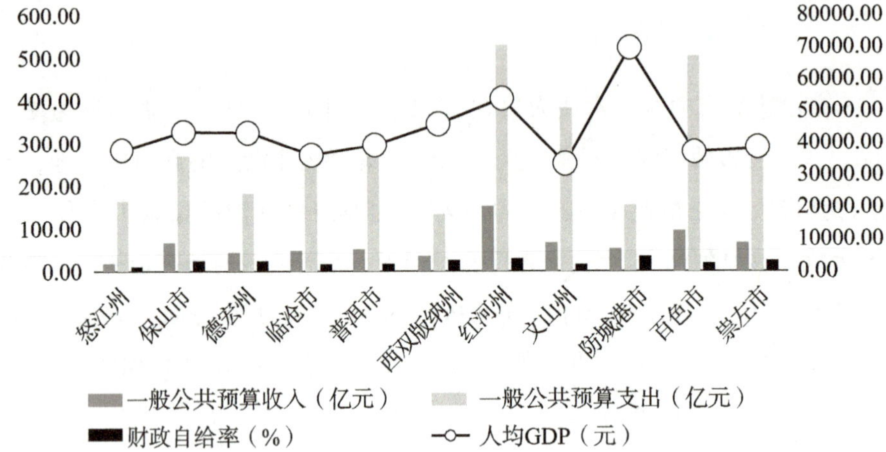

图 10　2020 年云南沿边州市与广西沿边城市主要经济指标对比情况

（五）开发开放载体实力不强

勐腊（磨憨）重点开发开放试验区、瑞丽重点开发开放试验区，临沧、瑞丽、畹町、河口边境经济合作区以及红河综合保税区等开放平台尚处于建设起步阶段，国家赋予沿边地区的“一揽子”金融、财税、投资、土地、人才等差别化产业政策有待进一步细化落实。受地方事权等因素制约，与周边国家边防、海关、检验检疫等方面深层次的磋商协调力度有限，与沿边地区开发开放相适应的金融制度安排尚未形成，沿边金融综合改革试验区建设有待深入推进。

（六）协同发展水平较低

地方保护主义和行政壁垒仍较严重，基础设施发展缺乏有效衔接，产业分工协作不够充分，人才和其他要素流动存在障碍。各个城市产业呈现独立发展状态，没有形成规模效益和集群效应。招商引资存在一哄而上、同质化无序竞争等问题，一体化发展体制机制亟须进一步完善。

四、加快云南沿边经济带规划和建设的意义

（一）有利于促进民族团结

云南是我国民族种类最多的省份，除汉族以外，人口在6000人以上的世居少数民族有彝族、哈尼族、白族、傣族、壮族、苗族、回族、傈僳族等25个。其中，哈尼族、白族、傣族、傈僳族、拉祜族、佤族、纳西族、景颇族、布朗族、普米族、阿昌族、怒族、基诺族、德昂族、独龙族等15个民族为云南特有，人口数均占全国该民族总人口的80%以上。2020年，云南少数民族人口1563.6万人，占云南省总人口的33.1%，占全国少数民族人口的12.5%，占全国总人口的1.1%。云南少数民族交错分布，表现为大杂居与小聚居的特点。抵边少数民族地区有怒江傈僳族自治州、德宏傣族景颇族自治州、西双版纳傣族自治州、红河哈尼族自治州、文山壮族苗族自治州、耿马傣族佤族自治县、沧源佤族自治县、澜沧拉祜族自治县、西盟佤族自治县、孟连傣族拉祜族佤族自治县、江城哈尼族彝族自治县、金平苗族瑶族傣族自治县、河口瑶族自治县等。民族团结是维护社会稳定、祖国统一、国家长治久安的重要保证，维护民族团结和社会稳定是各族人民的共同愿望和根本利益所在。建设沿边经济带，推动沿边地区加快经济社会发展，改善抵边少数民族地区生产生活条件，增进各民族和睦团结。

（二）有利于加强生态文明建设

2020年，云南省森林面积为2392.65万公顷，占全国森林面积的10.9%，森林覆盖率达到65.04%，超过全国森林覆盖率42个百分点，位于全国第2位。云南国土面积39.4万平方千米，占全国土地面积4.1%，生态系统类型和生物物种种数却占全国一半以上，素有“植物王国”“动物王国”“物种基因库”的美誉。习近平总书记明确指出，云南是我国西南的重要生态安全屏障，承担着维护区域、国家乃至国际生态安全的重大责任。从国内来看，云

南地处长江、怒江、澜沧江、珠江等主要河流上游或者源头，肩负着“西部高原”“长江流域”“珠江流域”三大生态安全屏障的建设任务，是我国生物多样性最丰富的省份，是我国特有物种分布最多的地区，是我国乃至世界重要的生物多样性宝库，在国家生态安全战略中具有重要地位。从国际上看，云南与南亚、东南亚各国人民同为生态命运与生态利益的共同体，在生态文明建设上“一荣俱荣、一损俱损”，承担着为全球生态环境治理提供中国方案，建立生态保护多元化交流协作和发展机制的重要职责，在国际生态安全格局中扮演着重要角色。建设沿边经济带，有助于贯彻“绿水青山就是金山银山”的生态文明理念，有利于平衡保护和发展的关系，有利于实现人与自然和谐发展。

（三）有利于实现对外开放新突破

“十三五”期间，中越、中老、中缅国际通道高速公路境内段全线贯通，中缅新通道海公铁联运首运成功，中老铁路开通运营，初见成效，磨憨铁路口岸顺利通过国家验收。云南的优势在区位，出路在开放。2015 年 1 月，习近平总书记考察云南时指出，希望云南发挥沿边开放区位优势，主动服务和融入国家发展战略，努力将其建设成为我国面向南亚、东南亚的辐射中心。2020 年 1 月，习近平总书记再次考察云南，明确指出云南要主动服务和融入国家重大发展战略，以大开放促进大发展，加快同周边国家互联互通国际大通道建设步伐。加强同周边国家文化交流工作，促进民心相通。云南是“一带一路”建设、长江经济带发展的重要交汇点，是中国与南亚、东南亚国家和地区交流交往的开放门户。随着《区域全面经济伙伴关系协定》的签订，云南更是联结中国与协定成员国之间的便捷通道。建设沿边经济带，有利于推动我国面向南亚、东南亚辐射中心建设，有利于实现区域互动平衡协调发展。

五、加快云南沿边经济带发展的对策建议

（一）发挥中心城市的辐射带动作用

以沿边地级市为单元，增强沿边区域性中心城市对产业的吸引力和人口的集聚力，从根本上改变沿边城市小而弱的情况。加强城市之间的通达性，以线串点，以点带面。通过加大投入，完善城市功能，改善投资环境，吸引产业集聚，以城聚产、以产兴城，在加快“点”的发展的同时带动“面”的整体提升。承接沿海地区的产业转移、资本输入、信息传播等方式，以此依托大滇西旅游环线的联动作用和交通线的聚集作用，使中心城市尽快发展起来，继而形成云南沿边高质量发展轴。

（二）推动沿边县市间的互惠合作

加强沿边县市城镇建设，以县域为基本单元推进城乡融合发展，发挥县城连接城市、服务乡村作用，增强对乡村的辐射带动能力，促进县城基础设施和公共服务向乡村延伸覆盖，强化县城与邻近城市发展的衔接配合。产业方面，充分挖掘云南沿边县市的资源、交通等优势，发挥其专业特长，优化产业发展布局，加强沿边县市间的产业合作，促进要素充分流通，构建云南沿边县市统一大市场。培育发展特色经济和支柱产业，强化产业平台支撑，提高就业吸纳能力，发展先进制造、商贸流通、文化旅游等产业。生态方面，依托高黎贡山等国家生态功能区，推动位于重点生态功能区内的县镇逐步有序承接生态地区超载人口转移，完善财政转移支付制度，增强公共服务供给能力，发展适宜产业和清洁能源，为保护修复生态环境、筑牢生态安全屏障提供支撑。

（三）加强沿边地区与滇中地区的合作

滇中地区对云南省的发展具有核心带动作用，是云南实现高质量跨越式

发展的核心引擎。城市之间应加强合作，形成合理分工，并将垂直分工逐步地转化为水平分工，变单个城市的竞争力为整体的竞争力，辐射和带动更广大地区。以昆明构建区域性国际中心城市为导向，以沿边8个州市政府所在地、25个边境县城和磨憨、孟定、畹町、天保、清水河等15个抵边镇为重点，推动“中心城市—沿边县城—边境口岸城镇”协同联动发展。提高中心城市和县城集聚人口与要素能力，提升对边疆地区的辐射能力。

（四）深化区域和国际次区域合作

依托中缅、中老、中越国际运输通道，强化“芒市—瑞丽”“景洪—勐腊—磨憨”“蒙自—河口”分别作为对缅甸、老挝、越南开发开放前沿阵地的作用，以云南沿边经济带为载体，联动各级各类开发区和沿边重要边境口岸，构建对外开放平台。促进设备、技术和服务“走出去”，打造国家产能和装备制造合作新样板。以经贸、金融、科技创新、人文交流、文化旅游、绿色经济、公共服务和基础设施等为重点，加强落实农业、跨境电商等方面与澜湄国家的合作，提升区域合作的深度和广度。积极开展云南沿边地区与毗邻国家跨境交流，构建沿边地区与毗邻国家地方政府间的常态化交流机制。深化云南沿边经济带与长江经济带、广西沿海经济带和包昆经济带的联动发展，推进产业转移与承接、园区共建、科技创新、人才培养等方面合作，优势互补培育生物医药、健康养生、旅游服务等产业集群。

参考文献

[1] 李鹏飞，黄丽君.“自贸试验区”建设背景下加快云南沿边开放的对策建议［J］. 中共云南省委党校学报，2021，22（2）：7.

[2] 杨磊. 广西建设沿边沿海经济带与“一带一路”发展战略的思考［J］. 广西经济，2015（2）：4.

[3] 杨军杨永忠黄艳. 广西沿边特色经济带建设对策探究［J］. 开放导报，2015，000（001）：98-100.

[4] 马燕坤. 规划建设沿边经济带的政策思考［J］. 开放导报，2021

(4)：6.

［5］李湘君，李德正. 基于“钻石模型”分析广西沿边开发开放经济带建设的竞争力［J］. 对外经贸，2020（7）：3.

［6］张胤钰，杜凤莲，赵鹏迪. 内蒙古沿边经济带建设研究［J］. 广播电视大学学报：哲学社会科学版，2015（1）：7.

［7］杜琼. 云南沿边经济带建设形势分析与建议［J］. 社会主义论坛，2017（10）：2.

［8］李罗. 中蒙俄国际贸易与内蒙古沿边经济带建设问题研究［J］. 全国商情，2015（48）：2.

沿边国土空间开发开放背景下土地利用格局演化模拟

——以云南省为例

赵威　薛领*

摘　要：沿边地区的国土空间格局事关国土安全、地区经济增长、民族稳定，是我国对外开放大局的关键。优化我国沿边地区国土空间开发与保护格局，需要把握未来国土空间格局的演变特征，并凝练开发保护的应对模式，这有助于实现沿边地区空间经济高质量发展，这是当前阶段沿边开发开放研究的新课题。云南是我国向南亚东南亚辐射的前沿窗口，也是我国西南边境重要的生态安全屏障，在我国国土空间格局中具有举足轻重的地位。本研究通过人工神经网络（ANN）和元胞自动机（CA）整合实现机器学习和演化模拟，设置“基准情景”“生态优先”“农业优先”“城镇优先”“开发开放”“综合统筹”6种未来区域发展战略情景，对云南省全域进行高分辨率模拟，研判分析云南沿边地区的土地利用演化趋势，模拟结果显示，不同情景下的沿边地区的国土空间利用格局具有明显的时空差异。该方法是理论和数据驱动沿边国土空间演化的有效尝试，有利于沿边地区充分利用比较优势、因地制宜地开展国土空间的开发开放工作。

关键词：土地利用；人工神经网络；元胞自动机；云南省；情景模拟

---

* 作者简介：赵威，北京大学区域经济学博士，主要研究方向是空间经济学和国土空间模拟等；薛领，北京大学政府管理学院教授兼博士生导师，城市与区域管理系主任，全国经济地理研究会副会长。

一、引言

1992 年设立国家级边境经济合作区以来，沿边地区开发开放就是我国对外开放事业的重要组成部分。党的十八大以来，中国沿边地区进入了发展的新阶段，2013 年 12 月，国务院出台《关于加快沿边地区开发开放的若干意见》；2014 年 7 月，国务院印发《沿边地区开发开放的若干意见》；2016 年 1 月，针对重点开发开放试验区、沿边国家级口岸、边境城市、边境经济合作区和跨境经济合作区等沿边重点地区，国务院发布《关于支持沿边重点地区开发开放若干政策措施的意见》，对于进一步深化我国全方位开放新格局，促进区域协调发展，构建安全、稳定的边疆环境，具有重大战略意义。

在此背景下，沿边地区的国土空间具有特殊的承载功能。沿边地区的国土空间具有“边缘”和“前沿”双重属性（申桂萍等，*2021*），一方面，沿边地区位于中国边境，处于市场边缘，面临着区位通达性低、要素短缺、基础设施差等产业经济发展“瓶颈”，即国土空间的开发问题，但随着各级政府区域发展战略和政策的实施与推进，这一情景将得到有效缓解；另一方面，沿边地区不仅承载中国的国土安全功能，也是中国与邻近国家、地区开展合作交流的排头兵，通过口岸开展双边或多边贸易、投资、劳务合作对当地经济社会发展有着举足轻重的作用，但多变的双边关系和新冠肺炎疫情所带来的贸易不确定性，叠加口岸设施不完善、与邻国互联互通水平低下所造成的贸易不畅通性，将不利于沿边地区发挥“前沿”优势，即面临国土空间的开放问题。因此，如何把握未来沿边地区国土空间格局在不同发展背景下的演化趋势？如何研判其生态空间、耕地以及城镇建设用地的利用格局？如何协调沿边与内地在城镇开发上的关系，从而通过高效的国土资源分配实现国土空间优化？都是新的研究课题。

土地利用/土地覆被变化（LUCC）研究是研判土地演化与进行国土空间优化的重要手段。常用的土地利用模拟模型包括“自上而下”的系统动力学模型、马尔科夫链模型、CLUE 和 CLUE-S（小尺度土地利用模型）等（梁友嘉等，*2011*；邓祥征等，*2004*；龚健等，*2006*），但缺少微观层面的动力机制。以及"自下而上"的 ABM① 和 CA② 模型等，Li 和 Yeh（2002）提出 ANN-CA（网络神经网络元胞自动机模型）模型，利用神经网络算法自动确定模型的结构和转换规则，并在不同尺度的空间下进行了一系列实践，推进 CA 模型走上智慧化获取转换规则台阶。在此基础上，Liu 等人（2017）提出 FLUS 模型，嵌入自适应惯性系统和竞争机制获取良好的模拟精度。

然而，现有研究存在以下几点不足：一是大多关注重点地区的土地利用，如长江经济带、粤港澳大湾区、长三角等经济发展水平较高的地区（张荣天等，*2015*；刘永强等，*2018*；杨智威等，*2018*），而鲜有文献研究沿边地区的土地利用演变（狄春等，*2015*；卢秀等，*2020*）。二是当前的国土空间演化模拟，大多是直接针对研究区展开的，很少将研究对象放在更大范围内来探讨空间格局演变，如一系列针对北京市土地利用的研究（何春阳等，*2001*；刘玉洁等，*2022*；姚静韬等，*2020*），缺少在京津冀协同发展背景下考虑北京城市格局演进机理的变动，一方面缺少统筹发展思想，另一方面忽略了不同区域间的相互作用。中国的建设用地指标是以省为单位向各地级单位进行分配的，沿边地区既是所在省、自治州的一部分，也是对外开放的桥头堡，因此要在系统思维的指导下，更加重视沿边和内地在城镇建设用地指标上的竞争关系。三是现有的土地演化模型，过度关注自然因素的驱动作用，对后天因素（Second Nature）的关注不足，不仅使得经济集聚力对城镇空间格局的影响被忽视，也缺少揭示这些因素影响国土空间演化的微观机制，事实上，空间经济有其自身的发展规律，人类生活和生产的空间分布所引致的土地需求是驱动城镇土地格局演化的根本动力，因此，不能脱离后天因素对环境资源的需求和压力去讨论未来的国土空间演化模式。

鉴于此，本研究以云南全域为研究对象，重点分析沿边的国土空间格局演化特征。基于 2000—2018 年的土地利用数据，分析不同用地类型转化的特征趋势，纳入自然资源数据和社会经济数据，进而训练出模拟参数和土地转

---

① ABM：Agent-based modeling，是一种用来模拟具有自主意识的智能体（独立个体或共同群体，例如组织、团队）的行动和相互作用的计算模型，通过图像展示和评估智能体在系统整体中的作用。

② CA：CA 模型是一种"自下而上"的具有时空计算特征的时间、空间、状态都离散的非线性动力学模型，具有模拟复杂系统时空动态演化过程的能力，常用于自组织系统演变过程的模拟研究。

换规则并进行元胞自动机模拟。在全域发展的视角下截取并研判分析云南沿边地区的土地利用演化趋势，对比分析土地空间扩张在历史惯性模式下与“生态优先”“农业优先”“城镇优先”“沿边开发开放”“综合统筹”模式下的差异，为沿边土地利用预测和国土空间优化布局提供实践参考。

二、研究方法

本文将使用基于人工神经网络的元胞自动机模型，预测多情景的国土空间演化。本文以一种兼顾云南全局发展和微观元胞相互作用的方式构造模型的运行过程，在宏观层面，使用马尔科夫链（*Markov Chain*）方法分别预测2022、2026、2030、2034年各种用地类型的元胞数量，控制模型运行；在元胞层面，分两个模块从局部以“自下而上”的视角模拟全局变化。最后重点分析大量微观元胞在相互作用力下凸显的云南土地利用结构，最终实现对新增建设用地预测，达到国土空间布局优化的目标。使用元胞自动机过程中的具体操作分为两个模块：第一个模块是基于人工神经网络并根据多种驱动因素抽样训练土地类型间转换概率，从而反映空间变量之间非线性变化的复杂关系；第二个模块建立自适应惯性和竞争机制，处理不同用地类型之间的竞争和相互作用，并进行元胞自动机模拟，同时引入轮盘赌机制体现现实世界中的不确定性，避免出现局部最优解。当前学者使用此耦合模型对广东省东莞市的土地利用演化进行模拟，在良好的精度下预测未来东莞城市发展的边界以及在不同政策规划下的城市扩张趋势（*Liu* 等，*2017*；*Liang* 等，*2018*）。

本研究技术路线如图1所示。第一，根据集聚经济逻辑选取模拟的驱动因素、限制因素和模拟规则，包括能够体现自然和社会经济因素的两套驱动数据，并利用FLUS① 模型建立兼顾云南全域高分辨率模型，通过模拟体现沿

① FLUS：FLUS模型是用于模拟人类活动与自然影响下的土地利用变化以及未来土地利用情景的模型。

边和内地之间在建设用地指标分配上的竞争关系。第二，根据区域发展战略和政策，凝练不同的发展情景，以反映未来政策对历史延续演化的外生冲击。第三，在不同情景下进行模拟，获取全域土地利用模拟图像，并提取沿边地区土地利用图像，进而分析国土空间格局的演化特征，提出相应的政策建议。

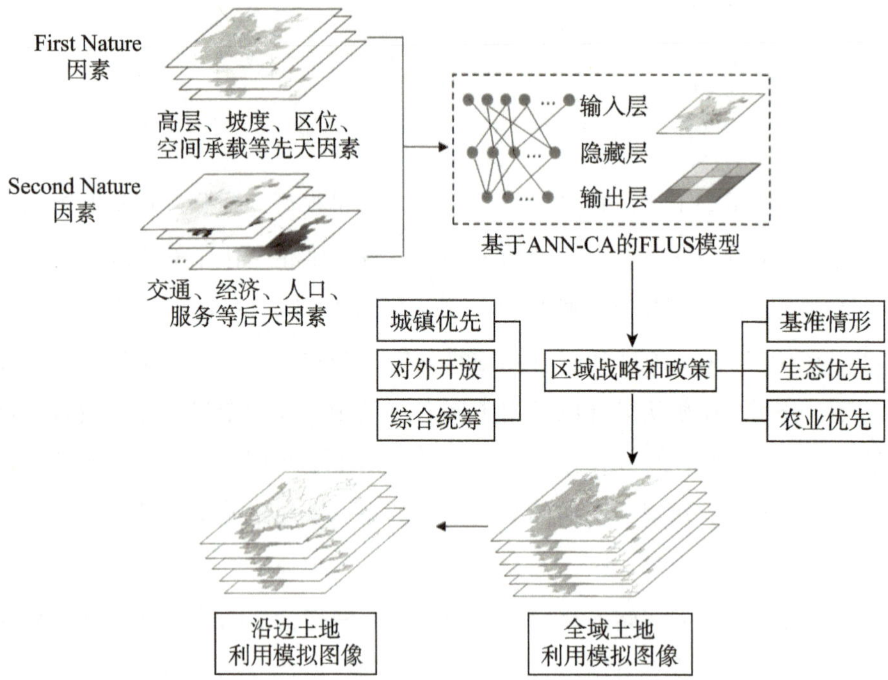

图1 技术路线

三、研究区概况、数据准备和参数设置

（一）研究区概况

本研究选取的研究区是云南省。云南省地处中国西南部，位于东经97°31′~106°11′，北纬21°8′~29°15′，国土总面积39.3万平方千米。沿边地区包括怒江州、保山市、德宏州、临沧市、普洱市、西双版纳州、红河州、

文山州8个边境州、市，其中泸水市、福贡县、贡山县等25个边境县域是沿边开发开放的桥头堡，国土面积9.25平方千米，占云南全省的23.3%。云南沿边地区地形地貌复杂多变、自然资源条件优厚、生物多样性程度高，但土地利用结构和布局存在缺陷，尤其是边境县域，部分地区生态环境恶化，资源约束日趋紧张；人地矛盾突出，人均耕地逐年下降，耕地后备资源匮乏；建设用地开发受地貌、气候、自然灾害等多种因素制约，土地开发利用程度不高。

（二）数据准备

土地利用类型数据来源于欧空局的LC-CCI产品，数据期窗口为2000—2018年，原始数据坐标系为WGS1984①，栅格空间分辨率为300m，土地覆盖类型具有22个类，类采用联合国地表覆盖分类系统（LCCS）进行定义。本文按云南边界对原始数据进行提取并投影至WGS_1984_UTM_Zone_47N坐标系，以满足模拟预测和面积计算过程的要求，接着按照农业研究实际需求和现有文献对于欧空局数据的重分类方法，我们将原22类土地覆盖重分类为耕地、林地、草地、水域、城镇建设用地和未利用土地6种土地利用类型。

除此之外，本文参考赵威和薛领（2022）选取一系列影响土地利用变化的因素。其中，自然因素使用高程和坡度数据，反映土地耕种和城镇开发的天然适宜性；社会经济因素要求选取的数据能够反映城镇演化的微观动力机制，能够代表引起空间集聚的第二本源，强调集聚经济对国土空间格局形成的影响。在前文分析的基础上，发现现有的土地利用演变模型并不能很好地反映运输成本的变化以及这种变化对空间结构的影响，因此，本研究重点把云南未来的高速公路路线规划、普速铁路和高速铁路站点规划、机场规划纳入空间驱动因素中，以体现运输成本降低对于塑造国土空间格局的重要作用，因此，选取现有及规划公路距离、交通通达性驱动因素。这其中交通枢纽通达性来自双评价中交通通达性的处理方法，对机场、高铁站等交通枢纽进行公

① WGS1984：World Geodetic System 1984，是为GPS全球定位系统使用而建立的坐标系统。

里分级并叠加，不同的是，本研究考虑的交通基础设施考虑了未来云南省所规划的干线和支线机场、高铁站，在一定程度上体现了对城镇土地扩张的预期（见表1）。

同时，选取高速公路、铁路等基础设施建设和公共服务密度反映政府在固定资产上的投入力度；选取夜间灯光数据、人口密度、商业服务密度反映不同地区在演化初始阶段的地区规模差异；选取选用商业服务的密度来表征一个地区产品多样化程度，商业服务密度高的地区产品多样化程度高。其中，公共服务密度生成的指标包含教育、医疗、文体设施等，更能体现由政府供给所驱动的国土空间演化，数值范围在 0～16.51 个/平方千米，而商业服务密度则更能体现由市场力量所体现的空间演化驱动力，范围在 0～118.41 个/平方千米（见表1）。

表1　数据来源及处理方法

	数据类型	处理方法	数据来源
土地利用数据	1992—2018 年云南省土地覆盖数据	按掩膜提取、重分类	欧空局全球陆地覆盖数据（ESA GlobCover）
社会经济驱动因素	2020 年云南省人口密度（人/平方千米）	按掩膜提取	NASA 全球公里网格数据
	2018 年 12 月夜间灯光	按掩膜提取	NPP-VIIRS 夜间灯光数据
	公共服务密度 商业服务密度	点密度分析	Open Street Map 官网 pois 数据
自然因素	高程、坡度	按掩膜提取、坡度分析	地理空间数据云
区位因素	铁路站点和机场可达性 到主要公路距离 到现有及规划高速距离 到行政中心距离	欧式距离、可达性分析	Open Street Map 官网道路数据 云南“十三五”及中长期公路规划 高德地图定位
限制开发	生态保护极重要地区	属性提取	“双评价”生态保护重要性

（三）参数设置

根据历史土地利用的转换趋势，参考现有文献（*Liu* 等，*2017*）的参数设置，通过多次模拟训练，确定不同土地利用类型之间转化的难易程度（见表2）。该值越接近1，表示转化到该用地类型越容易。

表2　用地类型之间转换难易程度（单位值）

土地类型	耕地	林地	草地	水体	城镇建设用地	未利用地
耕地	1	0.2	0.9	0.1	1	0.1
林地	0.3	1	0.7	0	0.5	0.1
草地	0.5	0.3	1	0.2	0.6	0.1
水体	0.1	0	0	1	0.1	0.01
城镇建设用地	0	0	0	0	1	0
未利用地	0.1	0	0	0.1	0	1

同样，根据中国南方湿润带的土地扩张强度以及云南省土地利用变化的总体趋势，确定该6种土地类型的扩张强度（见表3），在此情景上进行情景模拟。

表3　不同用地类型的扩张强度

土地类型	耕地	林地	草地	水体	城镇	未利用地
权重	0.3	0.01	0.3	0.4	1	0.5

四、模拟结果

（一）情景设置

云南省处于“一带一路”和长江经济带的交汇点，是我国面向南亚和东南亚的桥头堡。未来云南省和边境地区将迎来重大的发展机遇，一方面，随着新一轮西部大开发战略推进，云南的区域发展继续处于向城市集聚的过程，人口和产业集聚带来的土地城镇化对国土空间格局产生了重要影响，同时大力支持贯通边境干线公路，为沿边地区发展提供了新支持。另一方面，国家和云南省针对沿边地区和沿边重点地区的开发开放政策，为沿边地区参与国际区域合作提供了新支撑，凸显了云南省对外开放的新优势。

本研究设置6种不同的情景模拟云南省在2035年土地利用类型空间分布，不仅考虑生态、农业和城镇发展三者的协调发展，也着重强调沿边开发开放情景下国土空间的演化趋势。情景设定见表4。

表4　　情景分析与规则设置

情景设定	情景分析	规则设置
基准情形	全省按照近年土地利用变化趋势继续进行空间演化模拟，呈现自然增长下的土地利用模式	(1) 基准人口、社会、经济、自然驱动因素； (2) 限制区生态保护重要性评级为5地区
生态优先	生态保护是云南未来发展的重中之重。“3060”目标的提出对云南生态保护提出更高要求。对沿边地区，要推进森林生态建设和水土保持，筑牢我国西南边境生态安全屏障	限制开发区域扩大为：生态保护重要性评分为5和4的土地以及评分为5的周边1km土地
农业优先	粮食安全是国家安全的重要基础，必须正确处理新增建设用地和耕地保护的关系。《云南省沿边开放经济带发展规划(2016—2020年)》指出，要深化沿边地区的农业开发，加快特色农业产业发展，此情景重点考察农业优先和粮食安全背景下的沿边土地利用格局	(1) 增加限制区：在农产品主产区农业生产适宜性评级为5和4； (2) 增加限制区：非主产区限制农业评级为5和4，但不包括城镇评级为5的土地； (3) 增加耕地向城镇的转化成本，即表2转化难易程度1～0.8
城镇优先(滇中城市群发展战略)	重点推进城市群发展，能够促进要素在更大范围内实现整合。此情景，可以研判在优先推动城镇化的区域政策影响下，沿边的土地利用格局将会受到怎样的影响	提高滇中城市的空间权重因素，增加“到滇中城市中心距离”因素
对外开放战略	云南处于孟中印缅经济走廊和澜沧江—湄公河经济走廊以及沿边对外开放战略的关键节点，对外开放战略将对沿边城市、区域中心城市交通基础设施建设、产业升级、跨境贸易等方面产生巨大影响，从而带动城镇空间扩张。同时叠加跨境经济合作区、重点开发开放试验区，为云南沿边开放发展提供了新机遇	(1) 增加“到孟中印缅经济走廊沿线城市和澜沧江距离”因素； (2) 增加“到沿边城市距离”因素； (3) 增加“到三大跨境经济合作区距离”因素

续表

情景设定	情景分析	规则设置
综合统筹情景	在有限的土地资源内，优化土地资源配置效率，充分落实“新时代”下西部大开发战略总体思路，实现生态保护、农业发展、经济增长等目标协调发展的新格局	统一加入上述 4 种情景的空间影响因素进行模拟

（二）情景模拟

根据 2035 年国家配给云南的建设用地数量，设置 2035 年目标值，以 2018 年为基年对未来土地利用进行预测。

1. 情景一：历史延续的基准情形

与 2018 年相比，在基准情形下，云南全省总体趋势表现为城镇建设用地是在现有建设用地的基础上向周围耕地扩张，建设用地逐渐连片发展，且中心城区集聚程度更高，城乡一体化趋势更加明显，滇中城市群（昆明、曲靖、玉溪、楚雄、红河北 7 县）的城镇建设用地扩张最为显著。而沿边地区城镇建设用地总面积预测为 417.06 平方千米，较 2018 年新增 107 平方千米（见表 5）。其中，腾冲、景洪、勐腊、瑞丽、芒市等地，即使在历史惯性的作用下也有较高的城镇建设用地需求，其建设用地面积增长率远高于沿边地区乃至全省的平均水平，而福贡、麻栗坡、绿春等地相较 2018 年几乎没有新增建设用地。

表 5　2035 年各情景下云南沿边地区城镇建设用地面积（单位：平方千米）

县级单元	2018 年	基准情形	生态优先	农业优先	城镇优先	开发开放	综合统筹
龙陵	9.81	11.34	9.81	15.48	11.16	13.32	9.81
腾冲	33.66	41.13	35.28	35.46	40.95	37.98	36.9
江城	1.8	2.52	1.8	3.6	2.07	2.88	1.8
孟连	12.33	16.56	14.13	14.58	16.2	15.39	15.39
澜沧	12.69	16.02	18	14.49	14.22	17.46	13.32
西盟	1.44	1.71	1.44	2.07	1.62	2.16	1.44
镇康	4.86	6.48	4.86	10.08	6.57	9.45	4.86

续表

县级单元	2018 年	基准情形	生态优先	农业优先	城镇优先	开发开放	综合统筹
耿马	36.45	42.48	39.15	38.61	42.93	40.5	40.14
沧源	13.86	14.94	13.86	13.95	14.85	14.31	14.04
金平	3.78	5.58	3.78	16.47	4.68	6.66	3.78
绿春	0.45	0.54	0.45	3.78	0.45	2.07	0.45
河口	1.71	2.07	1.71	5.76	2.07	2.34	1.71
麻栗坡	1.44	1.44	1.44	2.88	1.44	1.98	1.44
马关	14.49	21.15	16.02	27.63	17.1	24.75	15.3
富宁	4.05	6.93	5.49	6.03	5.67	9.36	5.49
景洪	32.58	54.45	67.23	59.94	53.1	48.78	68.13
勐海	17.91	21.33	30.06	25.65	19.35	21.06	21.78
勐腊	5.13	12.78	24.48	9.18	10.53	26.37	10.53
瑞丽	34.92	43.83	48.24	42.21	48.24	62.55	40.32
芒市	35.91	47.16	42.57	40.5	45.27	45.45	42.75
盈江	15.66	21.6	21.33	19.08	18.81	33.75	16.83
陇川	11.34	19.53	17.01	12.78	16.38	22.77	14.4
泸水	3.69	5.31	4.05	18.63	5.76	15.57	3.78
福贡	0.18	0.18	0.18	0.18	0.18	0.18	0.18
贡山	0	0	0	0	0	0	0
沿边总量	310.14	417.06	422.37	439.02	399.6	477.09	384.57

2. 情景二：生态优先

与基准情形相比，非沿边地区的城镇开发在一定空间内受到限制，建设用地逐渐向生态环保压力较小的昆明和红河北 7 县等地区域倾斜。此情景下预测的 2035 年沿边地区的建设用地总量为 422.37 平方千米，仅比基准情形高出 5.31 平方千米。龙陵、江城、西盟、镇康、金平、河口、麻栗坡等地出于生物多样性、植被保护、水土保持等环境保护压力，城镇扩张受到了抑制，较 2018 年几乎没有新增。而新增较为明显的主要集中在西双版纳的景洪、勐海、勐腊和保山的瑞丽、芒市，从城镇扩张的形态上看，这些地区城镇建设用地在扩张的同时集约程度也在不断提高。

3. 情景三：农业优先

在此情景下，云南全域农业用地更多保留了成片区，有利于充分发挥农业生产的规模效应，尤其是在农业适宜性较高的西双版纳、腾冲、孟连、澜沧，耕地受到重点保护，城镇建设用地增加放缓，低于基准情形，其建设用地指标向金平、绿春、河口、马关等农业生产适宜性低的地区倾斜。模拟结果进一步说明，在保障基本农田的基础上，粮食主产区的耕地得到了较好的保护，而在非粮食主产区则体现沿边城镇集中布局的发展态势，并且在此情景下，沿边地区的农业土地利用格局也得到了良好的优化。

4. 情景四：城镇优先

此情景下，预测 2035 年，云南全省的新增城镇建设用地 509.67 平方千米，远高于基准情形（372.42 平方千米），滇中城市群核心城市的城镇建设用地数量均有所增加，但沿边地区的新增建设用地面积比基准情景减少了 20 平方千米。从新增建设用地空间分布来看，位于滇中连接三大国家级口岸高速公路和铁路沿线的边境县城，新增用地与基准情景基本持平，如昆磨高速沿线的景洪、勐腊，保腾高速沿线的龙陵、腾冲，杭瑞高速沿线的瑞丽、芒市。而云南西南部的澜沧、孟连、西盟，南部的金平、绿春、马关、富宁等地，由于高速通车时间较晚，也处于内地通过昆明与周边国家展开贸易的外围地区，城镇扩张趋势受到抑制。

5. 情景五：开发开放

云南开发开放情景既包括了中国与周边国家展开经济走廊合作机制，也叠加了中国的“一带一路”倡议、沿边开发开放、西部大开发等国家战略。模拟结果显示，与基准情形相比，此情景下云南全域的建设用地向滇西和滇西南倾斜，但澜沧江上游流域城市迪庆变化不明显，大理甚至有所下降，可以推断“孟中印缅”经济走廊对城镇开发的空间力大于“澜沧江—湄公河”

经济走廊。东北部昭通、曲靖建设用地数量下降较为明显，这些区域既远离澜沧江流域，也处于“孟中印缅”经济走廊边缘地带。在滇中城市群中，昆明建设用地数量大幅增加，体现了昆明作为云南对外开放的核心地位，昆明不仅处于孟中印缅走廊，也是辐射南亚东南亚的交通枢纽，在此情景下，优势地位将进一步提升。

处于开发开放前沿地带的云南边境县，新增城镇建设用地数量为六大情景模拟中最高，2035 年，建设用地总量预测为 477.09 平方千米。最为显著的增加集中在瑞丽、勐腊（磨憨）、河口为重点的跨境经济合作区、重点开发开放试验区，此情景比基准情景建设用地面积更大、土地利用集约程度更高，未来三大经济口岸将继续发挥通道畅通、合作基础完善、矿产资源丰富等优势，在云南乃至我国西南边境的沿边开发开放经济带建设中发挥着引领带头作用。

6. 情景六：综合统筹

综合统筹是站在战略全局的角度审视未来错综复杂环境下云南国土空间的演进方向，模拟结果显示，滇中城市的优势度将继续保持，位于边境经济合作区的地级城市如西双版纳、红河在沿边对外开放和经济走廊的影响下城镇用地总体上有所增加，但处于边缘的勐腊（磨憨）、瑞丽、河口建设用地数量低于基准情景，充分说明在多种情景的综合作用力中，云南的未来发展趋势仍然是向以昆明为首的滇中城市群集聚的过程，地理边缘的劣势仍将成为制约沿边地区经济发展的主要阻碍。值得一提的是，红河州比基准情形下的结果有大幅提升。从以上几种情景中不难看出，红河拥有更少的生态和耕地保护地，有更多的城镇适宜开发土地，同时拥有中越边境云南段最大的口岸，又处于滇越铁路昆河段的终点，所以红河未来发展将面临巨大机遇。

五、结论及政策建议

（一）主要结论

本文在现有城镇土地利用/覆被变化模型的基础上，探究智慧化研究沿边土地利用演变的方法。通过人工神经网络方法训练学习不同土地利用类型相互转化的关系，在Markov方法下预测不同农业土地总量，结合元胞自动机方法，在较高的精度保证下，实现了云南省全域和沿边地区土地利用在“生态、农业、城镇”优先发展情景以及开发开放、综合统筹情景下的模拟和预测。本研究所应用的生态、农业、城镇协调分析框架可为沿边地区的综合土地利用规划布局优化提供定量精准的决策支撑。

当然，本文的研究还存在不足，未来将在以下几个方面对模型进行拓展：一是结合更加精细化的土壤数据和双评价中生态保护的重要性、农业生产适宜性、城镇开发适宜性，将进一步提高模型拟合的精度。二是结合地域差异，对不同用地之间转化的难易程度以及土地扩张强度进行分区，实现差异化的土地利用演变驱动力。三是将对云南省沿边地区的研究范式拓展至全国，实现全国范围内沿边开发开放的统筹布局。

（二）政策建议

（1）加强交通基础设施建设，增强沿边内外联动能力

当前，云南边境地区面临空间通达程度“低”的困境。境外段互联互通基础设施建设缓慢，云南省通过周边国家出海，连通环印度洋地区的陆海联运通道尚未完全打通。同时，沿边地区的物流枢纽尚未建成，多数处于规划或在建阶段，物流设施集群向国内外辐射带动作用尚未充分发挥。本研究模拟结果发现，具有公路和铁路通达性好的地区，容易受到来自核心城市昆明的经济溢出，即使在滇中城市群优先发展的情景下，也有较大的发展潜力。因此，要继续加快构建沿边畅通、功能配套、安全高效的现代化基础设施体

系，加快推进保山瑞丽、芒市—猴桥、临翔清水河铁路建设，推动畅通泛亚铁路、昆曼大通道及澜沧江—湄公河黄金水道，着力提升对沿边开放开发的支撑能力。

（2）推进国土空间格局优化，增强沿边地区的资源环境承载力

沿边地区是国家重要的战略资源储备基地和安全生态屏障，同时也造成了沿边地区发展空间受限，土地开发利用程度不高的问题，要加快推进针对沿边地区的国土空间规划编制工作，要求云南沿边开放经济带衔接沿边口岸布局和基础设施建设规划，控制建设用地增量和满足地区经济发展用地的前提下，保护生态环境，促进土地资源可持续利用。同时，要增强与内陆地区的协调发展能力，优化生产、生活、生态空间布局，强化国土空间用途管控，促进各类生产要素有序流动和区域协调发展。

（3）加强对沿边地区的政策扶持力度

沿边地区受制于开放时间晚、经济发展理念落后、市场规模小、人才资金短缺，往往难以发挥其处于贸易合作优势地区和自身资源的优势。在新一轮沿边开发开放的过程中，要通过积极向上争取资金、人才等政策倾斜，也要加强自身造血和输血能力，要将现有三大跨境经济合作区、重点开发开放试验区可复制可推广的经验给予其他沿边地区，根据沿边地区的不同条件因地制宜地加以利用。

（4）加快融入双循环发展格局，加强云南沿边地区在开发开放建设中的支点作用

加强云南与周边省份合作，推进西部陆海新通道建设，以昆明和云南省自贸试验区为枢纽打造多向互济、陆海联运的国际次区域运输体系，以沿边地区作为支点推动构建云南省与周边国家联动合作的生产消费体系。开展以产能与投资合作为重点的经济贸易合作，强化云南与老挝、缅甸、越南等周边国家双边、多边跨境产业合作，提升对周边国家产业前后向关联能力，统筹推进电力、矿业、农业、旅游、数字经济等领域协同开发，共同提升国际市场竞争力（董志勇和李成明，2020）。

参考文献

[1] 邓祥征，刘纪远，战金艳，等. 太仆寺旗土地利用变化时空格局的动态模拟 [J]. 地理研究，2004，23 (2)：10.

[2] 狄春，关国锋，徐搏，等. 黑龙江沿边开放带土地利用时空格局演变分析 [J]. 中国国土资源经济，2015，028 (007)：58-61.

[3] 董志勇，李成明. 国内国际双循环新发展格局：历史溯源，逻辑阐释与政策导向 [J]. 中共中央党校（国家行政学院）学报，2020，24 (5)：9.

[4] 龚健，刘耀林，朱国华，潘元庆. 基于系统动力学和多目标规划整合模型的土地利用总体规划方案研究 [J]. 地域研究与开发 2006 (1)：93-96，105.

[5] 何春阳，史培军，陈晋，等. 北京地区土地利用/覆盖变化研究 [J]. 地理研究，2001，20 (6)：679-679.

[6] 霍强，崔昊. 新发展格局下沿边开发开放的现实逻辑与路径选择 [J]. 开发研究，2021 (2)：8.

[7] 李红，雷云雁. 多尺度沿边开发开放政策对中国边境城镇空间结构的重塑——以凭祥市为例 [J]. 广西大学学报：哲学社会科学版，2021，43 (6)：8.

[8] 梁友嘉，徐中民，钟方雷. 基于SD和CLUE-S模型的张掖市甘州区土地利用情景分析 [J]. 地理研究，2011，30 (3)：13.

[9] 刘永强，龙花楼，李加林. 长江中游经济带土地利用转型及其生态服务功能交叉敏感性研究 [J]. 地理研究，2018，37 (5)：14.

[10] 刘玉洁，石金莲，郑姚闽，等. 北京城市副中心（通州区）土地利用演变格局与模拟 [J]. 资源与生态学报：英文版，2022，13 (2)：15.

[11] 卢秀，李佳，段平，等. 云南沿边地区1992-2013年GDP空间化数据集 [J]. 全球变化数据学报（中英文），2020 (2)：16.

[12] 申桂萍，胡伟，于畅. 中国沿边开发开放的历史演进与发展新特征 [J]. 区域经济评论，2021.

[13] 杨智威，陈颖彪，吴志峰，等. 粤港澳大湾区建设用地扩张与城市

热岛扩张耦合态势研究［J］. 地球信息科学学报，2018，20（11）：12.

［14］姚静韬，孔祥斌，段增强，等. 基于交叉熵的北京市土地利用结构变化模拟及情景分析研究［J］. 应用基础与工程科学学报，2020（6）：15.

［15］张荣天，焦华富. 长江经济带城市土地利用效率格局演变及驱动机制研究［J］. 长江流域资源与环境，2015，24（3）：387-394.

［16］Liu X，Liang X，Li X，et al. A future land use simulation model（FLUS）for simulating multiple land use scenarios by coupling human and natural effects［J］. Landscape and Urban Planning，2017，168：94-116.

［17］Xia L，Neural-network-based cellular automata for simulating multiple land use changes using GIS［J］. International Journal of Geographical Information Science，2002.

中国对外开放"北大门"战略赋能：安全国门、开放枢纽与国际通道[*]

马　涛　王晓磊　李清君　洪　涛[**]

摘　要：中国对外开放"北大门"是党中央赋予黑龙江履行高水平对外的战略高地。本文主要观点：进入改革开放中后期，黑龙江因独特地缘优势与战略地位的不断提升，促使其在国家对外开放发展大局中的地位与影响力也在不断提升。特别是俄乌军事冲突引发全球地缘政治格局变化，中国对外"北大门"战略价值不断提升，需要从战略赋能角度进行新的预判、科学的前瞻与系统的谋划。对安全国门建设、开放枢纽能级提升、国际通道畅通进行一体化思考与应对，要运用"北大门"的开放发展利器对国内大循环、国内国际双循环进行战略支撑，对抗来自西方极端势力逆全球化的政治化脱钩、制裁、围堵；从大国力量均衡的视角，运用和平发展力量收缩对峙政治经济发展的负面影响与极端外溢，以和平合作发展对冲全球冲突，治理"赤字"带来的损失，让超级大国在对话沟通管控冲突中，寻求建构从囚徒困境到正

---

* 基金项目：黑龙江省商务厅2021年"中国（黑龙江）自由贸易试验区重点产业平台建设评估咨询服务"课题；中宣部宣传思想文化青年英才自主选题项目"'十四五'时期北极圈国际交通提升东北地区维护国家'五个安全'战略布局能力研究"；工业和信息化部课题（GXZY2106）；国家自然科学基金项目（71974046）。

** 作者简介：马涛，男，山东省东营人，哈尔滨工业大学经济与管理学院教授，博士生导师；王晓磊，女，黑龙江省哈尔滨人，哈尔滨工业大学经济与管理学院博士研究生；李清君，男，黑龙江省牡丹江人，原黑龙江省人民政府研究室二级巡视员、研究员；洪涛，男，黑龙江省哈尔滨人，哈尔滨工业大学经济与管理学院教授，博士生导师。

和博弈政治经济的缓冲过渡，开放包容地带。

关键词：对外开放“北大门”；安全国门；开放枢纽；国际通道；黑龙江

引　言

当前，世界形势发生剧烈变化，局部地缘政治影响到全球地缘政治格局改变。俄乌军事冲突与美欧西方阵营对俄制裁，诱发全球地缘政治格局和全球贸易格局的双重突变。这些变化一方面引发了国际间地缘战略的博弈较量，导致全球形成新的地缘战略交汇和多变的区域地缘环境（胡志丁，王学文，2019）；另一方面对全球在农产品、能源、金属、稀有气体、化肥及交通运输行业造成了贸易冲击（易小准等，2022）。面对全球日趋复杂多因素叠加的恶劣环境，作为全球第二大经济体，中国也不能独善其身。中国作为海陆复合型国家，2013 年以来推动联通世界的“一带一路”倡议与行动，正是适应新的以地缘战略博弈合作和竞争为主轴的世界发展大势（王礼茂等，2016），利用经济手段、设施联通、数字平台等加强交流合作与贸易流通，避免逆全球化的政治化脱钩、经济化制裁、集团化围堵，为国内大循化、国内国际双循环提供战略支撑。

进入改革开放中后期，黑龙江因独特地缘优势与战略地位不断提升，在国家对外开放发展大局的地位与影响也正在不断提升。黑龙江因其接壤俄罗斯远东地区的地理优势，两国在经济、贸易、人文交流等方面交往已久，而远东也是俄罗斯面向亚太地区的开放前沿，可挖掘的潜力空间巨大。

俄罗斯是中国重要的贸易伙伴，依托得天独厚的区位优势，黑龙江已经成为俄罗斯主要的贸易对象。近几年来始终处于第一贸易伙伴的地位。2021 年，对俄进出口份额占全国对俄贸易总额的 20%，占黑龙江外贸进出口总额的 60% 以上。作为我国重要的农业和工业生产基地，黑龙江承载着国防安全、粮食安全、生态安全、能源安全、产业安全战略安全职责，它是我国区域协调发展总体战略部署的重要组成部分和生态主体功能区的战略支撑内容。在新一轮国际政治格局的分化组合与对外贸易重新构建的激烈变化中，黑龙江依托特定的地缘优势、贸易优势、文化交流优势，依靠通达全球的航空客货运网络体系的牵引力、横贯欧亚大陆国际综合物流集疏运的集成能力、横亘中俄密切互动的口岸优势的辐射集聚动力，打造祖国战略安全稳定、运行高效顺畅的对外开放“北大门”，已经具备了战略赋能的地位与条件。本文拟通过建立中国对外开放“北大门”战略赋能的系统功能架构，对安全国门建设、开放枢纽能级提升、国际通道畅通，进行一体化系统思考与应对解答。

一、中国对外开放“北大门”战略赋能的系统功能架构解析

（一）新时代中国对外开放“大门”实践的新探索与国际贸易自由化的困境解锁

全球地缘政治格局是大国权力博弈的结果。古典地缘政治理论为诸多西方国家战略安全保障和对外开放政策制定，提供了传统战略安全的政治地缘理论基础。古典地缘政治理论先后经历了麦金德的“陆权论”、马汉的“海权论”、斯皮克曼的“边缘地带论”。传统战略安全的政治地缘理论已经完成了以霸权国家主导地缘政治格局的理论体系。通过全球视角分析一国特定时期所处的国内外地缘环境状况，提出国家战略和对外政策建议（胡志丁，*2020*）。从全球地缘环境角度看，在全球经济贸易往来中，当前正在形成以北美、欧盟和中国与周边国家之间的三大地区经贸格局（胡志丁，*2021*）。中国作为海陆复合型强国，俄乌军事冲突后，需要重新审视边缘地带去强权化看待世界地缘中心的客观事实，需要运用稀缺的和平资源和智慧勇气，化解大国和西方集团势力地缘政治博弈，对中国外向型经济壁垒与中国倡导国际贸易自由化的行动困境。这是因为传统政治地缘政治理论复活，只是新时代帝国主义资本政治化、综合国力军事化的炫耀，西方政治集团安全行动选择的诘难，是思想理论的局限结果，造成了霸权政治的行动短视、道义无视。经济全球化即使是出现一时的极端躁动，也代表不了常态化的运动。时间和事

实终究会对短暂的政治经济极端行为，做出客观而公正的裁定。

在变化中的世界政治地缘环境下，西方集团的政治孤立策略仍然在加速，东方国家的战略安全警醒现实化必然抵御，将对中国海陆复合型发展空间的边缘地带继续交织渗透，需要中国重新审视政治地缘的“边界功能”作用。“一带一路”倡议是中国海陆复合型国家在全球化发展空间中试图实现局部地缘政治平衡的行动策略。在宏观理论上，缺乏类似“中间边缘地带学说”的客观分析和科学评估。在俄乌冲突影响下，世界各国在国际格局新一轮的分化组合与重新构建中，都需要明确本国的国际观、战略观和历史观（倪峰等，2022），中国也需在依托对俄的地理临近性，扩大陆上机遇和海上机遇，辟建规避东西方战略安全冲突的“中间地缘过渡地带”。地缘距离的邻近性决定了邻国彼此战略投射的倍增效应，形成邻国效应（秦立志，2019）。运用中国“北大门”的开放发展利器，发挥黑龙江近俄的“边界功能”的局部地缘政治优势，从大国力量均衡的视角，运用和平发展力量收缩对峙全球化政治经济发展的负面影响，以和平合作发展成果对冲全球冲突治理“赤字”带来的损失，让超级大国能够在对话沟通管控冲突中，认同和愿意寻求建构从囚徒困境到正和博弈政治经济的缓冲过渡开放包容地带，有利于大国经济合作与外交对话减少对峙的困境程度。这是我们为中国对外开放的“北大门”战略赋能的主要考量，如图 1 所示。

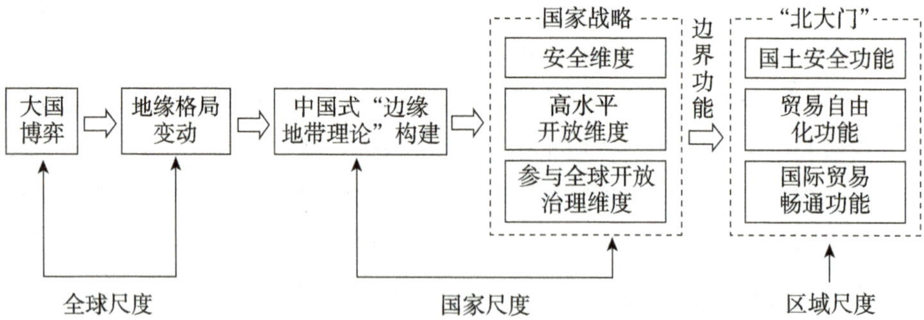

图 1 “北大门”战略赋予的系统功能架构

图片来源：作者自绘

（二）基于国家战略安全维度定义“北大门”的国土安全功能

国家战略安全是安邦定国的重要基石。国家战略安全包括了人、环境、生态、气候、能源、文化、科技、信息等不同安全主体、不同安全领域、不同安全范围、不同安全问题（刘跃进，2021），国土安全则是国家战略安全的根本。国土安全强调国家领空、领海、领土的完整性和安全性（余飞，2014）。中国陆地边境线长达2.28万千米，沿线覆盖9个省（区）并与14个国家接壤，是我国开发开放的前沿地区。历史遗留的领土争端长期化、复杂化，中国的领土主权、国土安全与地缘战略利益受到侵蚀。面向未来的中国国土安全和地缘战略，应该统筹发展与安全，强化地缘战略运筹，有效维护国土安全，主动塑造周边环境（陈向阳，2021）。

黑龙江肩负重要的国土安全的战略职责，源自守好祖国“北大门”的国家安全战略。中俄两国边境线达到3800多千米，成为中国对俄边境线最长的省份；中俄界江长度2723千米，包括黑龙江、乌苏里江，兴凯湖等河流，是全国国境界河最长的省份，也是唯一能够贯通中俄江河湖海航道江海与陆铁并联联运的省份，特别是黑龙江省是全国唯一的国家铁路网络与俄罗斯西伯利亚大铁路贯通的省份。作为国家战略安全的“北大门”，习近平总书记指出，黑龙江地处我国最北最东，肩负着保障国家国防安全、粮食安全、生态安全、能源安全的重大责任，战略地位十分重要。黑龙江需要主动承担使命，把握国家战略安全工作的主动权，明确国家战略安全工作着力点，建立安全国门、安全边境线、安全跨境合作腹地，进而构筑其维护国家治理安全具有战略安全主动权的祖国“北大门”。

（三）基于国家实施高水平制度开放维度定义“北大门”的贸易自由化功能

俄乌冲突进一步影响多边国际贸易体制演化。美国试图通过“以我划线”

的贸易价值观裹挟 WTO[①]，孤立俄罗斯及发展中国家（易小准等，2022），全球化和自由贸易化将进一步受限（倪峰，2022）。区域贸易自由化被认为是有效消解贸易保护主义、单边主义的有力手段。区域自由贸易可以改善成员国间的资源配置效率，通过集聚效应、竞争效应和创新效应促进经济增长（崔庆波，2021），进而抵消贸易保护主义对全球经济增长的抑制作用。2022 年年初，《区域全面经济伙伴关系协定》（RCEP）正式生效。东盟十国、中日韩三国与澳大利亚、新西兰合力打造世界上参与人口最多、成员结构最多元、发展潜力最大的自贸区，标志着亚洲区域合作在全球复苏进程中领衔全球多边主义和贸易自由主义（王文，2022）。同时，中国已申请加入全面与进步跨太平洋伙伴关系协定（CPTPP）、数字经济伙伴关系协定（DEPA），建立了中国—东盟自贸区、中澳自由贸易区、中韩自由贸易区，构建面向全球的高标准自由贸易区网络。

高水平制度型开放是建构坚固祖国“北大门”的战略安全支撑，中国对北开放的祖国“北大门”具有贸易自由化的多边经济合作属性。作为中国最北的贸易开放区，中国（黑龙江）自贸试验区承载着对俄加工、出口、商贸、物流、会展、旅游等多种功能，接续祖国“北大门”制度创新红利释放。建构中国对北开放的祖国“北大门”就是要依托自贸区灵活机制、试错容错机制，在“清单”制度 + 国民待遇的模式下，以平等包容的方式将产业链、供应链、创新链对外延伸俄罗斯资源能源出口新市场，围绕俄罗斯粮食、能源、农产品、海产品、木材等进口优势，推动中俄贸易合作嵌入、融入国内大循环，不断满足国内日益增长的市场需求，在高水平促进国内国际双循环中，体现新时代祖国“北大门”在容纳、吸收、适配全球化创新资源的能力与水平。

---

① WTO：World Trade Organization，一般指世界贸易组织，简称世贸组织（WTO）。

（四）基于国家参与全球开放治理维度定义“北大门”的国际贸易畅通功能

在俄乌冲突下，东西各方制裁与反制裁激烈博弈，全球面临的产品供应型危机、运输困境和港口堵塞型危机相互叠加的复合型危机进一步加剧（张运成，2022），不断提升中国参与全球产业链的贸易壁垒、绿色壁垒和供应链安全风险（陶涛，2022）。因此，有必要在统筹发展与安全的前提下，开辟形成多种国际通道组织方式新备份，以确保进一步国际贸易通道畅通，保障国家对外开放能力稳定性，制度化地规避极端冲突导致的国际经济风险向国内溢出与被动的叠加发酵。

近年来，“一带一路”倡议不断深耕细作，我国陆海贸易通道联动发展战略安全性不断显现，中国开放大通道建设有效地促进了产业链供应链安全通畅稳定。黑龙江作为中国“一带一路”倡议实施向北开放的重要窗口，拥有中欧（俄）班列、黑河、同江、绥芬河及滨海一号等铁路、公路、水运等陆海内外联动、东西南北贯通的国际贸易通道能力，具有优势的通道，包括如哈尔滨（铁路）—绥芬河（铁路过境）—符拉迪沃斯托克（海运）—东北亚（日、韩等）（滨海 1 号）、哈尔滨—黑河（水运、陆运）—布拉斯维申斯克通道以及俄气、俄油、俄电等资源能源通道。黑龙江作为我国沿边内陆地区跨境运输通道最为完善的地区，其辖区“陆海空管网”多元跨境运输通道，有能力推进中国东北方向“一带一路”的战略深化，目前已经成为中国“北大门”国际贸易畅通的重要部分与持续增长的新潜力空间。

总而言之，应对欧亚地缘政治格局突变，中国对北开放的祖国“北大门”的战略赋能极端重要，需要国家顶层设计、部门规划引导、区域协调联动，在维护国土安全、贸易自由化、物流通道畅通上进行制度创新、政策优惠、利益共享、持续发展等方面进行具有历史主动意义的尝试。

二、中国对外开放“北大门”战略能级提升路径Ⅰ：安全国门建构

（一）履行“五大安全”职责，守好“北大门”的战略任务

积极对接国家“一带一路”倡议，加速建构畅通祖国对外开放“北大门”的新体制。守好祖国“北大门”，是党中央赋予黑龙江的重大使命和政治责任。要切实承担好国防安全、粮食安全、生态安全、能源安全、产业安全的政治责任，把安全发展贯穿发展各领域和全过程。扎实开展兴边富民行动，着力推进边境地区繁荣发展。加强边境铁路等基础设施建设，加大力度吸引人流、物流、资金流向边境地区汇聚。坚持绿水青山是金山银山，冰天雪地也是金山银山，打好黑龙江东北亚生态资本合作一体化这个品牌，积极探索绿色低碳循环发展新模式，强化生态环境保护，发展优势特色产业；促进产业链供应链安全，突出数字经济、生物经济、冰雪经济和创意设计产业四个新经济板块，推进先进制造、能源材料、生物医药、食品加工和信息智能等产业集群化发展，提升工业、农业、服务业的区域核心竞争力。通过建好门内经济、吸引门外经济，使得祖国对北开放“北大门”在东北亚区域呈现出商机无限发展的新态势。

（二）建设安全友好的中俄边境线，守好“北大门”的战略思考

将维护黑龙江作为边境地区社会稳定、经济发展、生态可持续作为守好“北大门”的重大问题。进一步提升在对外开放、兴边富民、边境贸易、民族特色产品等领域的发展空间，把黑龙江中俄边境区域建设成为沿边发展的示范区。建立完善护边员制度，加强护边员公益性岗位开发力度，完善边民补偿与补助机制。深入实施兴边富民行动，整合黑龙江沿边口岸特色城市、少数民族型聚集区等具有一定市场竞争优势、辐射带动性强、市场需求大的特

色产业，不断增加边民收入。健全强边固边工作机制，不断巩固边疆作为稳定国家安全的屏障（曲永平，2021）。统筹协调国土、规划、生态环保等部门，建立界江沿岸国土防护和生态环境保护综合协调机制，加强国境界江的保护和统一监管。

（三）建构上不封顶的中俄安全合作腹地的战略构想

稳步推进中俄在农业、制造业、科技、资源能源、贸易通道、市场、人才等全方位战略合作。中俄合作战略不封顶、战略合作不设禁区。建设中外跨境园区良性互动“一带一路”的新战略支点，支持在俄罗斯建设境外农业合作示范区，扩展全产业链对俄农业合作。加大招商引资力度，打造跨境产业链和产业聚集带。对标先进、突出高端合作，充分发挥两国经济的互补性和地缘优势，加强同俄罗斯在技术成熟的装备制造领域开展投资合作。畅通江海联运大通道，打造铁港、陆港、空港和江海四大联运通道，形成江海联运陆海空互动产业双循环产生口岸辐射经济；形成中俄区域要素一体化自由流动新机制，建立农业、制造业、科技、资源能源、贸易通道、市场、人才等全方位一体化的共建、共享、互认、互通创新政策，实现要素自由流动与高效配置。

三、中国对外开放“北大门”战略能级提升路径Ⅱ：开放枢纽站自由贸易节点空间网络化

（一）运用以哈尔滨新区为代表的东北地区国际都市以及区域中心城市和城镇群支撑对俄开放战略高地

高质量发展哈尔滨新区，以“深哈合作”为契机，发展飞地经济。提升哈尔滨区域国际中心城市的战略地位和区域发展的龙头地位，合理有序地扩大城市规模，提高经济和人口承载能力。优化哈尔滨与省内其他城市之间的分工关系，打造集中体现区域竞争力的都市圈核心区，打造引领全省发展的

增长极、东北亚开放的先导区和对俄合作中心、世界冰雪文化旅游名城。

推动大庆、绥化、佳木斯等中心城市和城镇群发展自贸区协同先导区。充分发挥大庆、绥化、佳木斯等中心城市的核心带动作用，支持大庆、绥化等区域中心城市和城镇群升级复制自贸区政策，建立中国（黑龙江）自由贸易区协同发展区，与哈尔滨、黑河、绥芬河三个自贸片区实现功能互补、优势互补、创新联动，把协同先导区打造成为全省制度创新的协同区、对俄跨境内外联动产业协同发展的联动区、区域可复制可推广自贸试验区经验的先行区。

（二）运用中国（黑龙江）自由贸易区以及自贸片区开放网络承接区域自贸协定与跨太平洋合作伙伴协定的分工协作产业

高标准对标发达地区自贸区经验，加快形成黑龙江自贸区高水平开放格局。将中国（黑龙江）自贸试验区主动服务和融入国家重大对外开放战略，主动承担国家在参与 CPTPP①、DEPA② 等贸易协定的责任与分工，以制度创新为核心，以打造国际化、便利化、法治化营商环境为重点，充分发挥三个片区差异化功能定位，整合发展资源、叠加政策优惠，优化政府服务、营造产业生态，建构有利于提升行业影响力、增强市场核心竞争力。加强各自贸片区与 RCEP 成员国政策、规则、标准对接和服务贸易合作，在研发、管理咨询、制造业相关服务、航运等 RCEP 新增服务贸易部门方面先行先试，进一步释放 RCEP 制度红利推动先导区开放升级。

加强国家、先进地区自贸区创新政策的经验组织学习和复制落地，最大限度地为市场主体创新赋能。以负面清单制度创新巩固优势领域、发展新动力，以试错容错办法释放新兴产业领域、培育壮大新业态新模式领域开放发展新动能，以国际化便利化法治化思维方式壮大产业集群能级，提升产业链

① CPTPP：Comprehensive and Progressive Agreement for Trans - Pacific Partnership，一般指全面与进步跨太平洋伙伴关系协定，简称 CPTPP。

② DEPA：Digital Economy Partnership Agreement，一般指数字经济伙伴关系协定。

条水平，打造具有域外要素资本技术向龙江集聚的自贸区创新高地。

（三）深化龙粤开放合作示范合作，共同打造粤港澳大湾区与东北亚自由贸易协同创新先导区

对标粤港澳大湾区的先进经验，建设协同创新先导区。梳理、吸收推广粤港澳大湾区等先进地区的成熟经验、制度成果和政策优惠，推进建设粤港澳大湾区与东北亚自由贸易协同创新先导区，在政务、贸易、投资、金融、产业等方面制度有效对接、模式推广、优惠政策兑现，与粤港澳大湾区创新联动、优势合作、功能互补，把中国（黑龙江）自贸试验区打造成为东北亚自由贸易制度创新的协同区、跨境内外联动产业协同发展的联动区、区域可复制可推广自贸试验区经验的先行区。

依托对口合作机制，促进广东与黑龙江产业对接，承接加工贸易向东北地区的梯度转移。进一步强化龙粤在先进制造业、现代农业、旅游业、开放等领域合作和多层次交流交往，以“飞地经济”推动实现中国（黑龙江）自贸试验区与发达地区在政策、创新、要素等跨区域重构，推动各片区形成2～3个特色产业集群，以突破“卡脖子”技术、提高创新成果转化为重点，加大片区招商引资力度，打造区域性产业集聚地。在依法放权、按需放权、应放尽放省级行政审批权，特别是在上级放得下权力、基层接得住责任，更好履职尽责等方面有新突破、释放制度红利，为加速全面、全方位振兴进程，为实现更全方位高水平开放创新提供坚强的制度化支撑。

（四）依托对俄边境口岸建设内外联动的龙江外向型经济开放产业带

找准在国家大开放“路线图”中的坐标定位，逐项制定向俄罗斯及东北亚开放的重要桥头堡和枢纽站工作的“施工图”。融入并依托“一带一路”建设，拓宽开放领域，形成经济发展的新动力。瞄准俄罗斯的贸易需求、产业升级需求、农业安全需求，谋求在对外开放、制造业升级、农产品市场的双向合作。依托绥芬河与符拉迪沃斯托克的地理优势，加强对进口木材、中

药材、海产品的加工转化能力；依托黑河扩大能源、电力进口项目东地，构建对俄口岸城市外向型产业集聚。提升对俄沿线边境城市、小城镇的规模和实力，探索疫情管控与中俄双方人员流动、产品流动、边境旅游合作的协同机制。

依托黑龙江沿边口岸建设，积极打造对俄开放合作前沿桥头堡。进一步强化核心功能，提升服务能级，以优质产品为切入点，不断深化中俄贸易、技术、文化等各方面合作交流，加快制度创新步伐，提高园区土地利用率和国有资产利用率，引导各类市场主体和发展要素向边境口岸集聚流动，全面打造对俄合作发展新优势。对标世界一流标准，调整发展规划，全面梳理边境口岸各类资产资源，加快推进现有项目建设进度，努力推动边境口岸建设发展再上新台阶。

（五）建立中俄远东地区新的世界粮仓基地

俄罗斯拥有全球近1/3的黑土带，尤其是远东地区，尚有1200万公顷未开发农业用土地。该地区粮食产量只占俄罗斯粮食总产量的1%，具有扩种我国紧缺大豆和玉米的巨大潜力。黑龙江作为国家进口俄粮、合作跨境种俄粮的开放前沿，农业产业优势较为突出。在俄跨境农业开发种植面积已达860.4万亩，且呈现增长趋势，其中大豆种植面积占总面积的62.2%，玉米约占总面积的18.9%；2020年进口大豆61万吨，占粮食回运总额的84.7%。同时，进口经济作物呈现多元化特征，优质小麦、饲草、药草等进口量逐年增多。从黑龙江自身农业发展来看，粮食综合生产能力已达1200亿斤以上，粮食总产量、增量、商品粮、调出量均居全国第一位。粮食总产连续9年居全国首位，绿色、有机食品认证面积8120万亩，也居全国首位。从短期看，可通过配合进口配额和进口关税等手段，积极开拓与友好国家农产品国际贸易，保障我国主要农产品进口来源地稳定。从长期看，要根据国际形势变化优化农产品贸易格局，积极挖掘“一带一路”沿线国家粮食产业发展潜力，实施农产品进口多元化战略。

俄粮进口可推动黑龙江粮食产品精深加工、农产品精深加工体系嵌入国家内需大循环。黑龙江拥有良好的粮食基础，能为国家级粮食精加工企业提供充分的原材料保障。引入国家有竞争优势的农业企业，大幅加强农业技术、食品产业技术等大农业、大健康科学技术，提高黑龙江粮农竞争力。整合农产品加工产业，发展精加工产业，通过整合粮食加工资源，立足丰富粮源和绿色生态独特优势，着重发挥粮食长期品牌效应。以食品和农副产品精深加工发展为第一支柱产业，构建现代粮食产业体系，发挥粮食精深加工业发展引擎作用，推动粮食产业加快转变发展方式和转型升级，不断拓展面向中俄远东地方，建立新的世界粮仓基地。

（六）强化中俄科技、教育、文化、人才、青年等深度合作基地建设

探索建立中俄间政府、部门、大学和科学机构的深度合作机制。就双方在科技、教育、文化、人才、青年培养等方面开展创新性合作举措，加强中俄科研院所在基础性科学领域的共同合作、青年人才共同培养和规划。加强中俄企业间合作，为企业科技研发、成果转化、人才培养提供服务。完善政府间的沟通机制，推进黑龙江省与俄罗斯远东地区各层级管理部门对接机制，建立多层次、多领域的尝试合作基地。

聚焦中俄高端前沿科技领域合作发展。在机器人及智能装备、航天装备、清洁能源装备、农机、节能环保装备等重点领域，资助两国科研机构、高校、企业及创新机制在双方商定的科技优先发展领域的合作项目，加强前沿性、原创性联合研究，加强双方在“大科学”装置方面的协调与合作。打通哈工大、哈工程等高校与俄罗斯莫斯科国立大学、圣彼得堡大学等在人工智能、新材料、光子和量子技术科学前科学科的互通交流。努力建设前沿科学的研发中心、产业集聚中心、人才培养中心，衍生出更多新的产品和产业，促进更多上下游企业来省发展。

四、中国对外开放“北大门”战略能级提升路径Ⅲ：国际大通道畅通的制度化嵌入与融合

（一）扩大油气管道安全稳定运行

促进跨地区对话，增强互信，扩大中俄油气能源管道的联通性。依托中俄原油管道年进口 3000 万吨、天然气 50 亿立方米进口的存量优势，不断扩大油气管道安全稳定运行，兼顾短期风险与长期风险应对，抵消俄乌冲突爆发带来的天然气与石油价格飙升、进口短缺、运输物流成本提高的能源安全风险，为国内提供多元化的能源通道运输来源保障。

（二）开通电力空中接入

扩大中俄两国政府能源领域合作项目，不断推进中俄两国电力能源深层次合作。适度超前建设城区配电网，构建跨境智能电网，提高俄电进入能力和新能源消纳与电能存储能力，探索形成以配电网为支撑平台、多种能源优化互补的综合能源供应体系。完善能源产供储销体系，加快落实电能替代工程，建设智慧能源系统、智慧能源基础设施。

（三）推动滨海一号国际物流通道畅通运行

充分利用中俄已形成的公路、铁路、航空、海运等多层级运输通道优势，不断推动滨海一号国际物流通道运行，为中国国际大通道嵌入与融合提供支撑。充分利用已有口岸和物流仓储基地，探索疫情常态化要求下沿边口岸通关能力创新机制，推进内贸货物跨境运输常态化和跨境贸易产品多样化。

（四）加速中俄同江铁路大桥和黑河公路大桥投入运营

将公铁大桥经贸圈建成东北地区和俄罗斯经济合作的新平台。利用中

俄同江铁路大桥和黑河公路大桥经济圈，开展多层次、多方式的商贸服务，在进出口加工业，中转保税、仓储物流、国际金融等方面进行深度合作，实现多种要素资源的优化配置。确保黑河口岸能够第一时间启用，确保防疫安全、确保物流畅通，实施新时代沿边开放行动，用足用好自贸区保税区政策，促进跨境基础设施互联互通，积极发展进出口加工业，打造上下游衔接联动的跨境资源、能源产业基地，深度融入国家“一带一路”建设，打造黑龙江成为面向俄远东、进军东北亚、辐射欧美非的中国向北开放重要窗口。

（五）促进中欧（俄）班列常态化可持续性商业运营

增强班列市场揽货能力。向上争取我省中欧班列铁路线路配额指标和铁路敞顶箱项目。推动平台公司加强与国内各目的地场站公司、大型物流分拨企业及航运物流等企业合作，增强集货能力。减轻外来货运车辆负担，探索运输货车通行费优惠政策。

提升服务水平。落实中欧班列国家扶持补贴政策，提升绥芬河、满洲里口岸通关服务水平。发展仓储保税物流，提供仓单质押、绿色通关、保税物流及分销服务。积极引入铁路宽标轨，探索与境外物流园区合作新模式，推广中欧班列全程保险服务和电子防盗锁应用。

（六）探索拓展北极航道的冰上丝绸之路新通道

以科研合作为基础贡献北极地区共同治理的中国智慧和力量。依托省内高校、科研院所以科技、环境等跨国研究合作为先导，持续参与北极地区共同治理工作，改变北极国家对中国的敏感、怀疑和审慎态度。不断发挥中国的经济与科技优势，树立良好、负责的国际形象，为共建“冰上丝绸之路”提供坚实的研究基础，构建中国“北极利益攸关者”身份。

积极参与俄方“冰上丝绸之路”项目投资建设。发挥黑龙江交投、建投、新产业投资集团等国有资本力量，开展与俄罗斯在北极港口、北极地区铁路、通信网络、资源能源开发利用的广泛合作，成为俄方开发北极地区的优先合作伙伴。

参考文献

［1］胡志丁，王学文. 大国地缘战略交汇区的时空演变：特征、规律及其原因［J］. 热带地理，2019，39（6）：11.

［2］易小准，李晓，盛斌，等. 俄乌冲突对国际经贸格局的影响［J］. 国际经济评论，2022（3）：30.

［3］王礼茂，牟初夫，陆大道. 地缘政治演变驱动力变化与地缘政治学研究新趋势［J］. 地理研究，2016，35（1）：3-13.

［4］胡志丁，杜德斌. 日本德川幕府时期的地缘环境分析——兼论国别地缘环境分析框架［J］. 地理学报，2020，75（10）：14.

［5］胡志丁，葛岳静，杜德斌，刘玉立. 走向伟大复兴的中国地缘战略：国家周边论［J］. 世界地理研究，2021，30（3）：443-453.

［6］倪峰，达巍，冯仲平，等. 俄乌冲突对国际政治格局的影响［J］. 国际经济评论，2022（3）：32.

［7］秦立志. 陆海复合型国家战略转型的动力机制——兼论对中国的启示［J］. 太平洋学报，2019，27（2）：12.

［8］刘跃进. 安全领域"传统""非传统"相关概念与理论辨析［J］. 学术论坛，2021，044（001）：27-48.

［9］余飞. "国土安全"是国家安全基础中的基础［N］. 法制日报，2014-04-26（4）.

［10］陈向阳. 维护中国国土安全与地缘战略利益的三个关键词［J］. 江南社会学院学报，2021，23（1）：5.

［11］崔庆波. 新一轮贸易保护主义与中国区域贸易自由化策略［J］. 上海对外经贸大学学报，2021，28（4）：15.

［12］张运成. 俄乌冲突加速世界经济格局之变［N］. 光明日报，2022-04-25（12）.

［13］陶涛. 全球产业链重塑的新动向［J］. 学术前沿，2022（7）：7.

［14］曲永平. “十四五”期间黑龙江实现新突破的五大要点［J］. 中国经贸导刊，2021（13）：2.

［15］马腾，李永宁，李一杰，等. 北极地缘环境解析与中国的应对之策［J］. 热带地理，2021.

吉林省沿边民族地区乡村振兴对策研究

苑海龙　蒲　娇*

摘　要：吉林省是多民族的省份，生活着汉、朝、满、蒙、回、锡伯等少数民族，少数民族人口为2087614人，约占全省总人数的8.67%。全省共4个民族自治地区，吉林省沿边民族地区与俄罗斯、朝鲜接壤，与日本、韩国地理位置相近，是典型的沿边近海省份。经过三十余年的发展，吉林省沿边地区根据习近平总书记关于“吉林省要积极参与共建‘一带一路’，打造好我国向北开放的重要窗口和东北亚地区合作中心枢纽”的讲话精神，积极参与乡村振兴和对外开放。近年来，由于受诸多因素影响，吉林沿边民族地区呈现技术人才大量外流、老龄化人口增加、空心化空城化加重、乡村产业未形成规模、基层组织与文化建设亟待加强等问题。本研究从边境民族地区迁徙演变、乡村发展制约因素为切点，就边疆民族地区文化教育、社会组织、社会治理等相关问题进行回应，从吉林省民族地区绿色产业集群以及与东北亚国家加大密切合作，为吉林省的沿边开放与乡村振兴提供有力支持。

关键词：吉林；沿边民族地区；乡村振兴；对策研究

---

* 作者简介：苑海龙，天津，天津城乡融合发展研究中心副教授，吉林外国语大学硕士生导师，研究方向为东北亚经济与文化；蒲娇，天津，天津大学副教授，硕士生导师，中国传统村落保护与发展研究中心副主任，研究方向为传统村落、文化遗产。

一、吉林省沿边民族地区少数民族概述

（一）吉林省沿边民族地区少数民族形成

吉林省是多民族的省份，生活着汉、朝、满、蒙、回、锡伯等少数民族，少数民族人口约为208万人，占全省总人数的8.67%。吉林省既是满族文化的发祥地，也是中国朝鲜族最大的聚居地，吉林省边境地区包括通化市、白山市、延边朝鲜族自治州，有10个边境县（市、区）、45个边境乡（镇、街道）、14个边境口岸，边境线总长1438.7千米。边境县（市、区）少数民族人口约为49.5万人，约占边境总人口的22.7%。吉林省边境地区既是少数民族聚居区，又是我国向北开放的窗口和沿边近海省份。在沿边民族地区的主要民族中，吉林省满族是世居民族，朝鲜族属于外迁民族。

早在奴隶制社会时期，满族的先民就在吉林沿边地区生活定居。明朝时期，海西女真在吉林省建立哈达、乌拉、叶赫、辉发四部。明朝后期，努尔哈赤统一了建州八部，形成八旗制度。随着后金政权的建立，除却一部分留守的满族军民外，其余各部跟随皇太极南下。清朝建立后，由于吉林省被视为皇室的龙兴之地，清政府对于吉林省加强管理，实行了全面“封禁”政策，八旗官兵驻防吉林沿边地区，满族成了沿边地区少数民族主要群体。近代以来，吉林边疆地区满族同胞与各族群众一道为保卫国家领土完整，反对帝国主义侵略做出了贡献。新中国成立后，吉林省边疆地区相继建立珲春三家子满族乡、珲春杨泡满族乡、通化小杨满族朝鲜族乡、通化大泉源满族朝鲜族乡、通化金斗朝鲜族满族乡等民族自治政府。民族文化得到保护与发展，长白山森林号子、长白山采参习俗、满族剪纸、长白山满族枕头顶刺绣等优秀传统文化被列入非物质文化遗产名录，满族同胞在党的领导下，积极参加社会主义建设、改革开放和乡村振兴，为边疆地区稳定的经济发展献出了宝贵的力量。

吉林沿边地区朝鲜族形成于19世纪末期，当时朝鲜半岛出现饥荒与战乱，导致大批朝鲜边民越过图们江、鸭绿江到中国境内谋生，早期朝鲜边民日出而耕，日落而归，后期朝鲜边民扶老携幼逐渐定居于吉林省沿边乡村地区。第二次移民高潮是在日本侵略朝鲜半岛期间，1908 年，延边朝鲜移民人口只有 8.9 万人，朝鲜半岛“三一独立”运动后，朝鲜半岛的大批知识分子、爱国人士流亡中国。延边、通化、白山朝鲜半岛移民主要来自朝鲜北部的咸镜道、慈江道、两江道，部分来自朝鲜半岛南部的京畿道、庆尚道、釜山等地区。① 20 世纪二三十年代，大量朝鲜移民加入中国国籍。同时，朝鲜族同胞与东北各族人民一道反对日本帝国主义，部分朝鲜族革命青年积极参加抗日战争和解放战争，献出了宝贵生命，他们为争取民族独立和解放做出了贡献。1952 年，经国务院批准，吉林省成立延边朝鲜族自治州，1958 年，批准设立长白朝鲜族自治县。吉林省沿边地区朝鲜族文化艺术灿烂多彩，朝鲜族洞箫音乐、朝鲜族服饰、农乐舞、长鼓舞、朝鲜族鹤舞等入选国家非物质文化遗产。朝鲜族重视教育，是中国接受教育率较高的民族之一，20 世纪 90 年代后朝鲜族多以出国劳务为主，劳务输出已成为延边经济增长的重要支柱产业，成为增加居民收入的主要因素。

（二）吉林省沿边民族地区人口流失的历程

新中国成立后，国家大力发展经济建设，部分吉林省沿边地区少数民族同胞随家属迁徙至省内城市或其他地区。部分沿边地区朝鲜族群众在朝鲜政府“千里马”政策的动员下和中国政府支援朝鲜战后重建友好关系的支持下，迁回朝鲜从事工农业生产，仅在 1959 年，吉林等四省共迁出朝鲜族和朝侨 10297 户，共计 52014 人。

20 世纪 70 年代末至 80 年代初，我国实行对外开放政策，对日经贸活动频繁，同时韩国政府也积极改善对华交往政策。在这一背景下，1984 年，延边、通化等地部分朝鲜族老人尝试寻找在韩亲人，但所开展的寻亲活动数量并不多。1992 年，中韩两国正式建交。因为同属一个民族，语言、文化，生

① 孙春日．中国朝鲜族移民史［M］．北京：中华书局，2009.

活习惯相通，加之当时韩国经济迅速发展，高额的工资待遇，缺乏低廉的劳动力，导致这一时期吉林省沿边民族地区乡村朝鲜族群众纷纷涌入韩国打工，以普通劳动力为主，主要从事家政、建筑、餐饮等服务性行业。20 世纪 90 年代，吉林省沿边民族地区其他民族群众也加入赴韩打工的浪潮。2000 年后，赴韩劳动力发生改变，主要变为高等人才赴韩工作，多以中国内地朝鲜族大学生为主。同上一辈相比，此群体既拥有熟练的汉语基础，也具备母语朝鲜语的优势，多数从事旅游、中韩贸易等工作。据 2020 年统计，在韩中国朝鲜族人口已到达 70.8 万人。①

20 世纪 90 年代，受日本劳动力老龄化和对俄“倒爷经济”等社会现象的影响，吉林沿边地区少数民族乡村居民赴日本和俄罗斯务工较多，由于地理位置和吉林省沿边民族地区城镇经济发展滞后等原因，沿边民族地区农村富余劳动力赴日本和俄罗斯劳务成为趋势，特别是吉林沿边民族乡村地区居民因擅于种植水稻而广受日本农业企业与农场主青睐，对从事农业生产的劳动力需求增大。20 纪 80 年代后期，苏联经济出现了一系列的问题，导致了社会动荡。1989 年，我国与苏联的关系全面正常化。但仅在两年以后，苏联正式解体，分裂为 15 个国家，致使 20 世纪 90 年代初期的俄罗斯国内商品异常匮乏。由于俄罗斯市场利润丰厚，大量中国“倒爷”陆续“试水”俄罗斯市场，从事食品、药品、服装、电子产品等贸易往来，吉林省沿边地区部分村民也加入这一行列，具备地理优势的吉林省沿边地区村民也成了“倒爷经济”的重要群体。20 世纪 90 年代末，俄罗斯政府提出“开发远东”的战略，赴俄罗斯从事土地开垦的吉林省沿边地区村民逐步增多，劳务经济在一定程度上促进了当地经济的发展，但也损失了优秀的本地生产劳动力。

2000 年以后，随着内地沿海城市经济快速发展，外资企业增多，受到本地经济衰退、就业率等问题影响，沿边地区乡村少数民族群众将沿海地区和南方经济发达省份，作为就业、创业的首选地区。这一时期，吉林边疆民族乡村地区务工人群以年轻群体为主，而且普遍接受过中高等教育，思维观点

① 亚洲日报．韩国常居朝鲜族人口突破 70 万 [N]．2021 - 01 - 20.

与父辈不同，这一群体喜欢接受新鲜事物，工作形式也摆脱了传统服务业或建筑业，职业形态多元化，更倾向于留在国内工作。

二、吉林沿边民族地区乡村发展存在的问题

（一）吉林沿边民族地区乡村人口出现老龄化、生育率低

由于朝鲜族、满族教育程度较高，在中国少数民族中，是最先实行计划生育的民族之一，同时晚婚晚育现象普遍。从 1996 年到 2010 年已经连续 15 年出现人口负增长。朝鲜族呈竖形流失，年轻者除到韩国打工外，大部分都在国内沿海或经济发达地区生活定居。老龄化程度就此显现，呈现“两宽一窄”的趋势，即老人儿童多，青壮年越来越少。据有关数据显示，2011 年延边朝鲜族人口为 79.8 万人，而在 2020 年，延边朝鲜族人口降为 73.03 万人，人口减少了 6.83 万人。其中延边朝鲜族老年人（60 岁以上）占比 40%，大量朝鲜族老人都是独身生活，空巢化现象严重。另外，朝鲜族儿童的教育抚养方面存在大量问题，甚至出现一位留守老人同时照顾三个孙辈的现象。

（二）沿边民族地区村镇已出现“空城化”“无人村”

沿边地区民族村镇人口的流失，不仅造成了人口老龄化现象的加剧，也改变了传统居民的人员构成。20 世纪 90 年代，赴韩打工群体主要是延边地区的农民或者城市失业者等青壮年劳动力，导致朝鲜族镇乡、村屯人口急剧下降，民族学校合并或是撤销，土地荒置或租给汉族村民耕种，许多朝鲜族老人已搬离村庄到城镇居住。笔者在调研延边地区的珲春、安图、长白县和通化等朝鲜族、满族村落时发现，在一个不足十户人家的村庄中，部分已没有朝鲜族、满族村民生活，昔日以民族冠名的村、屯已名不符实。

（三）沿边民族地区民族婚姻观念改变

最近 20 年，吉林省沿边民族地区青年普遍接受高等教育，他们出国工作

或到内地发达城市就业，传统民族通婚观念逐步减弱，择偶观念发生改变。特别是与其他民族通婚、跨国婚姻现象日益凸显。婚姻观的改变，在一定程度上也造成了沿边地区少数民族人口的减少。

（四）乡村社会组织急需建设

最近几年，由于经济不景气、营商环境不佳，导致东北三省整体都出现了人口外流，沿边民族地区更为明显。一方面，人口大量外流，导致村一级社会组织出现了干部老龄化、工作人员流动化等问题。通过对吉林省部分民族乡村调查时发现，个别村委员会干部平均年龄为54岁，妇女主任平均年龄为55岁，村党组织不能及时增添新的力量，常常出现干部梯队青黄不接现象。甚至部分民族村召开村民代表大会时，出席人数达不到选举要求。另一方面，年轻村干部流动率较大，通过调查，部分从城市来到农村工作的大学生村干部，对沿边地区农村生活不习惯，对民族文化习俗不了解，尽快跳槽或调走的意向较为突出。

（五）沿边民族地区物价提升较大

20世纪90年代沿边民族地区大量朝鲜的海外劳务输出，在一定程度上提高了当地的经济发展，同时带动了居民的生活水平，国际劳务合作一度成为东北经济发展的重要推力。例如，吉林延边朝鲜族自治州经过30年的大规模“海外劳务经济”，成为吉林省最大的出国劳务地区。国际商品源源不断地涌入延边地区，当地消费水平不断增长，第三产业迅猛发展，旅游业规模提升较快，国内游客一度将延吉市称为“中国小首尔”，跨境旅游成为吉林省沿边地区重要的旅游产品。与此同时，海外劳务高收入和旅游城市的创建，导致本地消费价格也在持续上升。延边地区，2019年全年居民消费价格比上年上涨2.6%，其中，食品烟酒类上涨6.3%，医疗保健类上涨3.1%，衣着类、居住类均上涨1.9%。工业生产者出厂价格上涨2.6%，工业生产者购进价格下降 1.3%，商品零售价格上涨 2.1%。①

（六）农业生产力和劳动力急剧下降

在经济发展的同时，相关问题也开始显现。一是农业人口大量流失，曾以传统丰富水稻种植经验闻名的朝鲜族农民数量大幅减少。二是沿边民族地区居民南下务工现象严重地削弱了沿边地区经济的发展，导致产业集群大量萎缩，经济增长速度缓慢。以延边朝鲜族自治州为例，由于延边地区人口外流及所产生的相关效应，导致从 2016 年开始地区生产总值发展较为缓慢，如图 1 所示。三是土地零散化严重，生态环境恶化。由于沿边民族地区农村人口逐渐减少，土地承包给外来人口，不能形成大规模种植，导致一部分土地荒废。另外，因闲置土地未能有效利用，无人监管、无人指导现象严重，粗犷的耕种方式、大量使用农药和化肥以及小型工业企业滥建，使农村生态环境恶化，传统农业经济迅速下降。

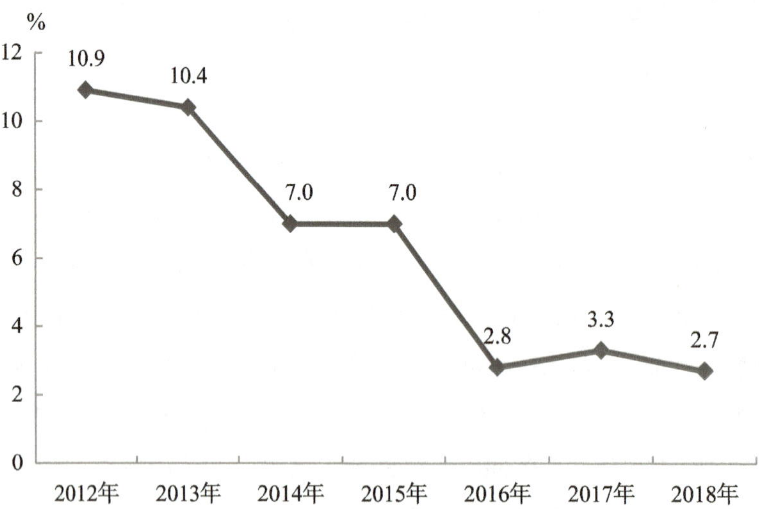

图 1　2012—2018 年延边地区生产总值增长速度

资料来源：延边朝鲜族自治州 2018 年国民经济和社会发展统计公报

① 延边朝鲜族自治州统计局，《延边朝鲜族自治州 2019 年国民经济和社会发展统计公报》。

（七）民族文化与教育缺乏内涵建设

新中国成立后，党和政府高度重视朝鲜族文化教育，吉林省各级民族教育文化机构相继建立，宋振庭、骆宾基、卢基舜、赵德贤等老一辈，从吉林边疆地区走出的科教文卫工作者将满腔热情奉献给了社会主义建设。南仁东、姜景山、郑德荣、郎景和为新时期中国的科学教育事业做出了贡献。

改革开放后，由于市场经济发展和对外合作增多，部分少数民族文化工作者选择经商或者到国外发展，导致优秀的少数文学作品、歌舞、唱剧等文艺表现形式数量较少，文化影响力减弱，特别是对年轻一代失去了吸引力与感召力。首先，由于沿边地区乡村人口大量外流，民族文化也随之削弱，文化受冲击现象严重。例如，沿边地区朝鲜族语言受韩国语言文化影响，部分传统朝鲜语词汇被首尔语意所取代，文化艺术作品创作也多受到日韩文化影响。相比较省内外其他城市而言，吉林省边疆民族地区满族语言及文化保护研究数量较少，满族乡镇较少开办满语文化班或其他文化活动。沿边地区的经济减速与人口流失也直接影响了民族乡村地区的教育问题。例如，各民族学校，少数民族儿童入学率减弱，导致沿边地区城市及县镇的民族学校也在迅速减少。其次，多数教学能力较高的民族教师选择到其他学校或到异地发展，导致优秀师资流失。再次，文化传承问题也出现了隔断，年轻一代少数民族同胞对于民族礼仪、习俗意识已经淡化。例如，边疆民族地区 70 岁以下的满族群众对本民族语言文字、风俗习惯的使用或传承已经消失殆尽。家庭内部朝鲜族民俗逐步淡化，仅能通过观光旅游、民俗表现形式得以展现。这样的结果必然造成经济属性凸显多，文化内涵越来越弱。

（八）对安全稳定的影响

人口流失，农村“空心化”现象对沿边地区的安全带来了极大的不稳定因素，特别是在人口较少的沿边城市和村落，危害人民生命与财产安全的案件呈上升趋势。同时，境外不法分子也有可乘之机，通过边境地区进行走私、贩毒、诈骗等非法活动。同时，边疆地区人口的过疏现象，也导致部分地域成为不法分子的藏身之所。仅在2018年，吉林省公安厅就在边境地区抓获11名韩籍逃犯。同时，境外极右翼团体也频频动作，搞出所谓的“间岛”问题、“长白山”问题。假借“宗教”名义，对边疆地区少数民族同胞施以金钱、签证和婚姻等方式的诱惑，宣传分裂思想，破坏我国社会的和谐稳定，破坏中华民族大团结。

（九）智力支持较为薄弱，未能充分调动各界力量

沿边民族地区位于祖国的边陲，由于受经济、交通等因素限制，20世纪80年代以前一直与国内发达省份交流较少，信息闭塞。20世纪80年代中期，中央统战部与民主党派和工商联中央开展“智力支边”活动，北京、上海、天津及吉林省内专家学者、原工商企业家曾到延边、通化、白山开展经济咨询、讲学讲座、技术指导、医疗义诊等活动，经济学家陶大镛、关梦觉，科技专家杨纪珂，医药专家汪殿华等学界泰斗纷纷为吉林省边疆经济发展助力。但是最近20年，由于多种因素影响，省内外社会各界、人民团体、科教文卫机构对吉林省沿边民族地区经济发展关注度不够，省内相关智库机构人员薄弱，管理体制僵化，未能有效调动各界力量为吉林省边疆献言献策。

三、吉林省沿边民族地区乡村振兴的对策

（一）筑牢中华民族共同体意识，客观辩证民族观和历史观

沿边地区少数民族同胞具有光荣的革命历史传统，具有高度的国家认同感和政治觉悟。20世纪八九十年代，由于受国外经济、文化、教育、宗教等方面的影响，导致部分少数民族群众特别是年轻群体，国家认同意识薄弱，历史观念混淆，民族小群体意识突出。特别是长期在国外就业、学习的青年，因不了解祖国的发展变化，容易受到国外右翼团体的蛊惑，这对于民族团结和实现中华民族的伟大复兴十分不利。因此，教育、宣传、文化等部门需不断加强少数民族青少年对国家认同的概念，切忌以民族认同与国家认同相对

立的视觉看待跨国流动。明确历史与现状，为民族团结多做贡献。同时，社会科学工作者要深度挖掘少数民族在东北、华北的革命历史，讲好红色故事，打造红色文化，以此激励后辈强烈的民族自尊心与社会自豪感。

（二）深入“向北开放”，带动沿边民族地区活力

党中央长期重视东北地区民族边疆经济发展，同时积极促进东北老工业基地振兴。2015 年，习近平总书记在视察延边时强调，全面小康一个也不能少，哪个少数民族也不能少，大家要过上全面小康的生活。2020 年 7 月，习近平总书记视察吉林时发表打造好我国向北开放的重要窗口和东北亚地区合作中心枢纽的重要讲话，为吉林省特别是边疆地区发展注入巨大动力。吉林边疆地区无论从地理位置、交通设施，还是社会发展等方面都可以成为东北亚地区的合作中心枢纽，“向北开放”能够带动吉林省边疆民族地区振兴发展，也能带动美丽乡村发展建设。吉林省边疆民族地区在深度融合“冰上丝绸之路”建设中，通过对接俄罗斯“远东开发”计划、韩国“新北方政策”、蒙古“发展之路”等政策，开展合作共赢，可利用珲春海洋经济发展示范区建设的大背景，加大与东北亚国家和地区经贸合作，促进东北亚地区的和平稳定发展。

（三）积极融入中韩（长春）国际合作示范区建设中，发展特色产业

2020 年 5 月，国务院批复成立中韩（长春）国际合作示范区。吉林省沿边民族地区朝鲜族同胞具备语言优势，同时具有丰富的对韩企业工作经验，尤其朝鲜族历来重视文化教育，新一代的朝鲜族青年已由父辈“打工赚外汇”变成利用知识与智慧实现自我价值。示范区建立后，吉林省沿边民族地区能够更好地与国际一流企业接轨，进一步打造良好的跨境贸易营商环境，大力打造沿边地区城乡基础设施承载能力。同时，积极吸引外商，提升对外开放格局。打造特色乡村绿色产业，提升吉林省沿边地区的核心竞争力。利用中韩（长春）国际合作示范区优势，进一步扩展海陆空三种联运方式，发挥口

岸优势，提升边境旅游实验区和东北亚国际物流区整体水平。继承和创新朝鲜族传统行业，加大力度培育特色产业，如扩宽稻谷、人参、鹿茸、香烟相关贸易。深化与韩国在医疗美容、安全食品、智能装备、影视文化、中草药加工、金融投资、跨境贸易、检验检测等领域的合作。同时，推进与京津冀协同发展等重大区域发展战略对接合作，吉林省边疆地区要与天津、青岛等城市优秀企业或者外资企业的交流合作，打造乡村绿色产业集群，使之成为全国边疆民族地区乡村建设的典型。

（四）加强吉林省沿边民族地区与环日本海沿线城市经济合作

1. 加强吉林省与日本友好城市经贸交流

2017 年 11 月 26 日，吉林省与日本鸟取县在长春签署了友好省县关系协议书。双方多年来持续保持良好合作关系，通过合作的不断深化，形成了你中有我、我中有你的良好局面，在新能源与智能联网汽车、航天科技等方面合作，取得了一定成效。2018 年 10 月 15 日，吉林省与日本岛根县正式缔结友好省县关系。自 1994 年签署友好交流备忘录以来，双方在官方往来、文化交流、人才培养等多领域开展交流合作。

2. 促进吉林省沿边民族地区对日经贸人才培养

吉林省内的部分大学开设日语专业，从招生规模来看本省市学生最多。依托高校外语教育，加强边疆地区对日人才输出，对日推广宣传吉林边疆地区的美景与美食。除吉林大学、东北师范大学以外，近年来吉林华侨外国语学院更名为吉林外国语大学，注重对周边国家语言的培养工作。开设“3 + 1”“2 + 2”“3 + 1 + 2”等对日交换留学项目，有助于对日人才的全面培养。

3. 积极引进日企投资智慧农业

吉林省是中国东北地区的原工业区之一，工业基础雄厚，产品资源丰富，有多家日本企业投资开发，双方合作取得了丰硕成果。2009 年 8 月，中华人民共和国国务院批复实施《中国图们江区域联合开发规划纲要》和“长吉图（指长春市、吉林市及图们江地区的一部分）开发开放先导区”开工建设。由此，吉林省经济社会发展进入新阶段，开辟了新时代吉林省与日本经贸合作拓展深化的新领域。日本是吉林省外商投资的主要来源地，如日本对东北地区制造业的投资占吉林省日本投资总量的70%以上。吉林省已成为日本新型能源车试点推广地之一。

4. 促进吉林沿边地区与日本文化创意产业协同发展

吉林省以“睦邻安边、安边富民、富民强省”为目标，打造“一带一路”吉林旅游版，加快推进图们江三角洲国际旅游合作区的开发建设，扩大沿边开放的力度。在落实国家“一带一路”发展战略的同时，构建“东延西拓，北联南发”的发展新格局。珲春、圈河等口岸以发展陆海联运形式扩大与韩国、日本旅游合作。

（五）留住现有人力资源，用最大的优惠吸引人才

吉林省沿边地区民族教育工作，经过70多年发展，教育体系完善，形成了特色高质量的人才培养机制。近10年，由于南北方经济发展差距较大，受到薪酬福利影响，吉林省沿边地区少数民族科技人才大多去往日本、韩国定居，一部分留在了中国沿海地区。究其原因，一是就业岗位数量少，无形中阻碍了外出求学人才的回乡之路，也迫使部分原住民远走他乡谋生。二是高层次人才引进政策尚未健全，导致对高端人才的吸引度不够。三是相关单位在薪酬、住房等基本保障方面落实不到位，迫使部分已就业人员流失。

（六）引导沿边民族地区的婚姻观，完善二孩相关福利

第一，时代在发展，传统的本民族内通婚的思想要打破，鼓励不同民族青年之间接触交往，成家立业；第二，沿边地区特别是乡村既要落实“二孩制度”，同时要进一步完善相关福利设施，如幼儿园、二孩津贴环节、相关医疗的政策；第三，积极引导少数民族和汉族群众，共同享受改革的红利。

（七）加大乡村福利保障建设，推进美丽乡村实现

沿边地区人口老龄化问题严重，加快福利养老设施迫在眉睫，尤其是农村留守老人的安全保障成为首要问题。有条件的乡镇可以将临近老人集中照管，也可通过区域共建的方式设立民族养老院，或者可以参照南方公共食堂，实行社区养老。对于留守儿童，社会、学校、家庭要同时照管，各族干部协力落实，设立少年之家，为不同民族间学生提供交流机会，达到民族团结的目的。同时，没有设立朝鲜民族学校或者民族班的城市，可利用当地外国语学校或者双语学校，传授朝鲜语及民族文化。

（八）城乡融合促进新农村建设与发展

城乡融合发展强调的是城市与乡村的一体化联动。具体而言，一方面，引导与“一带一路”联系密切地区的公共与社会资源优先向乡村投入与聚集；另一方面，运用“一带一路”产业发展能量、城市资源要素等带动乡村发展。在人居环境、生态宜居等方面发挥自身优势，对标城市，补齐农村发展短板。要实现城乡人才的正常流动，必须先让人才向农村回流。进行城乡融合发展，进一步缩小城乡发展差距，构建并完善一体化的产业发展、民生保障和公共服务体系。健全对优秀村干部集中定期开展复合型俄语人才学历教育体系，如黑龙江、吉林、内蒙古、新疆等“一带一路”联系密切地区，完善评价、激励和选拔乡镇领导干部的保障机制；对于任务重、压力大的基层干部要给予优待及继续教育激励，从而让他们扎根基层、积极进取、有所作为。从县直单位和大学生“乡官”愿意投身于“三农”工作的人员中选派一批更加适宜的团队到乡镇一线，开展新农村建设中复合型俄语人才体系建设，充实乡镇“三农”技术干部、包村干部和管区力量，强化农业业务指导以及对村级班子的能力帮带。严格坚守村干部的选拔任用标准，村干部的后备人选必须讲政治、重品行、有本事、守规矩、敢担当、敢作为。

（九）因地制宜，取长补短，加强“一带一路”农业经营管理经验分享

通过因地制宜，取长补短，加强“一带一路”农业经营管理经验分享，促进农村经济快速发展。农业经营管理对农村经济发展可提供理论指导、制度保障，指出农村经济发展的方向，有效地解决发展中遇到的各种问题。但目前我国的农经制度尚未完善，存有一定的弊端，在不同程度上对农村经济发展有一定阻碍，而“一带一路”沿线农业大国中合理的制度借鉴可以加快我国农村经济的发展，引入新的管理模式、管理体制。用先进的管理制度解决发展中遇到的各种难题，在经营管理体制一步步完善的过程中。让农民群众通过俄语学习对“一带一路”沿线农业发展产生新认识，发动其创新性与积极性。农村经济若想发展，就要站在世界的前沿，要与“一带一路”的建设相匹配，因此必须加强农业经营管理的全面系统学习。

（十）充分发挥智力资源，动员省内外各界人士参与乡村建设

一方面，沿边民族地区仍然存在技术、经济、文化建设短缺等问题，省内统战部门和民主党派成员要充分利用自己的特长和影响力，借助高校、科研和企业力量，发扬老一辈民主党派人士“智力支边”和“孔雀东南飞，老马向西行”的精神帮助吉林省沿边民族地区乡村建设发展。另一方面，吉林省内相关机构决策智库需广纳人才，广泛吸收不同学科、不同年龄、不同领域的专业人士加入沿边开放建设中，打破使用人才“瓶颈”机制，集思广益，实现吉林沿边民族地区美丽乡村早日实现。

（十一）坚持绿色发展理念，打造特色沿边民族乡村旅游品牌

吉林省沿边地区区位优势显著，可谓“靠山（长白山）、临江（松花江、图们江、鸭绿江）、近海（日本海）”。长期以来形成以农业、工业、边境贸易为主体的经济结构，森林茂密，矿产丰富。在坚持“绿水青山就是金山银山”的发展理念下，应结合当地优势工业，发展新型绿色工业，带动乡村产

业转型，实现城乡共同发展。同时，调整产业结构，注重乡村文旅产业与国际物流、互联网科技等新型产业融合发展，提升旅游服务工作水准，将沿边民族地区乡村旅游服务升级为集标准化、正规化的示范项目。通过加强文化遗产的保护与传承，不断挖掘历史文化资源，丰富乡村旅游的文化内涵。深入挖掘民俗节庆活动文化内涵，吸引更多游客，带动当地经济发展，通过各界努力，最终将吉林省沿边民族地区乡村打造为休闲、观光、娱乐、教育、文化于一体的特色乡村文化旅游品牌。

参考文献

［1］张洪岩，王蕾，刘德赢. 19 世纪以来中国朝鲜族人口迁移分布及聚居区形成研究［J］. 地理科学，2011，31（9）：6.

［2］沈志华. 东北朝鲜族居民跨境流动：新中国政府的对策及其结果（1950-1962）［J］. 史学月刊，2011（11）.

［3］朴今海，姜哲荣. 流动的困惑：跨国流动中的朝鲜族身份认同多元化［J］. 广西民族研究，2017（3）：8.

［4］李梅花，崔金南. 少数民族人口流动与边疆社会治理困境——以延边朝鲜族自治州为例［J］. 重庆三峡学院学报，2019，35（4）：9.

［5］崔敏浩. 论边境地区朝鲜族人口流失对民俗文化的冲击［J］. 西南边疆民族研究，2015（2）：6.

［6］孟昭荣，吴相利. 六十年来黑龙江省朝鲜族人口时空变化与应对策略——基于六次全国人口普查数据的统计分析［J］. 人口与社会，2015（3）.

［7］金贤仙. 在韩朝鲜族的聚居地域与定居意识［J］. 社会与历史，2010（87）.

［8］韩国法务部. 出入国外国人政策本部［R］. 出入国外国人政策统计月报（2009-2016），2016.

［9］邓玉江. “一带一路”倡议背景下中国外语教学面临的挑战［J］. 山西青年，2019（16）：1.

［10］杨静. “一带一路”背景下农村经济发展机遇和挑战［J］. 科技经

济导刊，2019（23）：1.

［11］叶艳维．“一带一路”背景下大学英语的机遇与挑战［J］．数码设计，2018，7（12）：1.

［12］薛梦瑶，钱雪梅，王梦杰．“一带一路”乡村振兴主题调研［J］．丝路视野，2018（31）.

［13］张力，吴文延．人才创新发展［J］．长春：吉林人民出版社，2022.

［14］李大光．开发吉林省农村人才资源的对策建议［J］．行政与法，2007（12）：3.

［15］邵冰．东北三省同日本经济合作现状及发展前景［J］．吉林工程技术师范学院学报，2014（5）.

［16］허동일, “중국의 대북한 국경무역 연구” 동국대학교, 2017.

［17］“일 언론 ‘중국, 1천억 원 들여 북중접경 신압록강대교 개통 지원’.2018.

［18］이종규, “성별 북중무역의 결정요인 분석:2000년대 상황을 중심으로” 한국비교경제학회, 2016（23）.

［19］Территориальный орган Федеральной службы государственной статистики по Липецкой области. Липецкстат ［Электронный ресурс］. Режим доступа：http://lipstat. gks. ru Ter-ritorial'nyi organ.

［20］Управление труда и занятости ［Электронный ресурс］. Режим доступа：www. utiz. lipetsk. ru/.

［21］朱永浩．中国東北地域と北東アジアの経済関係の進展［J］．東アジアへの視点，2014（7）.

广西面向东盟的“一带一路”人文交流的路径和对策*

何　颖　梁碧容**

摘　要：广西在“一带一路”建设中，发挥地理区位优势、悠久的历史渊源和机制平台的优势，开展与东盟国家为重点的“一带一路”人文交流合作，提升广西文化发展国际知名度。进入新时代，广西把握新机遇，在打造中国—东盟博览会、峰会的升级版，深化与东盟国家、RCEP国家以及“一带一路”沿线国家和地区的合作中，持续发挥经济贸易与人文交流的枢纽的功能，不断增强中国与东盟国家之间的文化认同，促进开放合作，构建面向东盟的“一带一路”人文交流区域中心，推动中国—东盟命运共同体和人类命运共同体建设。

关键词：面向东盟；“一带一路”；人文交流区域中心；路径对策

2021年是中国—东盟建立对话关系30周年，也是中国—东盟可持续发展合作年。长期以来，中国—东盟致力于建设中国—东盟命运共同体，建立了相互开放和利益相关的关系，实现了互利共赢的发展。

---

* 国家社会科学基金项目《构建面向东盟的“一带一路”人文交流区域中心研究》（19XGJ007）阶段性成果。

** 作者简介：何颖，中共广西区委党校文史教研部教授，主要研究方向为文化产业、国际文化交流；梁碧容，南宁职业技术学院商学院教师，主要研究方向是民族文化、文化传播。

习近平总书记指出，中国和东盟建立对话关系30年来，双方全方位合作不断深化，互为最大贸易伙伴，成为亚太区域最具活力的合作。新冠肺炎疫情发生以来，双方携手抗疫、共克时艰，以实际行动诠释了守望相助、休戚与共的命运共同体精神。

2013年，习近平总书记提出了共建“一带一路”倡议，党的十九大报告进一步指出要积极促进“一带一路”的国际合作，构建人类命运共同体之后，中国—东盟对话关系进入了崭新的阶段。中国—东盟融入更为宽广的“一带一路”沿线国家和地区，以“和平合作、开放包容、互学互鉴、互利共赢”为理念，推动人文交流更加广泛深入，实施“民心相通”工程，实现各国人民相知相交、和平友好，打牢社会根基和民众基础。

中国—东盟建立对话关系30年以来，双方共谋地区和平稳定，推动地区发展繁荣，树立了亚太地区合作的典范。双方持续深化战略互信，进入建设更为紧密的命运共同体新阶段。

一、推动面向东盟的“一带一路”人文交流的重要意义

“一带一路”倡议以构建人类命运共同体为发展目标。中国坚定奉行“亲诚惠容”的理念和与邻为善、以邻为伴的周边外交方针，视东盟为周边外交优先方向和高质量共建“一带一路”重点地区，支持东盟共同体建设，支持东盟加强在区域合作中的中心地位。

（一）“一带一路”是在平等的文化认同框架下，建设互尊互信、合作共赢、文明互鉴的合作机制

“一带一路”倡议是中国政府秉持“共商、共享、共建、共赢”的原则，提出以和平合作、开放包容、互学互鉴、互利共赢为理念，以经济合作为基础，以人文交流为重要支撑，以共同发展为主线，兼顾了双方的共同利益需求，有助于推动中国与东盟国家间经济与文化的效益迈上新台阶，切合

中国与东盟国家的共同愿景。也表明中国愿同东盟国家以“一带一路”为契机，携手以更大力度推进相互之间的开放、交流与合作，以更灵活、多元、高效的方式协商制订合作规划，通过两国民众的交流、合作、研究、培训、访问等多种方式，促进东盟以及沿线国家对“一带一路”的理念、原则、目标等进行更深入的理解与认同，促使东盟国家对中国的“一带一路”文化不断认同，建设一条互尊互信、合作共赢合作之路。

（二）共建“一带一路”是中国扩大和深化对外开放，加强与亚欧非及世界各国互利合作的需要

随着全球经济进入新一轮的调整转型阶段，中国的开放型经济内部外部均面临着不同的风险与挑战。“一带一路”倡议顺应世界多极化、文化多元性的背景，以开放、包容的理念，共商、共建、共享国际社会新秩序，致力于加强亚非欧及世界各国的相互连通，有助于促进东盟国家和沿线各国之间的民心相通，增进各国人民的人文交流与文明互鉴，增强各国人民的相逢相知、相近相亲，推动世界和平发展。因此，推进“一带一路”建设既是中国扩大和深化对外开放的需要，也符合东盟各国和亚欧非及世界各国互利合作的需求，传达出中国为人类和平发展做出更大贡献的心愿和决心。

（三）“一带一路”倡议是国际合作以及全球治理新模式的积极探索

“一带一路”倡议秉承和谐包容理念，倡导文明宽容，尊重各国发展新道路和新模式的选择，加强不同文明之间的对话，兼顾各方利益和关切，寻求利益契合点和合作最大公约数，充分凸显各方智慧和创意，各施所长，各尽所能，充分发挥各方优势和潜力，向着构建人类命运共同体的目标发展。“一带一路”建设彰显着人类社会的共同理想和美好追求，是促进世界经济发展，开展国际开放合作，推进和平进步，进行有效全球治理模式的一种探索。“一带一路”建设的目的在于让共建成果惠及更广泛的区域，合作范围不局限于“一带一路”沿线国家和地区，但东盟国家由于历史和区位原因，交流合

作机制更加成熟，渠道更加畅通，双边更加容易受益。

二、广西开展面向东盟的“一带一路”人文交流的优势条件

广西地处中国—东盟自由贸易区中心位置，因其沿海、沿江、沿边的地理优势，已成为中国进入东盟国家最便捷的通道。在国务院发布的《推动共建丝绸之路经济带和21世纪海上丝绸之路的愿景与行动》（以下简称“愿景与行动”）中，明确定位广西为中国与东盟的国际双向桥梁与重要基地。广西抓住机遇，利用各种优势，借助文化交流优势，积极促进“一带一路”倡议在东盟国家的认同、接受和落实，并以“一带一路”建设助推广西文化对外交流合作，建设中国与东盟双向沟通的桥梁与基地。

（一）自然地理区位优势明显

地缘关系在国家间具有一种特殊的边际效应。从地理位置上看，广西位于中国大陆南端，风景秀丽，资源丰富，与东盟国家一衣带水，具有沿边、沿江、沿海的优势。广西几大沿海城市（钦州、北海、防城港）的港湾水深避风，三面环山，犹如内陆湖泊，形成了得天独厚的旅游航运资源；其航道短，水域陆域宽阔，北部湾海域1500多千米的海岸线，是中国大西南地区重要的出海口，也是天然的避风良港，更是中国大陆通往东南亚、非洲、欧洲和大洋洲航程最短的港口。

广西与越南直接陆地相邻，交通运输便利，其交通铁路、公路、航空通往全国各地，铁路、公路直接通往越南首都河内并与越南陆路、河运交通线相衔接，再通往老挝、泰国、柬埔寨、缅甸等国。对外航空也通往东盟各地。

发挥广西作为中国与东南亚经贸联系交往的枢纽，充分利用得天独厚的地缘和人文优势，加强与越南等东盟国家的贸易往来方面，在东盟国家和国内客商中赢得了声誉，成为国内东南沿海地区与东盟经济合作与贸易往来的

最便利基地，自然也便利了文化交流合作的物化载体。

（二）历史文化渊源深厚

广西与“一带一路”沿线国家地区，既有文化的共通性，也有差异性，更具有互补性，为开展人文交流与合作奠定了深厚基础。

广西人民自古以来就与东盟国家保持着良好和融洽的贸易往来与人文交流。在西汉时期，我国海上丝绸之路自合浦港沿海岸西行，曾到达中南半岛和中印半岛的许多国家。据历史记载，曾与越南、泰国、缅甸、印度、斯里兰卡、印度尼西亚等国有过贸易往来，从中国带出去的黄金和各色丝织品，换购回珍珠、琉璃、奇石、珍宝等，完成对外贸易活动和对外友好交往的任务。合浦汉墓大量珠饰类制品的出土，是中国海上丝绸之路始发港的有力佐证。

明末传入广西的天主教，在清末达到鼎盛。到了明清时期，广西北部湾私人海外贸易的兴盛为海外移民提供了便利条件，而持续的海外移民浪潮为海商文化的发展奠定了社会基础。

海上丝绸之路经过的国家都留下中国辉煌的足迹，15 世纪由郑和率领的中国船队到达阿曼和也门的时候，受到了现代红地毯般的欢迎，历史上的“海上丝绸之路”是超越商品贸易活动的文化交流活动，为广西与东盟及“一带一路”沿线国家、地区诸国的深入交流铺垫了历史文化基础。

（三）新的历史发展机遇

根据国务院授权发布的“愿景与行动”中，广西被赋予重要的发展定位。在“愿景与行动”中要求传承和弘扬丝绸之路友好合作精神，广泛开展文化交流、学术往来、人才交流合作、媒体合作、青年交流、妇女交往、志愿者服务等；还在沿线国家间互办文化年、艺术节、电影节、电视周和图书展等活动，合作开展广播影视剧精品创作及翻译，联合申请世界文化遗产，共同开展世界遗产的联合保护工作。广西抓住“一带一路”建设机遇，发挥了自身优势，在“一带一路”建设中，以构建 21 世纪海上丝绸之路为重点，以东盟为突破口，构建广西的对外文化交流合作的发展平台，以文化发展服务国家战略，以文化交流合作促进政治外交、经济贸易的发展，取得了显著的成效。

三、广西开展面向东盟的“一带一路”人文交流的成效

中国—东盟建立对话关系30年以来，全力推动经贸合作，一大批重大项目稳步实施，《区域全面经济伙伴关系协定》成为维护自由贸易和多边主义的重要力量；同舟共济、团结协作，积极开展抗疫合作，共同构建人类卫生健康共同体；持续加强人文交流，民心相通日益深化。

广西以“促进中国—东盟共享合作与发展机遇”为宗旨，抓住“一带一路”建设机遇，依托中国—东盟博览会和峰会等机制与平台优势，转化为促进广西跨越式发展的强大动力。在国家支持下，为中国与东盟的货物贸易、投资合作、服务贸易、高层论坛和文化交流，搭建了一系列平台，为中国—东盟双边多边交流合作架起桥梁，促进双方商品投资、人文合作的双向流动，全面深入务实地推动了中国与东盟国家间的经贸合作，努力把广西建设成为中国—东盟自由贸易区的商贸中心、人文交流区域中心以及政治外交重要渠道。经过长期持续的推进，与东盟国家以及“一带一路”沿线国家地区开展人文交流，取得了明显的成效。

（一）推进达成文化共识，深化友好合作关系

中国国务院授权发布的“愿景与行动”中，倡议秉持“和平合作、开放包容、互学互鉴、互利共赢”的理念，以经济合作为基础，以和平发展为主轴，共同促进沿线国家和地区经济繁荣与发展，打造政治互信、经济融合、文化包容的利益共同体、命运共同体和责任共同体。这是中国与东盟国家以及“一带一路”沿线国家和地区开展文化交流合作的指南和政策依据，是文化共识的具体化和操作依据，深化了中国与沿线主要国家政府达成文化交流

合作的共识。

2013 年，习近平总书记在印度尼西亚国会演讲时提出建设中国—东盟命运共同体的倡议。2017 年后，中国陆续与柬埔寨、老挝和缅甸构建双边命运共同体，在菲律宾马尼拉举行的第 20 次中国—东盟领导人会议同意发表《中国—东盟战略伙伴关系 2030 年愿景》，为开展文化交流，促进双边合作共识的深化和具体化，为规划双方关系未来方向，建设开放包容、持久和平、普遍安全、共同繁荣和可持续发展的文化共识提供了操作模式。

在中国—东盟建立对话关系 30 周年之际、2020 年中国抗击新冠疫情的关键时刻，东盟国家与中国及时相互给予对方宝贵支持和无私援助。中国和东盟的关系进一步得到升华，双方共建中国—东盟命运共同体的意愿更加强烈。

（二）推进建立文化交流合作的政策法规体系，为交流合作提供保障

具备良好的制度安排是国家之间建立成熟稳定关系的基础。中国坚持与邻为善、以邻为伴的周边外交方针，与东盟建立了成熟稳定的合作机制。以签署《中国—东盟全面经济合作框架协议》以及系列文件为基础，文化交流合作方面的法律文件有《中国—东盟文化合作谅解备忘录》《中国—东盟文化产业互动计划》等。

关于“一带一路”文化，则有中华人民共和国国务院发布的《推动共建丝绸之路经济带和 21 世纪海上丝绸之路的愿景与行动》，有 2016 年中央全面深化改革领导小组通过的《关于加强“一带一路”软力量建设的指导意见》，文化部的《“一带一路”文化发展行动计划（2016—2020 年）》《关于进一步加强和改进中华文化走出去工作的指导意见》，为加强与“一带一路”沿线国家和地区的文明互鉴与民心相通，切实推动文化交流、文化传播、文化贸易创新发展，提供了政策支持和法规保障。

在此背景下，利用中国—东盟合作的机制，中国—东盟区域各国开展国际文化交流合作，进行版权交易和文化产品贸易，增进文化要素的交流，带动区域各国之间的物流、人流、资金流和信息流的畅通，并通过文化层面的

沟通交往，内在地推动中国—东盟政治外交和经贸的发展，为双边的文化经贸注入了新活力。打造中国—东盟自贸区升级版，打造中国—东盟博览会、峰会升级版，将海上丝绸之路项目充实，这是广西最得天独厚的平台，将进一步提升双方贸易投资自由化、文化交流合作的常态化，为广西与东盟及其他国家文化交流合作打下良好基础。

（三）推进搭建文化交流合作的一系列机制和平台，促进交流合作的落实

中国与东盟国家政治外交、高层对话、政策沟通机制不断完善。从 2004 年至今，每年在广西南宁举办的中国—东盟博览会、中国—东盟商务与投资峰会和泛北部湾经济合作论坛，秉持促进中国—东盟自贸区建设、共享合作与发展机遇为宗旨，成为推进区域经济一体化的务实平台，形成中国和东盟开放合作的“南宁渠道”。

中国—东盟博览会、中国—东盟商务与投资峰会也成了为中国—东盟提供文化交流合作的平台，其中的“文化交流”增进了这些会展、论坛的文化分量，注重经贸活动与文化交流相结合，同期举办的各种论坛、南宁国际民歌艺术节，安排一系列丰富多彩的文化艺术活动、文化展、旅游展，为中国和东盟各国以及“一带一路”区域内文化交流、产品展示和项目合作搭建许多重要平台，服务国家周边外交战略，促进国际贸易投资便利化，也成为“一带一路”建设的推进器，助力中国与沿线主要国家政府达成深化一带一路交流合作的共识，也将为即将落地生效的《区域全面经济伙伴关系协定》（RCEP）提供合作平台，促进了广大进出口企业高水平“走出去”和高质量“引进来”，据中国—东盟建立对话关系 30 周年经贸合作论坛发布的中国—东盟贸易指数可以看出，2020 年中国—东盟贸易指数较 2010 年上涨了 141.09%，交流合作发展深入。

（四）推动文化旅游产业的合作，取得实质性丰硕成果

依托中国—东盟的开放合作机制平台，中国与东盟及“一带一路”沿线

国家地区交流合作日益成熟，关系更加密切，成效日益显著。

据广西文化和旅游厅数据统计，2019 年双方人员往来突破 6500 万人次大关。双边加强数字旅游交流与合作，将为沿线国家的旅游业发展持续注入动力和活力。“2020 中国—东盟博览会旅游展”在桂林国际会展中心开馆，旅游展共设置了“一带一路”主题馆、境外旅游专业展馆、国际旅游商品展馆、旅游消费展馆、广西旅游形象展馆、国内旅游专业展馆六类展区，首次采取“实体展 + 云上旅游展”的办展形式，同年举办的第 15 届中国—东盟文化论坛，论坛的主题是“文化遗产的保护、传承与旅游开发”，论坛由文化和旅游部、广西文化和旅游厅、中国—东盟中心、柬埔寨文化与艺术部、缅甸宗教事务与文化部联邦、泰国文化部等政要以及来自中国、东盟各国文化部门、中国—东盟中心及东盟各国驻华使领馆的嘉宾共 240 人通过线上线下相结合的形式出席了论坛大会。

2020 年是中国—东盟数字经济合作年，为推动中国与东盟数字旅游合作，中国文化和旅游部与广西壮族自治区人民政府共同发起《中国—东盟数字旅游合作倡议》，内容包括发展数字旅游以提升游客满意度、获得感和安全感为核心目标。此次旅游展以“共建‘一带一路’共享数字旅游”为主题，采用“线下实体展 + 云上旅游展”双平台办会形式，吸引了 52 个国家和地区的 120 余家参展商参展，参会人数达 10 万人次。广西出版传媒集团上线运营中国—东盟版权贸易服务平台，该平台采用汉、英、越、泰、马来、印尼、缅甸、老挝、菲律宾等语言建设，同时依托互联网平台，利用云计算、机器翻译、跨语言搜索引擎等技术，为中国与东盟各国出版业提供版权产品展示、资讯交流、版权代理、版权贸易等专业综合服务。截至 2021 年 3 月，该平台首批合作的国内外出版机构超 61 家，其中东盟国家超过 4 家，已上线的中英文及东盟小语种版权交易图书超 1700 多种。通过这些顶层设计汇聚各方发展规划的最大公约数，拓展合作空间，实现了“一加一大于二”的效果，将“一带一路”的同心圆越画越大。

中国与东盟国家以及“一带一路”沿线国家和地区，在政治外交、高层对话、政策沟通机制和合作平台方面，不断完善，逐年扩大，成效更为显著，为广西构建中国—东盟文化交流区域性的中心奠定了坚实的基础。

四、广西深化面向东盟的“一带一路”人文交流的路径和对策

习近平总书记在第十七届中国—东盟博览会和中国—东盟商务与投资峰会开幕式上，就建设更为紧密的中国—东盟命运共同体提出倡议：提升战略互信，深入对接发展规划；提升经贸合作，加快地区经济全面复苏；提升科技创新，深化数字经济合作；提升抗疫合作，强化公共卫生能力建设。面向未来，中方愿同东盟增强战略互信，深化抗疫、经贸等各领域合作，推动区域全面经济伙伴关系协定早日生效实施，高质量共建“一带一路”，打造更高水平的战略伙伴关系，共同维护好本地区繁荣发展良好势头。这对于当前深化中国—东盟合作及“一带一路”建设，提供了战略性方向性指引。

按此方向，结合国务院“愿景与行动”与沿线国家地区重要城市之间互结友好城市，以人文交流为重点，突出务实合作的建议，广西将继续发挥自身区位优势、地缘优势、文化资源优势，从发展目标、功能定位、发展特色、发展重点、创新机制、建设规划以及实施路径等方面，在“一带一路”建设中，以东盟为突破口，以构建21世纪海上丝绸之路为重点，以经济合作为基础，以人文交流为重要支撑，构建广西的对外文化交流合作发展平台，以文化发展配合国家战略，以文化交流合作促进政治外交、经济贸易的发展，以人文交流合作促进与沿线国家地区的合作共赢。

（一）配合国家战略，服务建设落实，立足自身文化特色

构建21世纪海上丝绸之路广西与“一带一路”沿线国家地区文化交流合作的新格局，需将北部湾经济开发区以及“泛北”合作纳入21世纪海上丝绸之路的战略范畴，利用中国—东盟博览会、中国—东盟商务与投资峰会、中国—东盟文化论坛等展会，搭建起各国政府、民间机构和专家学者交流对话

的机制，深化区域合作，促进亚太繁荣，以保护和发展区域性国际多样性文化为重点，搭建文化交流合作大平台。

广西要立足于海上丝绸之路沿岸各国的多元文化，着重突出民族文化、区域文化的特色，紧紧抓住“一带一路”的国家战略，以构建21世纪海上丝绸之路为重点的历史机遇，加强与东亚、东南亚等国家的文化交流与合作、资源共享。同时，举办21世纪海上丝绸之路沿岸国家和地区文化行业专业展览会和各类文化交流活动，为各国文化企业提供产品展示、交易洽谈服务、版权交易业务，为金融同文化相结合牵线搭桥，开展文化产品进出口代理、物流、分拨、配送等服务。以此建设广西北部湾经济区和珠江—西江经济带“双核”驱动战略的发展基础，为共同建设21世纪“海上丝绸之路”奠定坚实的基础，为“一带一路”的文化交流搭建合作的平台和沟通的桥梁。将北部湾经济开发区以及泛北合作纳入21世纪海上丝绸之路的战略范畴，利用系列展会平台，搭建起各国政府、民间机构和专家学者交流对话的机制，深化区域合作，促进亚太繁荣，以保护和发展区域性国际多样性文化为重点，搭建文化交流合作大平台。

进入新时代，广西以面向东盟为重点以及“一带一路”沿线国家和地区，开展人文交流，首先要配合国家外交战略，以增进战略互信，有效凝聚高层共识为首要任务。关切双方战略伙伴关系发展进程，聚焦合作热点，与东盟各国发展战略规划深入对接，推动“一带一路”建设，推进中国—东盟命运共同体建设。在增进双方政治互信、凝聚双方政治共识基础上，要通过商品展示、投资推介、产业对接、银企互动等一系列经贸活动，推动双方产业链、供应链、价值链深度融合，深化经贸合作，有力地促进经济融合发展，有效地促进中国—东盟自贸区升级发展。同时，紧跟科技发展态势，聚力科技创新，推动数字经济合作持续深化。推动中国和东盟在智慧城市、5G、人工智能、电子商务、大数据、区块链、远程医疗等领域合作，推进数字产业化和产业数字化。

（二）注重顶层设计，做好规划布局，突出亮点与主题建设

广西在“一带一路”的国家战略建设中，要以构建21世纪海上丝绸之路对外文化交流为重点，突出广西的海洋文化、民族文化、区域文化、边境文化主题。加强沿线各国在宗教文化、科技文化、建筑文化、饮食文化、民间传统表演艺术、传统手工技艺、传统节庆文化以及语言文化等方面的文化交流与合作。同时，构建以中国—东盟文化信息网、版权贸易服务中心来开展版权产品展示、代理、贸易以及各类信息的交流，分享我国在扶贫、教育、卫生等领域的经验做法。构建中国—东盟文化文学网站和阅读基地，支持具有广西和东盟特色的影视、文学文化创意作品的展示，同时依托广西网络传播媒介，推进“北部湾之声”东南亚网络传播能力建设工程和广西网络云视频平台建设，与东盟国家媒体开展信息互换、人员互动等全方位合作，加快建设网络文化产品译制服务平台。同时推进东南亚多媒体译制传播中心建设，开展优秀网络影视剧、网络动漫、网络文学、网络音乐等网络文化作品译制合作。

坚持“平等公正、开放创新、多元共存、互利共赢”的文化理念，积极开展国际区域性文化交流合作。同时，建设一园一区二馆的发展支撑项目，即海上丝绸之路创意文化产业园区、中国—东盟文化产业保税区、海上丝绸之路博物馆、中国—东盟民族文化生态博物馆。海上丝绸之路创意文化产业园区立足于本土的资源，通过文化创意，将各国和各地区的历史文化内涵转变成鲜活的文化产品，活化文化资源，为人们提供具有知识性、艺术性或趣味性的文化消费产品和服务。

中国—东盟文化产业保税区主要依托中国—东盟区域内的保税物流体系，发展中国—东盟文化产业保税区，充分发挥保税区国际贸易、出口加工、保税仓储、物流分拨、商品展示等作用，享有“境内关外”特性，实行“免证、免税、保税”的特殊优惠政策，可以为丝绸之路文化贸易的发展提供优惠的、便捷的物流保证，同时为中国—东盟文化合作提供基础的产业支撑。

博物馆是实现现代与传统的完美结合，保持文化的独特性和多元化。为

此，共同建设海上丝绸之路博物馆显得十分必要和及时。广西与东盟国家的许多民族具有很深的历史人文关系，文化遗产资源具有很大的共通性、相似性，双方以此为基点，共建跨境民族的海上丝绸之路博物馆、生态博物馆、文化生态保护区，展示各国丰富多彩的文化，共同保护区域内文化遗产，促进文化的交流，成为文化对外宣传的重要窗口。

随着数字经济带来的新机遇，中国—东盟合作在智慧城市、5G、人工智能、电子商务等新兴产业领域占比不断提高，对贸易便利化、数据安全保护和政策沟通等交流加深，中国—东盟博览会数字平台功能将发挥更大作用。

（三）以民心相通为目标，全方位营造良好人文氛围

民心相通是开展文化交流合作的社会根基。广西在“一带一路”国家战略实施过程中，以构建21世纪海上丝绸之路为重点，扩大对外文化交流与合作，就传承和弘扬古代海上丝绸之路平等友好、合作包容的精神，与东盟国家广泛开展文化交流、学术研讨、人才交流合作、科技合作、教育交流、志愿者服务等，为深化双多边合作奠定坚实的民意基础。

通过开展艺术表演、电影艺术节、图书展览版权交易、文化交流年（月、周）等活动，扩大文化交流的内容，提高文化交流层次。同时，为了突出广西特色文化与旅游资源，可以利用广西现有资源申报世界文化遗产，打造一张专属广西特色的“名片”，加强中外人文交流综合传播能力建设，推动中外广播影视、出版机构、新闻媒体开展联合制作、联合采访、合作出版，促进中外影视节目互播交流，实施图书、影视、文艺演出等领域的专项交流项目和计划，丰富人文交流的文学艺术内容和载体；还可以做大做强“互联网＋人文交流”，实现实体与虚拟交流平台的相互补充和良性互动。丰富媒体交流形式，打造具有国际影响力的全媒体和文化传播机构等举措，讲好广西故事、传播出广西声音，进而阐释中国道路，增强中国文化形象的亲近感。

加快建设中国—东盟跨境旅游服务平台，与东盟国家建立智慧旅游综合平台，汇集双方旅游信息资源，提升大数据精准服务能力，建设中国—东盟

旅游大数据中心，将“一带一路”中“亲诚惠容”理念传播给东盟国家民众，促进东盟国家了解并认同中华民族的时代风貌。另外，为丰富和拓展人文交流的内涵和领域，打造人文交流国际知名品牌。坚持走出去和引进来双向发力，中国文化“走出去”与东盟国家融合，可在当地的社区、学校、公共文化场所举办传播中华文化活动，还可以与当地文化艺术团共同表演，增强体验与交流。支持汉语、中医药、武术、美食、节日民俗以及其他非物质文化遗产等代表性项目走出去，展示中国优秀独特的文化与大国美好形象，进而激发东南亚乃至全球民众对中国文化的兴趣。

继续办好“一带一路”沿线国家和地区的孔子学院，加大对外汉语教学志愿者规模，提高互派留学生质量和规模，促进广西与东盟国家间的教育交流与合作。深化中外留学与合作办学、高校和科研机构国际协同创新，文物、美术和音乐展演，以及大型体育赛事举办和重点体育项目发展等方面的合作。在人文交流各领域形成一批有国际影响力的品牌项目，进一步丰富中外人文交流主题。

五、结语

广西作为连接中国与东盟的重要桥梁和枢纽，在新的起点上，在“一带一路”建设中，深化与东盟国家、RCEP 国家以及“一带一路”沿线国家和地区合作，秉承“亲诚惠容”的理念，利用优势资源，依托中国—东盟和“一带一路”的平台机制与发展机遇，形成合力，在打造中国—东盟自贸区升级版，打造中国—东盟博览会和峰会升级版，高质量推进“一带一路”倡议，与东盟各国发展战略对接，共同打造更高水平的战略伙伴关系；拓展双方经贸合作，推进区域互联互通和经济一体化，增进人民福祉；培育发展新动能，加强数字经济、可持续发展等领域合作，促进地区经济加快复苏。注重扩大社会人文领域交流，促进双方民众相知相交，不断深化友好情谊。持续发挥经济贸易与人文交流的枢纽作用，不断增强中国与东盟国家之间的文化认同，促进中国—东盟开放合作，推动构建中国—东盟命运共同体，借助"一带一路"倡议以及建设，推进构建人类命运共同体，为世界文明书写美好新篇章。

参考文献

[1] 牛争艳，刘雅丽．文旅融合助力山西主动融入"一带一路"建设[J]．经济师，2020（12）：139-140+142.

[2] 黄正多．人类命运共同体视角下中尼人文交流的意义、问题与对策[J]．南亚研究季刊，2020（4）：102-108+6.

[3] "'一带一路'沿线国家文化交流"课题组，边燕杰，贺力，王伟，张钦，蒋维乐．以人文交流促进与中亚的民心相通[J]．西安交通大学学报（社会科学版），2021，41（3）：43-63.

[4] 何丽娟．"一带一路"与香港青年社会责任[J]．西部学刊，2019（4）：14-17.

“中国—东盟”背景下广西边境旅游试验区建设策略研究

许立勇　周从从*

摘　要： 2018 年，国务院同意设立广西防城港边境旅游试验区，广西边境旅游试验区建设对携手建设中国—东盟命运共同体具有重大意义和价值。目前，广西边境旅游试验区建设在项目合作、基础设施、通关措施、旅游产品形态等方面取得了丰硕成果，积累了成功经验。通过 SWOT（态势分析法）分析得出，广西边境旅游试验区建设优势明显，应抓住中国—东盟关系良好、RCEP 生效实施等新机遇，从加强政府间合作、推进科技融合、完善基础设施、创新合作模式、加强安全预警等方面，改善劣势，管理和解决各种威胁，充分发挥广西边境旅游试验区建设的良性作用，促进中国—东盟命运共同体建设。

关键词：“中国—东盟”；广西；边境旅游试验区；跨境旅游

2018 年，为解决边境旅游面临的困境和问题，国务院印发《关于支持沿边重点地区开发开放若干政策措施的意见》，提出研究设立边境旅游试验区。同年 4 月，国务院同意设立广西防城港边境旅游试验区，目的在于通过强化政策集成和制度创新，推进沿边重点地区全域旅游发展，打造边境旅游目的

---

* 作者简介：许立勇，男，籍贯辽宁，文化和旅游部海外文化设施建设管理中心研究员；周从从，女，籍贯河北，农学、管理学双硕士，北京市首都发展研究院研究员。

地，对全国旅游业的改革创新发挥先行示范作用。2022 年 1 月 1 日，《区域全面经济伙伴关系协定》（RCEP）正式生效，东盟再次成为中国第一大贸易伙伴，自治区商务厅厅长杨春庭①表示，“广西是中国面向东盟开放合作的前沿，RCEP 区域已成为广西第一大‘走出去’投资目的地和第三大外资来源地”。广西立足于东盟合作先发优势，持续推动深化与以东盟为重点的 RCEP 区域合作，在推动中国—东盟国家合作过程中的枢纽和桥梁作用将更加明显。

广西与越南毗邻，是中国与东盟边境线最长的省份，已初步形成了面向东盟的开放合作机制。目前，广西全面推动防城港边境旅游试验区建设，积极推进边境旅游发展与合作，广西已成为“中国—东盟”边境旅游合作的重要平台。

一、“中国—东盟”背景下的广西边境旅游试验区

广西是中国唯一一个与东盟国家海陆河相连的省区，区位优势得天独厚，双向沟通的枢纽作用显著。广西是有效连接东盟、RCEP、西部陆海新通道、国内市场的国际枢纽，广西勇于担当起面向东盟开放合作的前沿角色与功能，并不断完善政策体系，不断升级与拓展战略角色与功能，不断升级产业结构，在促进东盟和中国协同合作、互利共赢中的地位和作用尤为突出。

（一）广西边境旅游试验区建设的重要意义

2009 年，《国务院关于进一步促进广西经济社会发展的若干意见》明确提出，依托崇左大新跨国瀑布景区和凭祥友谊关景区设立中越国际旅游合作区。国务院在《“十三五”旅游业发展规划》中明确提出要用政策提振边境旅游发展，发展包含边境旅游试验区在内的旅游创业创新工程。2018 年 4 月，国务院同意设立内蒙古满洲里、广西防城港边境旅游试验区，这是中国首批

---

① 王海波. RECP 生效，广西开放发展迎来新契机［J］. 当代广西，2022.

设立的边境旅游试验区。广西边境旅游试验区是以广西重点边境地区为主要的建设空间，边境旅游为主要产业支撑，全方位、全角度、跨产业建设的重大战略，是展示广西民族风情的新舞台，是实现中国边境旅游交流合作的新平台，对实现广西沿边地区兴边富民、和平外交有重要意义。

建设广西边境旅游试验区是兴边富民、脱贫致富的重要途径和支撑。建设广西边境旅游试验区可有效发挥旅游业带动沿边地区群众脱贫致富的作用，一方面能够吸引大量内陆旅游者，加强内陆对沿边地区的了解和联系，有利于开辟更多内陆与沿边合作的途径①；另一方面，跨境旅游活动加强了边境地区与毗邻国家的相互联系，创造了更多的合作机会，促进并带动边境地区相关产业发展，推动边境地区产业结构升级和经济发展。

建设广西边境旅游试验区是推进广西边境地区旅游业发展，打造边境旅游目的地的重要举措。建设广西边境旅游试验区可有效发挥广西对外开发开放的旅游开放前沿、广西民族文化风情展示窗口等优势，加快把旅游作为区域重点支柱产业进行建设。利用旅游业推动产业融合发展、多元协同、内外联动，探索边境旅游发展新模式，推进广西边境地区旅游发展，打造边境旅游目的地，并对全国边境旅游业发展发挥先行示范作用。

建设广西边境旅游试验区是推进边境地区开放、促进中国—东盟睦邻友好、和平外交的战略机遇。建设广西边境旅游试验区可促进边境地区旅游要素自由流动、提高资源配置效率，扩大消费市场，推动市场深度融合，形成双向互动、互惠共赢局面。广西边境旅游试验区建设能够充分发挥广西边境地区旅游业的独特作用，成为深化“中国—东盟”沿线国家和平外交、开放合作，创新合作模式的重要途径。

（二）广西边境旅游试验区的相关研究综述

广西边境旅游试验区批复设立至今只有 4 年多的时间，开展相关研究的

---

① 国务院新闻办公室网站. 文化和旅游部就设立内蒙古满洲里、广西防城港边境旅游试验区进行答问［EB/OL］.［2018－04－13］. http://www.scio.gov.cn/XWfbh/gbwxwfbh/xwfbh/whb/Document/1627451/1627451.htm.

时间短，主要集中在产业融合与旅游合作、旅游+贸易助力扶贫、试验区建设路径与对策等领域，但目前尚无影响力较大的研究成果。

1. 旅游建设前景广阔，跨境合作潜力大

谢万忠等人对试验区全域旅游建设进行了研究，认为防城港市边境旅游试验区全域旅游建设存在规划建设滞后、旅游业整体发展水平低、管理协调缺位、共建共享不足等问题，应从这些问题入手，充分考虑各方利益诉求，调动各方积极性，大力推进“旅游+”产业融合。杨明等人收集2018年4月1日至2019年3月31日满洲里和防城港旅游的百度指数，对边境旅游试验区旅游网络关注度时空分布进行了分析研究，广西边境旅游试验区的旅游网络关注度与经济发展水平、人口规模、地理区位均表现出较强的相关性，但网络关注度有待提高。杨誉兴等人对广西防城港边境旅游试验区自驾游产品进行了SWOT分析，认为自驾游产品具有广阔的市场前景，在旅游形式上具有突破性，对旅游产品的创新具有参考价值。高海锋分析了防城港边境旅游试验区面向东盟国际旅游产业创新合作路径，从基础设施、签证制度、旅游安全、多元营销、产业辐射、自驾品牌等方面提出广西—东盟旅游业合作思路。

2. “旅游+贸易”耦合发展，助力旅游扶贫

陈翀基于国际贸易、产业融合等理论，对凭祥口岸“边境旅游+进口水果贸易”新业态进行了研究，培育新业态的核心主要是人才、企业、产业等各方面的“能力”培育，并充分发挥政府、企业、旅游者三方面的作用。罗平雨则利用系统理论、产业融合理论及系统耦合理论，对东兴市边境旅游与边境贸易耦合发展进行了研究，2009—2018年，东兴市边境旅游与边境贸易产业均呈现出比较明显的上升态势，当前均处于快速成长期，具备进一步耦合发展的产业内部条件。赵艺玲以边境旅游试验区建设为背景，对东兴市“旅游+扶贫”模式进行了研究，认为该模式为边境地区贫困人民提供了“造血式”脱贫模式。

3. 推动广西边境旅游试验区建设需多措并举

刘宏芳等人认为边境旅游试验区主要建设内容应集中在政策集成、体制创新、全域公共服务、产业融合、空间结构塑造、边境旅游城镇与村寨建设、业态及产品升级、项目与企业建设、国际合作与旅游监管等方面。王昊等人认为防城港边境旅游发展模式的探索是我国旅游业转型升级的重要内容，希望通过构建以“边、海、山”为主的边境旅游品牌、文化与旅游产业的联动式发展推动防城港边境旅游试验区建设，为全国边境旅游区建设和边境旅游发展提供可推广性、可复制性的模式。王桀等人认为广西边境旅游试验区和跨境旅游合作区建设面临诸多挑战，对“两区”建设突破路径进行探讨，提出建设“生态保护区国际和平公园”“商贸物流国际和平公园”“乡村度假国际和平公园”的对策建议。江瑾认为，大数据时代已经来临，广西防城港边境旅游试验区应充分挖掘大数据的价值，利用大数据准确分析和合理推测游客需求，对边境旅游区进行精准营销，实现边境旅游区资源的整合和共享，更好地利用大数据大力发展旅游业。

二、广西边境旅游试验区建设的现状

防城港边境旅游试验区获批后，防城港市积极推进建设工作，试验区建设取得明显成效。防城港市文化广电体育和旅游局数据显示，2019 年 1—8 月，防城港市接待入境旅游者 12.06 万人次，同比增长 6.5%，国际旅游消费 4940.15 万美元，同比增长 12.65%，接待边境游游客 24.81 万人次，同比增长 21.9%；2019 年，国庆黄金周期间，全市共接待边境游游客 21663 人，同比增长 5.6%，出入境旅客（持护照）46815 人。旅游经济快速增长，成为广西旅游异军突起的新兴目的地。

（一）广西边境旅游试验区建设成果丰硕

1. 项目方面：跨境旅游合作项目推进落地

防城港市加速开放合作，建立了中国东兴与越南芒街会晤机制，中越德天（板约）瀑布跨境旅游合作区、中越友谊关—友谊国际旅游合作区等一批重大边境旅游项目加快推进落地，桂越共同在中国广州、厦门等地开展跨境旅游合作项目的宣传，推介中越边境旅游目的地，开展跨境旅游市场联合执法等行动。防城港市成功引进白浪滩·航洋都市里、威壮滨海文旅康养项目、白沙湾国际自然医学度假区、马鞍岭邮轮康养旅游度假区、三月三文化旅游度假区、中国·防城港体育小镇、泰国文化园、金花茶小镇等一批重大文旅项目落户建设。

2. 基础设施方面：跨境基础设施建设不断加强

中国与东盟国家持续推进中泰铁路、中老铁路、马来西亚东海岸铁路等铁路基础设施建设，目前，中国—东盟积极对接《东盟互联互通总体规划2025》，推动基础设施务实合作，提升本地区互联互通水平。防城港围绕打造防城港边境旅游试验区中越边关风情旅游区、北部湾滨海休闲度假旅游区和十万大山森林生态旅游区等三个功能区布局，完善铁路、高速公路、桥梁、口岸的旅游综合交通运输体系，进一步完善边境旅游综合服务设施，广西已实现东盟十国航线全覆盖，南宁经东兴口岸至越南下龙湾、海防国际直通汽车班线开通，防城港马鞍岭1、2号旅游码头已建设完成①。2020年，中新互联互通南向通道友谊关左辅山二桥（含口岸卡口改扩建）项目桥梁完成工程竣工验收，友谊关口岸扩大开放项目年内基本完成建设，凭祥境外边民务工管理服务中心、巴马至凭祥高速公路（凭祥段）、崇左至凭祥城际铁路、广西凭祥综合保税区快速通道等二期项目加快建设。

---

① 光明网. 广西防城港边境旅游试验区五大改革取得新突破［EB/OL］.［2019－11－18］，https://travel.gmw.cn/2019-11/18/content_33327896.htm.

3. 通关方面：新措施、新模式促进通关便利

2017 年 7 月，友谊关口岸正式开启外国人口岸签证业务，落地签 365 天天天受理，不用再专门安排人员到中国驻外使领馆或其他有口岸签证机关的城市驻点办证，轻松、快捷的办理手续大大便利了通关。中越双方达成共识，两国边境居民可申请办理边民证，凭证可通过边境的通关绿色通道快速通行。防城港市公安局率先自主研发互联网全流程边境游自助办证系统，于 2019 年 8 月底上线试运行。此外，促进自驾车旅游往来便利化也取得突破，2018 年已实行自驾游车辆"一站式"通关验放，游客可启用自助通道快速自主通关①。公安系统建立跨境自驾车通关"两个互认"模式，打造跨境自驾车通关"绿色通道"，实现入境自驾车通关业务当日办结。

4. 旅游产品方面：转型升级推动产品形态丰富

2018 年 6 月 1 日，中国桂林—防城港（东兴）—越南芒街—下龙国际跨境自驾游线常态化开通。崇左市边境旅游市场复制推广"防城港自驾游模式"，开通广西南宁—越南谅山的跨境自驾游线路。结合中越跨境自驾游、马拉松、骑行等国际赛事，广西培育了桂林—防城港（东兴）—芒街—下龙、南宁—凭祥—谅山—河内跨国游线路等 9 条精品旅游线路。此外，防城港市以东兴边境经济合作区、国门景区等区域为集聚点，在中越边境旅游办证大厅建设跨境电商展示中心，推动旅游和跨境电商融合发展。

5. 合作模式方面：意识加强催生合作新模式

广西始终高度重视、高位推动防城港边境旅游试验区建设，坚持交往交流互融，区域合作日趋深化，合作意识日益加强，提升沿边开放水平。为加强中越旅游交流合作，广西实施中越旅游"六联合"的合作新模式：联合打

---

① 光明网. 广西防城港边境旅游试验区五大改革取得新突破［EB/OL］.［2019-11-18］, https://travel.gmw.cn/2019-11/18/content_33327896.htm.

造跨境旅游精品线路，联合打造跨境旅游拳头产品，联合开展跨境旅游宣传推广，联合开展跨境旅游市场整治，联合做好跨境旅游演艺交流，联合开展跨境旅游培训①。2018年8月，由中国东兴市旅游局联合越南芒街市文化通信局组成联合执法小组在越南芒街市开展跨境旅游联合执法活动。东兴市与芒街市每年都联合开展跨境旅游形象推介，2019年年初成功举办“中越跨境自驾游双百行动—走进国门东兴”活动②。

6. 品牌方面：旅游形象和城市知名度大幅提高

防城港市持续释放首批国家边境旅游试验区红利，跨境游、边境游成为重要旅游品牌，滨海旅游、边境旅游、乡村旅游成为主打产品，受到广大游客欢迎，全国各地游客慕名而来，游客对防城港旅游业和旅游整体形象的认知度在不断提高。同时，边境旅游试验区的建设推动了防城港市基础设施建设提速，服务水平提高，产业业态升级，提升了城市知名度、美誉度和影响力。

（二）广西边境旅游试验区建设经验日益丰富

1. 政策支持，调整倾斜

2018年，广西壮族自治区人民政府办公厅印发了《广西防城港边境旅游试验区建设实施方案部门任务分工方案》，试验区出台支持旅游业发展用地政策的实施意见或细则，土地利用年度计划指标安排向旅游项目倾斜。同年12月，自治区自然资源厅印发了《支持防城港边境旅游试验区发展的若干政策措施的通知》，涉及项目动态管理、土地利用总体规划和调整等十个方面的内容，同时下放审批权限，简化审批程序。同年9月，防城港市

---

① 防城港人民政府官网. 广西防城港边境旅游试验区探索初见成效［EB/OL］.［2019－10－11］, http://www.fcgs.gov.cn/zxzx/syqzc/jj/201910/t20191011_87707.html.

② 光明网. 广西防城港边境旅游试验区五大改革取得新突破［EB/OL］.［2019－11－18］, https://travel.gmw.cn/2019-11/18/content_33327896.htm.

国土局制定了《关于支持防城港边境旅游试验区旅游业发展用地的意见》，为试验区重大文旅项目落实建设用地；防城港市申报两批次边境旅游试验区旅游重大项目清单，包括白浪滩·航洋都市里、广西三月三文化旅游度假区等30个重大文旅项目，获得广西壮族自治区政府审批同意，给予更大的用地政策支持。在央地合力之下，防城港边境旅游试验区建设取得了突出成效。

2. 资金方面，大力扶持

国家各部委对防城港边境旅游试验区项目建设在资金方面给予了大力支持。2019年，中央旅游发展基金补助边境旅游试验区建设共528.6万元，其中，400万元支持国门景区创4A建设，128.6万元支持全市A级旅游厕所建设。此外，中央补助地方公共文化服务体系建设、重点项目、集中彩票公益金支持地方体育事业分别下达资金491.7万元、450万元和49万元。广西壮族自治区从2018年自治区边境地区转移支付补助资金中安排5000万元支持边境旅游试验区建设。2018年9月25日，自治区有关部门在防城港市召开边境旅游试验区建设现场推进会，决定下达旅游发展专项资金100万元用于边境旅游试验区规划项目。自治区文旅厅经过调研，决定从2019年起每年补助2000万元自治区旅游发展专项资金支持重大旅游项目建设①。

3. 资源共享，创新合作

广西先后加入“4+2”北部湾旅游联盟、德天旅游联盟、桂西旅游联盟等，与越南谅山、高平、河内等签订了旅游合作协议。共建中越跨境旅游合作区、中国凭祥—越南同登跨境旅游合作区、中越德天—板约国际旅游合作区、中越友谊关—友谊国际旅游合作区等，共享边境跨国旅游资源，如崇左大新跨国瀑布、德天—板约瀑布。同时，建立跨境旅游合作区协调理事会、

① 防城港人民政府官网. 广西防城港边境旅游试验区探索初见成效［EB/OL］.［2019-10-11］, http://www.fcgs.gov.cn/zxzx/syqzc/jj/201910/t20191011_87707.html.

地方管理委员会，完善中越两国旅游长效发展机制、中越两国旅游信息交互机制、中越双方联合安全保障机制等，发挥合作区的独特区位优势，实现旅游全要素的国际自由流动，打造国际知名的跨境旅游目的地、中国—东盟旅游合作示范区。

4. 往来便利，服务优化

开办多种签证业务，推进人员往来便利化、车辆往来便利化、团队通关便捷化。创新通关模式，在凭祥口岸、友谊关口岸及越方口岸实施“一地两检”“一站式”通关，设置团队游客绿色通道，简化自驾车出入境手续，提高通关效率。联合编制具有科学性、针对性和操作性的跨境口岸旅游服务标准，明确跨境口岸接待服务基本要求、服务设施与服务项目的质量要求、安全要求及服务信息传递要求，以标准化服务建设广西边境旅游试验区。

三、广西边境旅游试验区建设的 SWOT 分析

广西是中国与东盟海、陆、河相连的门户，旅游资源丰富，区位优越。广西防城港边境旅游试验区位于北部湾畔，与东盟海陆相连，居住有京族、壮族等多个少数民族，文化和旅游资源丰富，有“金花茶之乡”“白鹭之乡”之称，拥有东兴口岸、浦寨口岸及多个深水港码头，试验区高速公路、铁路已与全国路网连接，国家《“十四五”民用航空发展规划》提出新建防城港机场，与越南联合开通“海上胡志明小道”客轮旅游航线，具有较大的发展前景。

（一）优势分析

1. 边境旅游资源丰富，特色化精品多

近年来，广西重点推进桂越国际旅游合作区（如中国德天至越南板约国

际旅游合作区、防城港边境旅游试验区）重点片区建设，相继开通桂林—防城港—芒街—下龙“两国四地”国际跨境自驾游、南宁—谅山跨境自驾游、德天—孟麻等跨境旅游精品线路，打造中越边境旅游、跨境自驾游等特色跨境旅游精品，推动广西边境旅游业持续健康发展①。深化文化和旅游融合发展，推进文化产业和旅游业优化升级，形成全域协调、优势互补、联动发展的良好格局②。

2. 人文交流历史悠久、合作源远流长

广西与东盟比邻而居，山水相连、文脉相通、人缘相亲，广西拥有十多个少数民族，与东盟国家有着某些共同的民族、宗教、习俗，价值观相近，交往历史悠久，是“中国—东盟”命运共同体建设有机衔接的重要门户。双方积极顺应时代发展潮流，包容互鉴、合作共赢，中国—东盟建立对话关系已有30年，人文交流源远流长，广西与东盟互联互通不断加速，文化、旅游、经贸往来日益紧密。

（二）劣势分析

1. 边境旅游规划落后，政策相对滞后

广西边境旅游试验区作为国家级的旅游试验区，在空间布局、景点景区设置、交通路网、旅游路线、经济圈形成、国际定位等方面存在规划不够科学化和合理化，主题不够突出，定位不明确，景区景点项目繁多、服务混乱，有关部门监督不够等问题。近年来，每逢节假日，江山半岛、京族风景区、东兴口岸均会出现交通拥堵。此外，旅游开发与城市发展规划缺乏有效衔接，如白龙核电站建设与江山半岛旅游开发冲突，企沙沿海工业园区建设与滨海旅游景区开发建设矛盾等。试验区与东盟各国在签证办理方面仍缺乏科学合理的政策，不利于防城港边境旅游试验区建设与跨境旅游创新合作的可持续

---

① 广西壮族自治区人民政府办公厅．广西旅游业发展“十三五”规划［Z］．2016．

② 广西壮族自治区政府办公厅．广西“十四五”文化和旅游发展规划［Z］．2022．

发展。如果不能有效解决这些问题，将会影响防城港边境旅游试验区的建设。

2. 合作制度不够完善，服务有待提升

广西边境旅游试验区的跨国旅游合作处于先试先行摸索阶段，双边沟通协调、部门对接、合作机制等方面没有任何可以借鉴的经验，跨境旅游合作存在政策落地慢、合作项目单一、单方负责、合作制度不完善、合作机制不深化、专业或高素质人才缺乏等问题，合作管理制度有待创新。因建设时间短，广西部分边境地区存在基础设施互联互通不强，签证手续烦琐，部门间信息不共享，审批效率低等问题；东兴口岸跨境自驾游团队不能办理落地签证，办理手续多，车辆互通水平仍然有待提高，严重打击了旅行社的组团积极性。

3. 建设进度推进缓慢，基础设施落后

近年来，国家、自治区、防城港市各级不断加大对防城港边境旅游试验区的投入，但因为试验区建设时间短、经济基础相对薄弱等原因，基础设施仍然相对落后。防城港市部分景区景点缺乏科学规划，设施设备老旧，停车场、给排水系统、环卫设施等建设落后，服务设施不足；缺乏上档次或者与国际接轨的酒店和饭店等；部分边境旅游区内道路狭窄、道路等级低、容易堵车；旅游从业人员整体素质较低，高素质人才缺乏；基础设施互联互通性不强、跨境旅游园区建设缓慢等问题存在。

4. 边境旅游业发育慢，竞争力有待提升

近年来，云南省大力发展跨境旅游业，不断加强与东盟国家的旅游合作，旅游资源与广西存在同质化竞争，“吃、住、行、游、购、娱”六要素相关产业发展滞后，旅游产业集聚度和规模化程度较低。目前，广西跨境旅游合作仍以广西到越南旅游为主，越南到广西旅游人气不旺，此外，还存在部分边境景区档次偏低，淡旺季明显，旅游线路规划设计不合理，景观资源有限，旅游交通不便利，游客在边境地区停留时间短、消费少，旅游接待能力不能满足需要等问题，市场吸引力弱，竞争力有待提升。

（三）机会分析

1. 双边关系良好运行，带动良性发展

广西边境旅游试验区建设与发展势必始终受双边政治关系的影响，中国—东盟合作关系从"睦邻互信""黄金十年"到"钻石十年"，已走过30余年，双方交通、通信、能源等基础设施互联互通不断推进，提高了中国和东盟的互联互通水平，在政治安全、经济贸易、社会人文三大领域合作不断深化，已成为彼此最大规模、最富内涵、最具活力的战略伙伴。在新发展格局的推动下，中国将中国—东盟命运共同体作为人类命运共同体建设的高地和样板，中国与东盟政治关系良好，广西与东盟的边境旅游业也因此进入良性发展阶段。

2. 扶持政策多力度大，红利优势明显

《文化和旅游部等10部门关于印发内蒙古满洲里、广西防城港边境旅游试验区建设实施方案的通知》（文旅旅发〔2018〕1号），规定防城港试验区的主要任务有探索旅游便利通关新举措、探索全域旅游发展新路径、探索产业发展引导新机制、探索边境旅游转型升级新动能、探索扩大边境旅游合作新模式，加快防城港边境旅游试验区建设。

《广西壮族自治区自然资源厅办公室关于印发支持防城港边境旅游试验区发展的若干政策措施的通知》（桂自然资办〔2018〕40号），从项目动态管理、土地利用总体规划和调整、规划建设用地规模指标、国土空间规划编制、旅游景区用地管理、多渠道增加建设用地供给等十方面发力，以更大的力度精准支持防城港边境旅游试验区建设。

《防城港边境旅游试验区文化旅游产业高质量发展扶持奖励办法》扶持高等级酒店建设、旅游景区建设、旅游新业态建设、全域旅游示范区建设、旅游市场开拓、文化产业建设等，推动防城港文化旅游产业高质量发展，巩固防城港边境旅游试验区建设成果。

2020年11月15日，《区域全面经济伙伴关系协定》（RCEP）正式签署

生效。随后，广西壮族自治区人民政府印发《广西加快对接 RCEP 经贸新规则若干措施》，提出建立 RCEP 多领域合作联盟和网络，打造一流营商环境。政策红利相互叠加优势明显，助力广西防城港边境旅游试验区建设发展。

（四）威胁分析

1. 多重风险交互存在，威胁旅游安全

旅游安全问题成为旅游业发展中越来越重视的问题。旅游业产业链长、环节多、抗风险能力弱，自然灾害、社会安全事件等都可能成为威胁旅游安全的因素，自驾游、徒步等个性化出游方式加大了旅游安全服务和监管的难度，增加了旅游安全风险，边境旅游更甚。防城港边境旅游试验区位于中越交界，涉及多条跨境旅游线路，外界环境相对复杂，多重风险交织，安全隐患较多。

2. 地缘关系、非传统安全威胁仍然存在

南海形势持续紧张、“南海行为准则”谈判进展缓慢，菲律宾和越南将南海争端视为更严峻的挑战，对中国在地区的作用看法最为负面，地缘关系变化将会影响广西边境旅游试验区的建设。新冠肺炎疫情反复，气候变化，世界经济不景气，贸易保护主义和单边主义势力抬头等非传统安全威胁仍然存在。疫情的反复性和持续性导致跨境旅游几乎全部停滞。以美国为首的西方国家不断炒作“中国威胁论”“中国称霸论”，削弱了东盟国家对中国的信任。未来，在疫情未得到有效控制之前，这些问题都将继续制约着双方的互信交流。

四、“中国—东盟”背景下广西边境旅游试验区建设的策略建议

（一）加强政府合作，顶层设计，完善政策引导

加强政策合作，消除地理边界，健全合作模式建立工作机制体制。制定

政策措施，促进区域开展合作，加强国家间、城市间、景区间合作，消除地理边界。成立政府主导的对外协调机构，建立跨境协调合作机制，搭建跨境合作交流平台，加强沟通协调，促进跨国项目合作，通过跨国合作交流平台的有效协调，统筹安排，有序推进广西边境旅游试验区跨国项目的实施，科学解决边境旅游试验区在面向东盟国际合作中面临的问题。

顶层设计，高起点、高水平编制广西边境旅游试验区规划。抓好广西边境旅游试验区建设总体规划和三大旅游功能区规划，统筹编制“旅游＋”专项规划。加强桂越边境旅游交流合作，构建多层次、多维度的跨境旅游合作机制，加大桂越跨境旅游产品开发力度，推动旅游产业、市场、产品、信息、服务深度融合，增强跨境产业链韧性，提升广西边境旅游试验区现代化、信息化、国际化水平。

推动政策落地，发挥政策引导和扶持作用。一是争取资金政策支持。申请设立边境旅游试验区政策性补助资金，用于试验区的旅游基础设施建设、旅游产品开发宣传推广、对外合作交流、旅游管理和公共服务体系完善等方面。二是争取“离区免税”政策。借鉴海南“离岛免税”政策，申请对进入广西防城港边境旅游试验区的国内外游客实施“离区免税”的政策。三是推动试验区改革，重点改革管理、人员、自驾车、团体旅游便利化等制度，形成推动“中国—东盟”边境旅游蓬勃发展的制度保障。

（二）推进科技融合，多元合作，提高合作水平

提升科技支撑力，建设跨境合作信息平台、商务平台等。加大云计算、大数据、人工智能等数字技术应用，推动建设试验区合作信息服务平台、数字信息开放平台、商务平台，提升信息咨询服务水平，实现信息服务标准化、规范化、便利化。平台以加速推动桂越边境产业创新发展，推动全产业链线上一体化发展，实现规模化数字管理，实现信息共享、线上线下相结合以及跨产业、跨区域产业集群的建立。

推动成立跨境旅游试验区合作联盟，增强互联互通。加大对中越合作区、口岸基础设施建设支持力度，提高边境旅游互联互通水平；加大对试验区合

作项目建设的支持力度；成立中越边境合作联盟，加强各级协调机构工作对接，完善边境合作建设项目清单、合作监管机制，尽快完善试验区合作联盟设立方案、实施方案，推动跨国、跨区域合作，增强互联互通。

跨境合作开发推广跨境旅游产品，打造特色品牌。充分利用边境特色旅游资源，合作打造边境新型旅游产品，鼓励发展特色文化和旅游相关产业，提高资源利用效率和旅游业附加值，推动旅游与城市建设、经济发展、文化交流、生态保护融合发展。以防城港边境旅游试验区建设为契机，与越南毗邻地区联合深度开发德天一板约瀑布景区、大新跨国瀑布景区、胡志明足迹游、凭祥友谊关景区等精品旅游线路，大力发展文化旅游，打造特色文化旅游品牌。依托边境文旅资源，发掘、保护、建设特色景区，打造一批具有边境特色的、口岸专业化、功能明确的边贸文旅市场，打造具有中越边境特色的旅游品牌，打造具有壮族、京族、大板瑶族特色的民族特色旅游品牌，打造祖国南大门旅游特色品牌。

加强旅游线路合作、旅游服务合作、文化交流合作、宣传推广合作，提升服务水平。依托边境优势，建立定期会晤机制和互访机制等，通过举办多形式、多层次、多主题的交流会、博览会、文化节、旅游节、交流活动等，扎实推进双方交流合作；举办不同主题两国青少年交流活动，友好联系，确保中越友好世代相传；加强交流宣传推介，加强与越方沟通通报，与兄弟边境旅游试验区交流，举办边境旅游论坛、旅游知识讲座、专家研讨会、旅游培训班等，营造浓厚的旅游合作氛围，提高服务水平。

（三）完善基础设施，保护文化，提升服务品质

加快构建航空、铁路、公路、港口、口岸等旅游综合交通运输体系。加快推进防城港民用航空机场建设，建立空中跨国通道；加快推进中越北仑河二桥建设，与越南开展公路、铁路前期工作对接，完善峒中（含里火通道）口岸设施，建立向边通道；推进国际邮轮码头建设，支持企业依法开辟防城港至越南等东南亚国家的国际邮轮航线，建设向海通道；深化通关便利化改革，升级口岸查验设施，简化边境通关手续，提升口岸通关能力。

加大对民族文化的保护力度，高度重视民族文化的安全问题。制定符合双方政治利益的新的文化规则，策划跨境旅游产品、跨境文化交流等，创造性地开展互惠式的民间文化合作形式，让双方边民感受到利益共同体、责任共同体和命运共同体的共识，积极开展协商，共同策划民间文化合作活动。

完善边境地区旅游服务设施，提升公共服务品质。加快推进边境旅游集散中心、咨询服务中心、停车场、旅游标识一体化、应急救援等旅游基础设施和公共服务设施建设，全面推进旅游"厕所革命"，加强从业人员的业务能力和素质培训，引进优秀人才和高素质复合型人才，提升公共服务水平和服务品质，为双方文化、旅游等沟通合作提供更为快捷、便利的条件。

（四）开展先行先试，创新模式，提升旅游话语权

开展先行先试实践，打造样板。在中越跨境旅游合作、跨境金融合作等方面先行先试，积极探索中越边境双边共同规划、联合建设、统筹经营、共同得利的国际合作模式，创新运用"政府主导＋企业参与＋行业促进"协作式合作模式、"政府主导＋区域联动＋主体参与"合作模式、"政府主导＋市场运作"模式创新边境旅游合作机制，推行无障碍旅游，从政府、企业、社会、群众等多层面开展合作，打造边境旅游话语权，打造边境旅游合作样板，在地缘关系中增强国家软实力。

推动跨境旅游联合营销机制。拓展桂越跨境旅游合作范围，打造优质跨境旅游线路。建立桂越跨境旅游市场联盟，联合宣传营销，联合推广，共同开发边境旅游市场。参照云南毗邻国商品界定原则，推动中越边民互市贸易区深度开放，进一步拓展互贸商品来源及种类。鼓励企业建立智能旅游商务平台、智能旅游购物平台等智慧旅游商务系统，提高精准营销能力。

健全旅游人才联合培养机制。推动中越互派旅游从业人员异地培训，建立旅游人才引进及双边共享机制。建设中越边境旅游人才智库和成果宣传推介平台，培养一批高素质人才队伍。建立信息共享机制，定期发布智库决策咨询成果。

打造边境特色旅游产品，推进重点项目建设，提升旅游话语权。立足中

越边关风情、滨海休闲度假、森林生态康养等核心旅游资源，谋划多条特色自驾游线路，打造边境特色旅游产品体系。加快中越边关风景道、中国东盟自驾游基地、生态湿地公园等新项目建设，重点推进江山半岛景区、东兴国门景区、三月三文化旅游度假区等重大项目提档升级，保护、传承边境遗址遗迹、传统村落、非物质文化遗产等人文资源，提升“三月三”活动影响力，提升旅游话语权。

（五）跨境合作，加强安全预警和防范

完善跨境旅游联合执法机制，加强联合执法力度。推动两地建立边境旅游市场监管机构，完善中越跨境旅游联合执法机制、边境旅游市场监管机制、两地会晤机制、跨境旅游应急机制、旅游信息互通机制等，加强中越双方的跨境旅游联合执法交流合作，努力实现跨境旅游联合执法常态化，共同维护中越边境旅游市场秩序。

建设以信用监督为核心的诚信旅游服务平台。建立以信用监管为核心的新型市场监管制度，对旅游领域有关企业及人员建立信用记录，对严重违法失信主体实施联合惩戒，推动边境旅游安全意识、文明意识、规范意识普遍增强，提升边境旅游服务水平。

综上所述，广西防城港边境旅游试验区建设对推动中国—东盟命运共同体建设意义重大，广西防城港边境旅游试验区建设 4 年多来，取得了丰硕成果，积累了成功经验，通过 SWOT 分析，总结广西防城港边境旅游试验区建设的可行之处和不足之处，并提出相应的策略建议，期望能为广西防城港边境旅游试验区建设提供有效参考。

参考文献

［1］刘宏芳，明庆忠，娄思元. 边境旅游试验区建设的战略思维［J］. 云南社会科学，2017（6）：6.

［2］谢万忠，陆丹丹，利运晶. 防城港市边境旅游试验区全域旅游建设现状与对策研究［J］. 中国商论，2020（7）：3.

［3］杨明、吴忠军、孙华强. 边境旅游试验区旅游网络关注度时空分布及影响因素研究［J］. 四川旅游学院学报，2020（5）：6.

［4］杨誉兴、陈津津、唐瑞徽、马广婷、邹巧缘. 广西防城港边境旅游试验区自驾游产品开发的 SWOT 分析［J］. 当代旅游，2020，v. 18（28）：24-25.

［5］高海锋. 广西防城港边境旅游试验区面向东盟国际旅游产业创新合作路径研究［J］. 智库时代，2019（38）：2.

［6］陈翀. 广西凭祥市边境旅游 + 进口水果贸易新业态培育路径研究［D］. 广西大学，2019.

［7］罗平雨. 东兴市边境旅游与边境贸易耦合发展研究［D］. 广西大学，2019.

［8］赵艺玲. 边境旅游试验区建设背景下旅游脱贫研究［J］. 边疆经济与文化，2019（12）：3.

［9］王昊，庞子俊，毛宏，等. 防城港边境旅游试验区发展路径［J］. 2020.

［10］王桀，贾晨昕，吴信值. 中国面向东盟“两区”建设问题与突破路径探讨［J］. 亚太经济，2019（2）：7.

［11］江瑾. 大数据在防城港边境旅游试验区的开发应用研究［J］. 信息与电脑，2020，32（11）：3.

［12］雷小华. 中国—东盟建立对话关系 30 年：发展成就，历史经验及前景展望［J］. 亚太安全与海洋研究.

［13］熊远光. 广西边境旅游发展现状及对策研究［J］. 农业经济，2015（11）：53-55.

［14］吴永生.“一带一路”背景下广西边境旅游发展现状，问题及对策［J］. 企业科技与发展，2019（12）：3.

［15］张磊. 中越旅游合作成效、问题及对策探析［J］. 红河学院学报，2018，16（1）：5.

［16］梁颖，黄立群. 中国—东盟关系中的政治经济互动机制［J］. 亚太

经济，2016（3）：6.

［17］范祚军. 后疫情时代中国—东盟战略伙伴关系发展前景［J］. 当代世界，2021（8）：41-47.

［18］翟崑，陈旖琦. 第三个奇迹：中国—东盟命运共同体建设进程及展望［J］. 云南师范大学学报：哲学社会科学版，2020，52（5）：11.

［19］魏玲. 伙伴关系再升级：东盟关切，中国责任与地区秩序［J］. 国际问题研究，2021（6）：24.

［20］邓军，何清新，黄艺平，等. 国家认同视域下的中越边境民间文化安全问题［J］. 广西 师范学院学报：哲学社会科学版，2017，38（5）：6.

新发展格局下新疆沿边开发开放问题研究

陈倩倩*

摘　要：新疆工作在党和国家工作全局中具有特殊且重要的战略地位，推进新疆沿边开发开放事关全国改革发展稳定大局，意义重大。新疆沿边开发开放大致可分为开放探索阶段（1978—1991 年）、战略起步阶段（1992—2012 年）、全面推进阶段（2013 年至今）3 个阶段。在加快构建以国内大循环为主体、国内国际双循环相互促进的新发展格局要求下，新疆沿边开发开放面临着新的战略机遇，应充分区位和比较优势，进一步提高沿边开发开放水平，努力将其打造为内陆开放和沿边开放高地、承接东部产业转移示范区、技术—制度融合创新试验区、现代服务业开发开放示范窗口。

关键词：新发展格局；新疆；沿边开发开放；高质量发展

引　言

新疆工作在党和国家工作全局中具有特殊重要的战略地位，习近平总书记在第三次中央新疆工作座谈会上强调，做好新疆工作是全党全国的大事，

* 作者简介：陈倩倩，女，山东菏泽人，浙江大学硕士研究生，新疆发展改革委干部。

并指出，要发挥新疆区位优势，以推进丝绸之路经济带核心区建设为驱动，把新疆自身的区域性开放战略纳入国家向西开放的总体布局中。深入推进新疆沿边开发开放事关全国改革发展稳定大局，有利于新时期加速东西双向开放，推动区域协调发展，构建国内大循环为主体、国内国际双循环相互促进的新发展格局；有利于深化与周边国家全面合作，打造我国西北地区重要国际合作平台，推进共建“一带一路”高质量发展；有利于提高边境地区、民族地区人民生活水平，进一步铸牢中华民族共同体意识，实现新疆社会稳定和长治久安。

一、新疆沿边开发开放演进历程和实践特征

新疆沿边开发开放历史悠久。西汉武帝时期，张骞由长安（今西安）出使西域，打开了陆上丝绸之路，经甘肃、新疆，通往中亚、西亚、北非等沿线国家，成为中国西北沿边地区对外经济文化交流的重要走廊。在新中国成立后，新疆对外开放进入了新的历史时期。根据孙久文、庄芮、申桂萍等学者关于中国沿边开发开放进程的研究，结合新疆对外开放历程，本文以 1978 年实施改革开放为起点，将新疆沿边开发开放历程划分为 3 个阶段。

（一）第一阶段（1978—1991 年）：开放探索阶段

一是新疆沿边开放缓慢起步。1978 年 12 月，党的十一届三中全会胜利召开，明确实行改革开放政策，对外开放率先在沿海地区展开。1982 年，中苏换文恢复新疆口岸同苏联开展贸易，国务院批准新疆开展对苏边境贸易，新疆沿边地区边境贸易逐步得到恢复。1983 年，新疆霍尔果斯和吐尔尕特等地逐步恢复与苏联的地方易货贸易和边境贸易。1987 年，中共中央、国务院在批转《关于民族工作几个重要问题的报告》时指示，新疆、西藏、云南等省区和其他一些少数民族地区进一步实施对外开放，加快经济发展。

二是沿边开放逐步规范化。国家先后出台《边境小额贸易暂行管理办法》

(1984 年)、《关于口岸开放的若干规定》(1985 年)、《关于加快和深化对外贸易体制改革若干问题的规定》(1988 年)等政策文件，为活跃边境贸易提供了政策指引，推动沿边开发开放逐步走向制度化开放。1991 年，国务院办公厅批转《关于积极发展边境贸易和经济技术合作、促进边疆繁荣稳定的意见》，鼓励扩大边境贸易。

三是新疆边境贸易逐步恢复。在这一时期，沿边开发开放尚未正式提出，沿边开放政策仍处于探索阶段。沿边开放平台只有口岸，在开放功能上局限于贸易功能，在政策上以鼓励、支持和规范边境贸易为主，辅之以支持边境贸易发展的税收、外汇等政策工具。边疆地区的经济建设和对外开放逐渐被纳入边疆治理的重要内容，边境贸易的恢复与发展为进一步扩大新疆沿边开发开放奠定了基础。

（二）第二阶段（1992—2012 年）：战略起步阶段

一是沿边开放战略正式实施。1992 年，中国正式实施沿边开发开放战略，国务院先后批准新疆伊宁、博乐、塔城等 14 个边境城镇为沿边开放城市，批准设立 14 个国家级边境经济合作区。《国务院关于进一步对外开放黑河等四个边境城市的通知》明确，对沿边省、区的省会城市实行沿海开放城市同等优惠政策。中国对外开放格局由沿海、沿江开放扩大至沿边开放，东西双向互济的开放格局逐渐形成。1999 年，党中央、国务院提出实施“西部大开发”战略，国家启动“兴边富民”行动计划，新疆沿边地区开放型经济逐渐步入发展快车道。

二是新疆沿边开放上升至国家层面。2010 年，中共中央、国务院提出深入实施西部大开发战略，明确提升沿边开放水平，扩大对内对外开放，建设国际陆路大通道，构筑内陆开放与沿边开放新格局的战略任务。国家先后出台《关于进一步促进新疆经济社会发展的若干意见》(2007 年)、《中共中央 国务院关于促进新疆跨越式发展和长治久安的若干意见》(2010 年)、《国务院关于支持喀什霍尔果斯经济开发区建设的若干意见》(2011 年)等政策文件。新疆沿边开放与沿边开发战略同步交织，沿边开放政策从单一的贸易政策向多元化的产业政策转型，政策工具不断丰富，政策体系逐步趋于完善。

三是新疆大力建设沿边开放平台。2006 年，中哈霍尔果斯国际边境合作中心开工建设，是中国与其他国家建立的首个跨境经济贸易合作区，于 2012 年正式封关运营，跨境经济合作区由探索转入实质性开发阶段。2010 年 5 月，第一次中央新疆工作座谈会明确设立霍尔果斯、喀什经济特区，将喀什、霍尔果斯经济开发区建设成为中国向西开放的重要窗口，推动形成中国“陆上开放”与“海上开放”并重的对外开放新格局。新疆同周边国家的经贸合作由单一的边境贸易合作扩大到投资、技术和劳务等多领域，合作的广度和深度不断提升，边境贸易对新疆经济和产业发展的贡献进一步增加。

（三）第三阶段（2013 年至今）：全面推进阶段

一是建设丝绸之路经济带核心区。2013 年，习近平总书记提出共建“丝绸之路经济带”和“21 世纪海上丝绸之路”的合作倡议，全面提高沿边地区对外开放水平成为构建人类命运共同体的关键一环，新疆成为重要“内”“外”对接区域，成为中国向西开放的前沿阵地。2015 年，《推动共建丝绸之路经济带和 21 世纪海上丝绸之路的愿景与行动》发布，明确要发挥新疆独特的区位优势和向西开放重要窗口，深化与中亚、南亚、西亚等国家交流合作，形成丝绸之路经济带上的重要交通枢纽、商贸物流和文化科教中心，打造丝绸之路经济带核心区。

二是新疆沿边开发开放平台持续增加。2020 年，国务院同意设立新疆塔城重点开发开放试验区，赋予其建成丝绸之路经济带的重要支点、深化与中亚国家合作的重要平台、沿边地区经济发展新的增长极、维护边境和国土安全的重要屏障的历史使命，将新疆沿边开放推至新高度。新疆现有 1 个沿边重点开发开放试验区、17 个一类口岸、12 个二类口岸、4 个边境经济合作区、3 个跨境电子商务综合试验区，沿边各类开放载体不断丰富，开放层次不断提升，沿边开放的力度、广度和深度不断增强。

三是新疆沿边开发开放水平不断提升。近年来，新疆大力推进乌鲁木齐国际陆港区和中欧班列乌鲁木齐集结中心建设，加快推进喀什经济开发区、霍尔果斯经济开发区建设，着力提升外向型产业发展水平，推进交通枢纽、商贸物流、文化科教、医疗服务中心和口岸经济带建设；逐步形成向西以中亚五国、巴基斯坦等周边国家为重点方向，向东以19个对口援疆省市为主要依托，以重点开发开放试验区和沿边重要口岸为先导，以国际大通道建设为支撑，以边境经济合作区为载体的沿边开发开放新格局，进入高水平开放型经济发展轨道。

二、新疆沿边开发开放现状与存在的问题

经过40余年的发展，新疆沿边开发开放取得了一系列成就，特别是随着“一带一路”建设的推进，新疆开始逐渐由改革开放的末梢走向前沿，沿边开放层次不断提高，布局和功能不断优化完善，逐渐成为国家战略的重点以及构建全面开放新格局的重要组成部分。与此同时，与沿海、沿江地区相比，受市场、基础设施、资本、人力和技术等要素制约，新疆沿边开放水平还有待进一步提高，仍面临着贸易结构有待优化、基础设施建设滞后、高端要素缺乏、体制机制不够畅通等问题。

（一）新疆沿边开放现状

新疆沿边开发开放不断探索，特别是2013年提出“一带一路”倡议以来，在国家政策的扶持之下，借助自身地缘和区位优势，不断深化与周边国家的经贸合作，以开放促开发、以开发促发展，不断扩大开发开放范围和力度。与2012年相比，新疆开放程度和发展水平显著提升，基础设施显著改善，布局和功能持续优化，全方位、多层次的开放平台初步形成。

一是经济发展规模方面，基于自身纵向比较看，新疆地区生产总值由2012年的0.74万亿元提高到2020年的1.38万亿元，实现了大幅提高。基于横向纵向比较看，新疆地区生产总值占全国比重有所下降，由2012年的1.38%下降到2020年的1.36%。从人均经济发展情况方面看，新疆人均GDP

由2012年的3.31万亿元提高到2020年的5.36万亿元，实现了大幅提高。新疆人均GDP与全国平均水平相比下降明显，2012年为83.17%，到2020年仅相当于全国平均水平的74.65%，可见，新疆整体经济发展略慢于全国，人均发展水平整体低于全国，与内陆、沿海地区发展差距仍在拉大。

二是产业发展情况方面，新疆第二产业占GDP的比重由2012年的46.39%下降到2020年的34.39%，降幅达到12个百分点。同期全国第二产业占GDP的比重由45.42%下降到37.84%，降幅为7.58个百分点。新疆第二产业占GDP的比重下降幅度超过全国平均水平。同时，新疆第二产业增加值占全国的比重有所下降，由2012年的1.42%下降到2020年的1.24%，降幅为0.18个百分点。可见，新疆工业化进程滞后于全国，且到2020年新疆第二产业占比低于全国，同时新疆工业以资源型产业为主，高端制造业竞争力与沿海地区相比仍存在明显差距。

三是城镇化和消费能力方面，新疆常住人口城镇化率由2012年的44.22%提高到2020年的56.53%，提高了12.31个百分点，有明显提高。同期全国常住人口城镇化率由53.07%提升到63.88%，提高了10.81个百分点。新疆常住人口城镇化率低于全国平均水平7.35个百分点，新疆城镇化水平滞后于全国。新疆社会消费品零售总额占GDP的比重由2012年的27.29%降低到2020年的22.2%，降低了5.09个百分点。同期全国社会消费品零售总额占GDP的比重由38.46%提高到38.67%。可见，新疆消费能力明显低于全国平均水平，需要增加新疆地区居民收入、挖掘内需潜力。

四是进出口和贸易依存度方面，受新冠肺炎疫情影响，新疆出口额由2012年的251.7亿美元下降到2020年的213.7亿美元，进口额由58.2亿美元下降到55.4亿美元，新疆出口竞争力仍显著低于全国平均水平。新疆进出口额占GDP的比重由2012年的21.17%下降到2020年的10.1%，下降了11.07个百分点，而同期全国进出口额占GDP的比重由47%下降到了31.71%，下降了15.29个百分点，可见，新疆基于贸易维度考量的开放水平仍然滞后，开发水平大体上快于开放水平，新疆的贸易潜力还有待开发。

（二）新疆沿边开放现存的问题

近年来，新疆对外开放在国家政策支持下取得了较大成效，但与沿海和内陆地区相比，因受到多重因素制约和内外部问题困扰，新疆区位优势和潜力都未得到充分发挥，开放效果仍不够显著。

一是外贸市场规模和结构有待优化，产业集聚发展受到制约。产业的集聚发展需要一定的市场规模才能够实现，与新疆接壤的周边国家目前多还处在工业化发展初期，市场规模较小。新疆外贸发展水平滞后于全国平均水平，产业集聚发展的拉动效应不明显。

二是基础设施建设滞后，招商引资难度较大。由于地理位置偏远、发展基础薄弱、地方财政能力有限，新疆基础设施建设相对滞后，跨境运输不够畅通，物流隐性成本高，难以适应新形势下进一步开发开放的要求，制约着新疆对外贸易往来和招商引资。

三是高端要素缺乏，创新发展能力不强。新疆创新环境、人才环境、金融环境、经营环境等与东部、中部地区相比存在较大差距，在吸引资金、人才、技术等高端要素方面竞争力较弱，由此导致的创新能力不足的问题又进一步制约着新疆产业和经济发展。

四是体制机制不够畅通，政策优势尚待转化。与我国推动自贸试验区体制机制创新的思路相比较，新疆在一定程度上还局限于旧思维，着力于政策上的优惠，尚未从更加开放的视角探索完善竞争协调、贸易便利化、投资管理、金融制度和海关监管等体制机制，政策优势难以发挥。

三、新疆沿边开发开放在新发展格局下面临的新机遇

《中华人民共和国国民经济和社会发展第十四个五年规划和 2035 年远景目标纲要》提出，推动高质量发展，必须立足新发展阶段、贯彻新发展理念、构建以国内大循环为主体、国内国际双循环相互促进的新发展格局；必须坚

定不移地扩大开放，坚持实施更大范围、更宽领域、更深层次对外开放，推动共建“一带一路”行稳致远。新疆作为丝绸之路经济带核心区和中国向西开放的前沿阵地，对联通国内大循环和国内国际双循环具有不可替代的作用，在新发展格局下，新疆将迎来重要历史机遇期，在积极融入新发展格局、推动高质量发展方面将大有可为。

（一）新发展格局的科学内涵与内在逻辑

一是“双循环”新发展格局确立。2020 年 5 月，中央政治局常委会会议首次提出构建国内国际双循环新发展格局。同年 7 月，习近平总书记在企业家座谈会上强调，要逐步形成以国内大循环为主体、国内国际双循环相互促进的新发展格局，并进一步阐释了“双循环”的基本内涵。同年 10 月，党的十九届五中全会把加快构建以国内大循环为主体、国内国际双循环相互促进的新发展格局，确立为“十四五”时期经济社会发展的指导方针。加快构建“双循环”新发展格局是中国根据国际形势新变化、全球供应链新挑战所做出的一项中长期战略部署，为中国在危机中育先机、在变局中开新局指明了方向。

二是新发展格局的科学内涵。《中华人民共和国国民经济和社会发展第十四个五年规划和 2035 年远景目标纲要》提出，坚持扩大内需这个战略基点，加快培育完整内需体系，把实施扩大内需战略同深化供给侧结构性改革有机结合起来，以创新驱动、高质量供给引领和创造新需求，加快构建以国内大循环为主体、国内国际双循环相互促进的新发展格局。一方面要畅通国内大循环，依托强大国内市场，贯通生产、分配、流通、消费各环节，形成需求牵引供给、供给创造需求的更高水平动态平衡，促进国民经济良性循环。另一方面要促进国内国际双循环，立足国内大循环，协同推进强大国内市场和贸易强国建设，形成全球资源要素强大引力场，促进内需和外需、进口和出口、引进外资和对外投资协调发展，加快培育参与国际合作和竞争新优势。

三是新发展格局的内在逻辑。在新发展格局中，国内大循环与国际大循环是辩证统一的，畅通国内大循环是掌握主动实现国际大循环的前提，畅通国际大循环是加快实现国内大循环的保障。以国内大循环为主体，就是要求中国人民集中力量办好自己的事，充分挖掘强劲内需潜力，发挥超大规模市场优势，主动转变经济发展方式和优化经济结构，以科技创新驱动经济高质量发展。以国内大循环为主体，绝不是关起门来封闭运行，而是通过发挥内需潜力，使国内市场和国际市场更好联通，更好地利用国内国外两个市场、两种资源，实现更加强劲可持续的发展。

（二）新疆沿边开放面临的新机遇

一是更大程度地扩大对外开放有助于新疆深度参与“双循环”。习近平总书记指出，中国开放的大门不会关闭，只会越开越大，新发展格局绝不是封闭的国内循环，而是开放的国内国际双循环。这意味着，以国内大循环为主体的新发展格局并非放弃国际市场，而是更加深入地加入国际分工协作，利用国内国际两个市场、两种资源，推动实现高质量发展。从长远看，经济全球化仍是历史潮流，要坚持深化对内改革、扩大对外开放，推动建设开放型世界经济。因此，构建新发展格局需要更大程度地扩大对外开放，特别是加强“一带一路”沿线国家和地区的合作，建立区域经济联系密切的国际大循环体系，为我国高质量发展带来外部动力。

二是对外开放区域布局重塑优化有助于新疆跨越式发展。推动形成以国内大循环为主体、国内国际双循环相互促进的新发展格局，从开放领域、开放对象、进出平衡、辐射带动等方面对开放型经济提出了新任务，同时要求优化对外开放区域布局，形成陆海内外联动、东西双向互济的开放格局。无论东中部还是西部地区，开放型经济都必须适应内外部形势变化，二者不再是简单的并列、互补关系，其共同构成以国际竞争优势撬动供给质量提升，激活国内外优质资源的动力。这决定了新疆开放型经济无须重复东部的既有经验，能够规避竞争力较弱、内外联动性不足等传统劣势，面临着新的增长点和发展机遇，有机会借助新格局实现跨越式发展。

三是加快构建新发展格局有助于新疆产业转型升级。新疆地区是“一带一路”建设的核心区、向西开放的桥头堡，同时也是我国产业梯度的价值

“洼地”，积极融入“双循环”新发展格局，能够进一步完善产业链、推动产业链升级，提高经济发展水平。同时，新疆地区高质量发展有助于扩大内需、扩展我国对外开放通道，助推构建新发展格局。新疆地区要更加深入地加入国际分工协作，充分发挥特色资源优势，加强与周边国家和地区的合作，深度挖掘和培育融入国际大循环的能力，积极融入“双循环”新发展格局，助力国际大循环，推动经济高质量发展。

四、新发展格局下新疆沿边开发开放定位与路径

在构建以国内大循环为主体、国内国际双循环相互促进新发展格局要求下，新疆要充分把握重要战略机遇，发挥在国内大循环和国内国际双循环中的区位和比较优势，把构建新发展格局同丝绸之路经济带核心区、“三基地一通道”建设等有机衔接起来，进一步提高沿边开发开放水平，努力打造成为内陆开放和沿边开放高地、承接东部产业转移示范区、技术—制度融合创新试验区、现代服务业开发开放示范窗口。

（一）打造内陆开放和沿边开放高地

以推进丝绸之路经济带核心区建设为驱动，把新疆纳入国家丝绸之路经济带建设、向西开放的总体布局中统筹谋划，丰富对外开放载体，提升对外开放层次，创新开放型经济体制，构建更大范围、更宽领域、更深层次的高水平开放新格局。

一是加快乌鲁木齐国际陆港区建设。构建乌鲁木齐国际陆港区开放型现代产业体系，发展出口商品加工、进口资源加工等产业，发展航空物流及配套产业，做大做强跨境电子商务产业园区。推动设立大宗商品交易平台，建设面向中亚、西亚、欧洲货物集散地，形成覆盖全疆、连接欧亚的双向通道网络。

二是推进喀什、霍尔果斯经济开发区高质量建设。优化霍尔果斯区域生

产力布局，培育西出东进产业集群。完善中哈霍尔果斯国际边境合作中心体制机制，提升合作中心建设水平，推动跨境电商、跨境旅游、免税购物等业态发展。推动喀什经济开发区构建面向中亚、西亚、南亚和欧洲的特色产业集群。

三是推进核心区“五大中心”建设。推进商贸物流中心、交通枢纽中心、文化科教中心、医疗服务中心、区域金融中心建设。加强沿边铁路建设，积极开辟国际航线，加快实施一批重大基础设施、国际国内交流合作项目，推动一批关键性、示范性、标志性重点项目落地，建设联通国内国际双循环的重要平台。

四是推进口岸经济带建设。完善口岸定位功能及配套基础设施，提升口岸通关效率。坚持“一岸一城（镇、团）一特色”，优化口岸经济带布局，建设一批特色进出口资源加工区，打造集落地加工、产业集聚、商贸物流、边境旅游、边民互市贸易为一体的口岸经济平台。密切口岸与各类园区、城镇、腹地经济联系，推动“通道经济”向“产业经济”“口岸经济”转变。积极推进塔城重点开发开放试验区规划建设。

五是提高对外开放水平。优化对外开放空间布局，深度参与“一带一路”国际合作经济走廊建设，构建中心突出、东西贯通、南北辐射、层次分明、错位发展的开放型经济空间布局。深化国际产能合作，加强境外经贸合作园区、边境经济合作区建设，带动商品、技术和装备出口，拓展与丝绸之路沿线国家和地区多层次、多领域务实合作。

（二）打造承接东部产业转移示范区

立足现有产业规模和优势，以延链、补链、强链、拓链为主攻方向，推动补短板和锻长板相结合，主动承接东部发达地区产业梯度转移，加快建立完善产品营销体系，打造具有更强创新力、更高附加值、更安全可靠的现代化产业链。

一是加快建设国家“三基地一通道”。围绕国家“三基地一通道”定位，加快建设国家大型油气生产加工和储备基地、国家大型煤炭煤电煤化工基地、国家新能源基地和国家能源资源陆上大通道。加快煤电油气风光储一体化示范，扩大“疆电外送”能力，构建清洁低碳、安全高效的能源体系，保障国家能源安全供应。

二是积极发展战略性新兴产业。大力发展数字经济，推进“天山云谷”等应用服务，促进数字经济和实体经济深度融合。推进乌鲁木齐、昌吉、克拉玛依、哈密、巴州、阿克苏等制造业基地建设，加快形成先进制造业集群。加快壮大新能源、新材料、氢能源、生物医药、节能环保等产业，提升产业规模和市场竞争力。

三是着力发展劳动密集型产业。着力发展服装服饰产业，高效承接内地产业梯度转移，吸引以代工生产和来料加工为主的服装服饰企业来疆发展，完善产业链配套。积极承接东中部地区消费电子产业转移，支持南疆大力发展电子元器件、手机、智能穿戴、计算机外围设备等电子产品组装业带动就业。推动乌鲁木齐、霍尔果斯等地消费电子产业协同发展，开拓向西的国际市场。

（三）打造技术—制度融合创新试验区

把创新作为引领高质量发展的第一动力，深入实施创新驱动发展战略和人才强区战略，加快从要素驱动向创新驱动转变，增强发展的内生动力。

一是优化创新发展布局。以乌昌石国家自主创新示范区为主要承载区，加快推进丝绸之路经济带创新驱动发展试验区建设，落实“四方合作机制”，发挥创新示范引领作用。提升产业技术创新能力，推进碳基能源资源化学与利用国家重点实验室建设。发挥昌吉国家现代农业高新技术产业示范区科研优势，推进科技成果转移转化示范区建设。

二是推进企业技术创新。设立高新技术企业发展专项资金，支持高新技术企业和科技型中小企业提升研发能力。加强共性技术平台建设，推动产业链上中下游、大中小企业融通创新。构建科技企业孵化器、众创空间、星创天地等创新创业服务平台，形成多领域、多层级、全方位的创新创业服务体系。

三是实施人才强区战略。实行符合新疆实际的、更加积极、更加开放、更加有效的人才政策，健全以创新能力、质量、实效、贡献为导向的科技人才评价体系，健全创新激励和保障机制，构建充分体现知识、技术等创新要素价值的收益分配机制，激发科研机构和科研人员创新活力。推动大学生志愿服务西部计划扩面提质。

四是完善科技创新机制。深化科技体制机制改革，优化配置和有效利用科技资源，提高知识产权创造和运用能力，形成有利于科技创新的政策体系。加大财政资金投入力度，引导社会资本进入创新领域，形成多渠道科技投入体系。完善金融支持创新体系，促进新技术产业化规模化应用。

（四）打造现代服务业开发开放示范窗口

牢牢把握扩大内需战略基点，加快发展旅游产业，统筹生产性服务业和生活性服务业发展，优化产业结构，扩大服务供给，释放需求潜力，努力构建优质高效、布局优化、竞争力强的服务产业新体系。

一是推动旅游业高质量发展。优化旅游产业布局，打造“新疆是个好地方”文旅融合品牌，大力培育西部边境旅游产业带，加大边境旅游等特色旅游品牌培育力度。推进边境旅游景区基础设施建设，加大公共服务设施补短板力度，完善旅游信息服务体系，提高旅游信息化、智能化、便捷化水平。

二是大力发展电子商务。推进乌鲁木齐跨境电子商务综合试验区建设，积极创建阿拉山口、霍尔果斯跨境电子商务综合试验区，创建喀什跨境电子商务集聚区。完善电子商务物流体系，在广州、杭州等城市建立分仓中心，在周边及“一带一路”沿线国家建设海外仓，降低物流成本，提高流通效率。

三是推进信息通信和软件业发展。推动新一代信息技术发展，建设乌鲁木齐、昌吉、克拉玛依信息产业综合发展产业带，打造新疆软件园、克拉玛依云计算产业园、新疆信息产业园、喀什和霍尔果斯经济开发区电子信息产业园等百亿级园区。

参考文献

［1］孙久文，蒋治．沿边地区对外开放70年的回顾与展望［J］．经济地理，2019，39（11）：8．

［2］庄芮，宋荟柯，张晓静．我国沿边开放战略思考：历史逻辑与推进方向［J］．国际贸易，2021（7）：9．

［3］申桂萍，胡伟，于畅．中国沿边开发开放的历史演进与发展新特征［J］．区域经济评论，2021．

［4］胡超．改革开放以来我国民族地区边境贸易发展的演变轨迹与启示［J］．国际贸易问题究，2009（6）：3-10．

［5］全毅，王春丽．“一带一路”倡议与我国沿边开发开放新格局［J］．边界与海洋研究，2009，4（2）：14．

［6］崔日明，陈永胜．沿边开放与区域经济增长——基于制度变迁的研究［J］．山西大学学报：哲学社会科学版．

［7］初冬梅．边疆治理视域下中国沿边开发开放研究［J］．云南社会科学，2021，（5）：107-113．

［8］胡鞍钢，马伟，鄢一龙．“丝绸之路经济带”：战略内涵、定位和实现路径［J］．新疆师范大学学报（哲学社会科学版），2014，35（2）：1-11．

［9］刘卫东．“一带一路”战略的科学内涵与科学问题［J］．地理科学进展，2015，34（5）：538-544．

［10］董志勇．新发展格局与高质量发展的内在逻辑［J］．北京大学学报：哲学社会科学版．

［11］刘璇，李梁栋．实现新发展格局的空间路径——基于区域城乡一体化发展与“一带一路”合作倡议的研究［J］．新疆社会科学，2022（2）：10．

［12］钱学锋，裴婷．国内国际双循环新发展格局：理论逻辑与内生动力［J］．社会科学文摘，2021（3）：3．

［13］董志勇，李成明．国内国际双循环新发展格局：历史溯源，逻辑阐释与政策导向［J］．中共中央党校（国家行政学院）学报，2020，24

(5)：9.

[14] 徐奇渊. 双循环新发展格局：如何理解和构建 [J]. 金融论坛, 2020, 25 (9)：7.

[15] 孙早, 谢慧莹, 刘航. 国内国际双循环新格局下的西部高水平开放型经济发展 [J]. 西安交通大学学报 (社会科学版), 2021, 041 (001)：1-7.

改革开放以来沿边口岸在我国口岸体系演化中的时空特征及功能变迁*

郭建科　曹　凡　秦茂森**

摘　要：沿边口岸是"一带一路"西向开放的重要节点，对我国口岸体系演化具有重要的塑造作用。研究结合 Bai-perron 结构断点检验和马尔科夫转移矩阵定量划分改革开放以来中国口岸体系演化阶段，分析沿边口岸在我国口岸体系演化中的时空特征以及差异，并采用城市流模型着重剖析了 21 世纪以来沿边口岸功能的变迁。研究结果表明：第一，改革开放以来，中国沿边口岸在全国口岸体系演化中经历了空间均衡滞后开放阶段、东北边境集中开放阶段、北部边境快速开放阶段、西南边境重点补充开放阶段、全方位优化开放阶段。第二，沿边口岸是我国西向开放的主要门户，其开放过程是我国与周边国家地缘政治经济发展的缩影。改革开放以来，沿边口岸开放速度受双边政策影响波动显著；开放规模逐年扩大，但在全国口岸体系中的比重变化不大；在开放类型上，陆运口岸的开放优势突出，开设空运口岸的门槛较高。第三，沿边口岸的货运外向服务功能与沿海口岸的差距扩大，在全国口岸体系

---

* 基金项目：国家自然科学基金项目"开放进程中港口区位优势度变迁的系统识别及重塑机理"（批准号 41871112）。

** 作者简介：郭建科，男，辽宁师范大学海洋可持续发展研究院教授，博士生导师，地理学博士；曹凡，女，辽宁师范大学海洋可持续发展研究院硕士研究生；秦茂森，女，辽宁师范大学海洋可持续发展研究院硕士研究生。

中的相对地位下降。西南地区沿边口岸客运、货运外向服务功能高于西北和东北边境，岸城互动关系较强。少数沿边口岸城市有着极高的城市流强度值，具有较高的辐射带动作用。

关键词：沿边口岸；Bai-Perron 结构断点检验；城市流模型；演化

一、引言

党的十九大报告明确指出中国将进一步扩大对外开放，推动沿边地区逐步从开放洼地发展成为开放高地，形成陆海内外联动、东西双向互济的开放格局。从地理禀赋条件来看，我国具有 2.2 万多千米的陆上国界线，毗邻 14 个国家，同 12 个邻国设立双边开放口岸，在与周边国家共享地缘优势、推动沿边地区经济发展等方面具有广阔前景。从国家政策方针上看，改革开放以来，政府相继推出一系列规范边境贸易的规定，支持沿边重点地区开发的政策措施以及提升沿边开放水平的战略方针，在 2021 年公布的国家“十四五”口岸发展规划中，更是重点提出了全面加快边境口岸发展的任务。

沿边口岸作为我国沿边开放的西向门户，既是“一带一路”建设的重要战略节点，又是沿边地区经济的重要发展引擎。截至 2021 年年底，全国经国务院批准开放的口岸共有 313 个，将市级行政单位作为研究的空间尺度，共有 100 个沿边口岸，占全国口岸总数的 31.9%，在口岸体系演化过程中具有重要地位，并且对新发展格局下的口岸体系发展方向发挥关键作用。

既有研究基于以下三方面对沿边开放口岸的格局、过程与机理进行研究。一是分析沿边口岸区位条件和发展条件，刻画沿边口岸空间格局，比较沿边口岸开放的地缘优势。二是定量表达沿边地区“岸—城”互动关系，包括沿边口岸与城市规模和功能关系及其影响因素分析、沿边口岸对城市发展的经济效应以及沿边口岸腹地划分与边境城市体系。三是总结沿边口岸经济发展模式，具体包括沿边地区不同地域的空间发展模式、边贸合作方式与策略、口岸产业发展协同以及多式联运下的物流运输体系等方面。

基于以上分析发现，国内外学者关于沿边口岸仍存在可拓展的研究。一方面，尚未有学者系统地分析沿边口岸与沿海和内陆口岸相比的开放优势与作用。另一方面，尽管有部分学者根据口岸进出境人员数量和货运量数据利用隶属度模型和 RCI① 指数区分口岸的功能类型，但尚未有学者从口岸功能作用的视角对比沿边口岸的外向功能的比较优势。因此，本文基于口岸视角，采用 Bai-Perron 结构断点检验和城市流模型，分别分析沿边开放在口岸体系演化中的时空特征以及 21 世纪以来的沿边口岸在口岸体系演化中的功能变迁。

二、数据来源与方法

（一）研究方法

（1）Bai-Perron 结构断点检验

Bai-Perron 结构断点检验方法是在传统单位根检验基础上加入结构突变因素，在断点内生假设下对时间序列变量线性回归模型进行多重断点检验，一般用于解释经济序列由于受到外界强烈冲击的影响而发生的确定性趋势改变的现象。沿边口岸开放速度变化由于受到外界多因素的影响，可视为沿边开放过程的结构突变。因此，本文利用 Bai-Perron 结构断点检验口岸开放数量的时间序列数据。

（2）马尔科夫转移矩阵

马尔科夫转移矩阵可揭示开放进程中的口岸体系的转移概率分布及其年际变化。首先，借助时间与状态离散化的马尔科夫链，将口岸所在城市的开放水平按一定标准划分成未开放区（Ⅰ）、低水平开放区（Ⅱ）、中低水平开放区（Ⅲ）、中高水平开放区（Ⅳ）、高水平开放区（Ⅴ）5 种类型。其次，

---

① RCI：相对集中指数（RCI）是一种能够表现港口与城市相互关系的指标，呈现的是港口的平均吞吐量与地区城市平均人口的比值，RCI 指数的变化能够直观的反应港口属性与城市属性对港口城市发展的作用力。

以 Bai-perron 结构断点划分出的时间序列转折点作为转换期，构造马尔科夫转移矩阵并进行空间可视化以修正改革开放以来口岸体系演化的时空阶段。

（3）城市流模型

城市流强度指是在区域内城市间的相互联系中城市外向功能（集聚与辐射）所产生的影响。一般认为城市流强度值越大，与外界联系越紧密。反之，越松散。其计算公式为

$$F = E * N\# \tag{1}$$

其中，F 为城市流强度；E 为城市外向服务量；N 为城市功能效率，即单位外向功能量所产生的实际影响。

首先，口岸城市外向服务量（E）是由 i 城市 j 部门进出口功能区位熵 LQ_{ij}决定的，其公式为：

$$LQ_{ij} = \frac{G_{ij}}{G_i} \Big/ \frac{G_j}{G}\# \tag{2}$$

式中，G_{ij}为 i 城市 j 运输部门的进出口货运量（进出境人员数），G_i 为 i 城市总进出口货运量（进出境人员数），G_j 表示所在区域中 j 运输部门的进出口货运量（进出境人员数），G 为城市所在区域中公路总进出口货运量（进出境人员数）。从口岸视角出发，若 $LQ_{ij} < 1$，则 i 城市进出口不存在外向功能，即 $E_{ij} = 0$；若 $LQ_i > 1$，则 i 城市进出口存在外向功能。

因此，i 城市的进出口货物（进出境人员）外向服务功能为

$$E_{ij} = G_{ij} - G_i \times (G_j/\mathrm{G})\# \tag{3}$$

i 城市 m 个运输部门总的进出口货运（客运）外向功能量 E 为

$$E_i = \sum_{j=1}^{m} Eij\# \tag{4}$$

其次，口岸城市的进出口功能效率 N 由地区进出口总额（P）与单位进出口量的比值表示，即

$$N_i = P_i / G_i\# \tag{5}$$

最后，得到口岸城市进出口外向功能价值 F_i，也即口岸城市流强度值，其公式如下：

$$F_i = E_i * N_i = \left(\frac{P_i}{G_i}\right) \times E_i \# \quad (6)$$

（二）数据来源与处理

本文以口岸所处地带为依据，将全国口岸划分为沿边口岸、沿海口岸和内陆口岸三类，梳理了1979—2018年全国一类口岸开放的时间序列数据，探究沿边开放口岸在口岸体系演化过程中的作用，并以2018年口岸的进出境人员数据和外贸货物吞吐量数据来表征口岸客运和货运功能，分析新发展格局下沿边口岸的外向服务功能作用及其等级体系。

三、改革开放以来沿边口岸在我国口岸体系演化中的时空特征

（一）改革开放以来我国口岸体系的演化阶段

本文基于经济地理学视角，在断点内生假设下，基于1979—2018年中国口岸开放数量的时间序列数据，利用Bai-Perron结构断点检验方法定量识别沿边口岸体系受外界强烈冲击的影响而产生的确定性趋势改变的结构突变点，规避了传统阶段划分方法的主观性，其结果比较客观。

首先，利用Eviews 8.0软件的传统ADF检验、PP检验等方法检验了时间序列的平稳性，结果显示序列存在单位根过程。其次，采用Perron检验法对该时间序列是否存在结构断点进行检验，得到的T统计量为-9.27，显著小于1%、5%和10%，显著性水平下T统计量的临界值，即不拒绝存在结构断点的原假设。最后，利用Bai-Perron的全局最大化测试中的信息准则检验方法确定了口岸开放时间序列的结构断点数以及断点年份，其断点划分结果如表1所示。根据Bai-Perron的研究选择了统计量数值较小的Schwarz信息准则下决定的时间断点数值，其时间序列估计断点为：1985年、1992年、1998年、2007年以及2013年，即改革开放以来中国口岸体系开放进程在这5个年份出现重要转折。

表 1　信息准则检验统计量值表

施瓦茨信息准则中断点个数： LWZ 信息准则中断点个数：				5 4	
断点个数	估计系数个数	残差平方和	对数似然函数极大值	施瓦茨信息准则统计量	LWZ 信息准则统计量
0	1	236694.40	-235.73	8.75	8.80
1	3	40004.05	-199.28	7.15	7.30
2	5	19908.27	-184.98	6.64	6.89
3	7	11006.58	-172.83	6.23	6.58
4	9	8111.26	-166.57	6.10	6.57
5	11	6303.26	-161.40	6.03	6.60
时间序列估计断点：				1985，1992，1998，2007，2013	

注：* 信息准则最小值加粗显示

考虑到单纯根据时间序列数据划分改革开放以来中国口岸体系的演化阶段具有一定的局限性，本文进一步利用口岸体系的空间属性数据结合马尔科夫转移矩阵验证了口岸体系开放时间序列转折点的可靠性，最终将改革开放以来中国口岸体系的演化阶段修正为沿海沿边点状开放阶段（1979—1984年）、沿海沿江 T 型开放阶段（1985—1991 年）、内陆与沿边口岸带状开放阶段（1992—1997 年）、航空口岸全面开放阶段（1998—2012 年）以及全方位多层次立体化开放阶段（2013 年至今）5 个阶段。

（二）改革开放以来沿边口岸在我国口岸体系演化中的阶段性特征

空间均衡滞后开放阶段（1979—1984 年）。此阶段，全国口岸体系沿海沿边点状分布，沿边口岸沿边境线零星均衡分布。党的十一届三中全会以来，国际地缘政治关系缓和，全国改革开放工作以沿海地区为主，沿边口岸开放逐步恢复，共有沿边口岸 24 个，口岸类型单一且均为陆运口岸。在空间上沿边口岸均衡地零星分布在东北、西北与西南边境线附近。这一时期的沿边口岸空间格局是由 1978 年以前历史延续的沿边口岸决定的，6 年内仅新增 1 个沿边口岸。如表 2 所示，此阶段虽然沿边口岸数量不多，但与沿边口岸接壤的国家已有 11 个，在空间分布上较为均衡。马尔科夫矩阵显示，沿边口岸形成以延边朝鲜族自治州和崇左市为核心的口岸集中区。

东北边境集中开放阶段（1985—1991 年）。这一时期，全国口岸体系沿海沿江呈 T 型开放，重点沿长江和珠江水系从沿海向内陆深入，沿边口岸在东北和西北边境线附近集中开放。此阶段，国家相继出台多项开展边境贸易和口岸开放的规定与政策，为沿边口岸开放的实施奠定了良好的基础，共新增 14 个沿边口岸，其中有 6 个水运口岸和 8 个陆运口岸。中苏关系的缓和促进了中苏边境口岸的恢复开放，沿边地区按照中苏边界谈判情况进一步扩大对苏边贸口岸建设。在口岸类型方面，沿边口岸开始开设水运口岸，且均分布于东北边境（见表 2）。马尔科夫矩阵显示，沿边口岸载体城市开放水平向上转移，沿边地区开放差距缩小。

表 2　　改革开放以来中国沿边地区口岸体系

	一类口岸			接壤国家
	空运口岸	陆运口岸	水运口岸	
空间均衡滞后开放阶段（1979—1984 年）		丹东、图们、集安、凭祥、河口、满洲里、绥芬河、二连浩特、临江、南坪、三合、水口、东兴、畹町、瑞丽、樟木、普兰、吉隆、开山屯、霍尔果斯、吐尔尕特、友谊关、红其拉甫	黑河	朝鲜、俄罗斯、蒙古、哈萨克斯坦、巴基斯坦、塔吉克斯坦、吉尔吉斯斯坦、尼泊尔、印度、越南、缅甸
东北边境集中开放阶段（1985—1991 年）		珲春、塔克什肯、东宁、满洲里、黑山头、室韦、虎林、阿拉山口	丹东、同江、富锦、漠河、逊克、佳木斯	朝鲜、俄罗斯、蒙古、哈萨克斯坦
北部边境快速开放阶段（1992—1997 年）	佳木斯、喀什、拉萨、海拉尔、西双版纳、牡丹江	珲春、塔克什肯、东宁、满洲里、黑山头、室韦、虎林、阿拉山口	丹东、同江、富锦、漠河、逊克、佳木斯	朝鲜、俄罗斯、蒙古、哈萨克斯坦、老挝、缅甸、越南

续表

	一类口岸			接壤国家
	空运口岸	陆运口岸	水运口岸	
西南边境重点补充开放阶段（1998—2012 年）	延吉、满洲里	珲春、伊尔克什坦、圈河、腾冲、绥芬河、龙邦、孟定、卡拉苏、策克、打洛、古城里、长白、沙坨子、满都拉、额布都格、平孟、河口、勐康、阿尔山		俄罗斯、朝鲜、蒙古、吉尔吉斯斯坦、塔吉克斯坦、越南、老挝、缅甸
全方位优化开放阶段（2013—2018 年）	芒市、伊宁	集安、霍尔果斯、丹东、爱店、都龙、乌力吉、硕龙、峒中、田蓬		朝鲜、蒙古、哈萨克斯坦、越南、缅甸

数据来源：根据沿边城市开放口岸时间顺序整理而成

北部边境快速开放阶段（1992—1997 年）。该阶段全国口岸体系开放重心转向内陆与沿边地区，沿边地区共批准开放 20 个口岸，包括 6 个空运口岸、6 个水运口岸以及 8 个陆运口岸。如表 2 所示，沿边开放政策的提出促进了口岸沿北部边境线集中快速开放。同时，随着中越关系的正常化，西南地区的沿边口岸也陆续恢复开放。至此，沿边地区具备了水陆空 3 种口岸类型。但该阶段的口岸开放速度并不是持续增长的，经历了快速增长与急速下滑两个时期。1992 年，国家正式提出沿边开放政策，并围绕沿边地区相继批准设立了边境经济合作区、跨境经济合作区、跨境旅游合作区等各类边境特殊区域，沿边口岸与边境贸易相互促进，口岸开放数量激增。但由于缺乏管理，边境贸易秩序混乱，与周边国家的贸易往来摩擦加大。因此，1994 年，国家开始限制优惠政策，进一步规范边境贸易法律法规、进出口关税与管理制度等，沿边口岸开放数量出现明显下滑，年均开放 1 个口岸。马尔科夫矩阵显示，沿边地区开放程度存在俱乐部趋同现象，尤其是东北地区的沿边口岸开放水平较高且空间分布集中。

西南边境重点补充开放阶段（1998—2012 年）。此阶段，全国口岸体系进入航空口岸全面开放阶段，逐步从区域开放向全球开放过渡，沿边口岸在西南边境集中开放，沿北部边境零星分散分布，新增 2 个空运口岸和 19 个陆运口岸，共21个沿边口岸。20世纪90年代末，受上一阶段沿边口岸政策调整的影响，沿边口岸开放速度缓慢。直到21世纪初期，西部大开发战略展开部署工作，沿边经济发展逐步步入快车道，沿边口岸开放速度较上一阶段后期有所回升，但开放数量仍与上一阶段存在差距。2002年，中国—东盟自由贸易区的建设进程正式启动，在此背景下，这一时期的西南边境口岸相继扩大开放（见表2）。2007年，国务院出台了《兴边富民行动“十一五”规划》，提出了完善和加强重点边境口岸基础设施建设，通过口岸经济带动沿边地区贸易规模扩大和结构升级。同年，党的十七大也明确提出了提升沿边开放战略，这些战略布局都直接推动了沿边地区边境贸易的发展，促进了沿边口岸扩大开放。随着国家对边境贸易的规范化，沿边口岸开放进入健康发展的新阶段，虽然在口岸开放数量上增长缓慢，但仍有许多沿边口岸向国务院提出利用现有基础继续扩大口岸功能的申请，更加强调集约化发展。马尔科夫矩阵显示，此阶段沿边地区向上转移的类型在空间上补充了部分沿边地区尚未开放口岸的空白，沿边口岸在东北和西北边境形成了两个高水平开放核心区域。

全方位优化开放阶段（2013—2018年）。这一时期，全国口岸体系形成全方位多层次立体化的开放格局，沿边口岸在空间上沿边境线分散分布。与第一阶段不同，此阶段的沿边口岸是在以大带小、沿海沿江沿边开放的基础上，优化布局多种类型口岸，共新增口岸11个，其中包括2个空运口岸和9个陆运口岸。该阶段沿边口岸开放增速回弹，对现有口岸体系的空间结构、类型组合以及等级规模进行补充与优化。2015年，国务院通过《关于支持沿边重点地区开发开放的若干政策措施的意见》，明确表示要进一步发挥沿边重点地区在口岸开放中的主体作用，加强沿边口岸城市空运口岸能力和基础设施建设。2017年，党的十九大报告更是明确提出了推动形成全面开放新格局的治国理政方针。因此，此阶段的沿边口岸开放速度和数量出现明显回升。马尔科夫转移矩阵显示，该阶段沿边口岸开放水平进入更高水平的均衡开放，西南地区沿边开放水平整体提升形成新的开放核心集聚区，西北地区沿边开放水平在空间上有所扩大，东北地区沿边开放水平保持稳定。

（三）改革开放以来沿边口岸在口岸体系演化中与其他口岸的区别

基于口岸开放的速度变化发现，沿边口岸在口岸体系演化中受双边政策影响的波动最为显著。改革开放前期口岸开放以沿海地区为主，沿边口岸开放处于起步阶段；20 世纪 90 年代初，沿边开放政策的提出推动沿边口岸开放进入加速阶段，成为口岸体系演化的风向标；进入 21 世纪以后，口岸开放区域和类型进入均衡调整期，口岸类型趋于均衡，开放速度随政策的调整趋于平稳。如图 1 所示，20 世纪 80 年代，沿边口岸开放增速平缓，与全国口岸开放过程曲线相比差距较大；直到 1992 年沿边口岸数量出现快速增长，是此阶段推动全国口岸增长的主要因素。由于管理不规范，沿边口岸开放速度在短期内迅速回落，但仍保持较为稳定的增长速度，21 世纪以后沿边口岸开放增速逐渐回升。

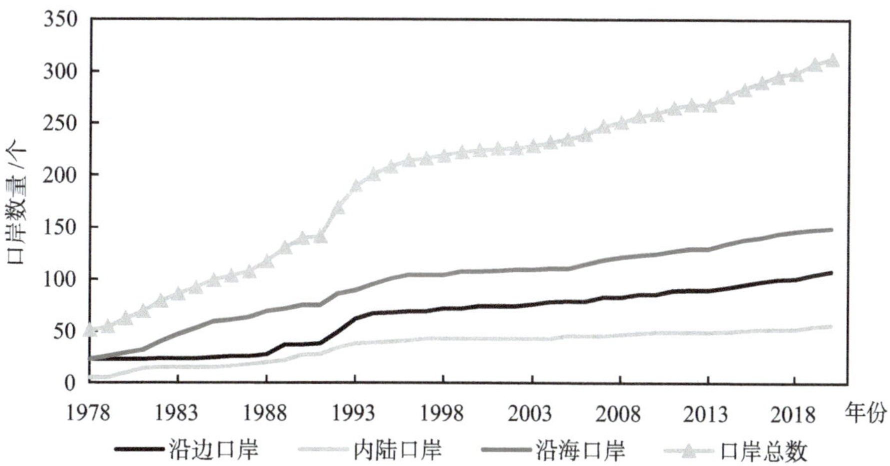

图 1　改革开放以来不同地域的口岸开放进程对比

基于口岸外贸规模比重变动（见图 2）发现，沿边口岸是沿边地区开展对外贸易的窗口，口岸贸易的绝对金额呈增长态势，但对全国进出口贸易规模的贡献较小。1978 年，内陆口岸尚未开放，沿边口岸贸易规模仅占全国口岸贸易规模的 5%，而沿海口岸占全国口岸贸易规模的 95%。到 2019 年，沿海口岸在贸易规模占比中仍占主导地位，沿边口岸贸易规模占比仍在 5% 左右，内陆口岸贸易规模显著增长，其贸易规模占比已达到9%。这一方面是由于沿海地区的口岸在经济基础条件、国际交通便利度以及交通运输吞吐量等方面具有绝对优势，因此其腹地市场需求强烈；另一方面是由于沿海口岸主要面向发达国家开放，是我国承接国际产业转移、获取外商投资、开展国际经济技术交流的重要区域，使得沿海口岸长期以来一直处于全国口岸规模体系的核心。内陆口岸作为衔接沿海与沿边口岸的枢纽，是国际物流多式联运的中转站，虽然起步较晚，但具有发展速度快、内陆市场需求大的特点。而沿边口岸虽然开放历史悠久，但受国际政治经济环境、对应口岸政策和基础设施衔接以及沿边经济基础条件等限制，一直以来沿边口岸的进出口总额占全国口岸进出口总额比重较小，对地区贸易的带动作用发挥有限，在空间上的辐射带动作用较弱，口岸城市“过货化”明显。从沿边口岸的开放方向上看，沿边口岸通过“岸城”互动主要面向周边相邻国家开放，包括哈萨克斯坦、蒙古、朝鲜、俄罗斯等国家。依靠沿边口岸地理位置的特殊性、自然资源和经济发展的互补性以及国家优惠政策的倾斜，沿边口岸一直是沿边地区开展边境贸易、带动沿边老少边穷地区经济发展、推动沿边经济结构转型的重要推手。随着“一带一路”倡议的实施，政策沟通优化、设施联通、资金融通直接拉动了沿边口岸进出口规模的增长。

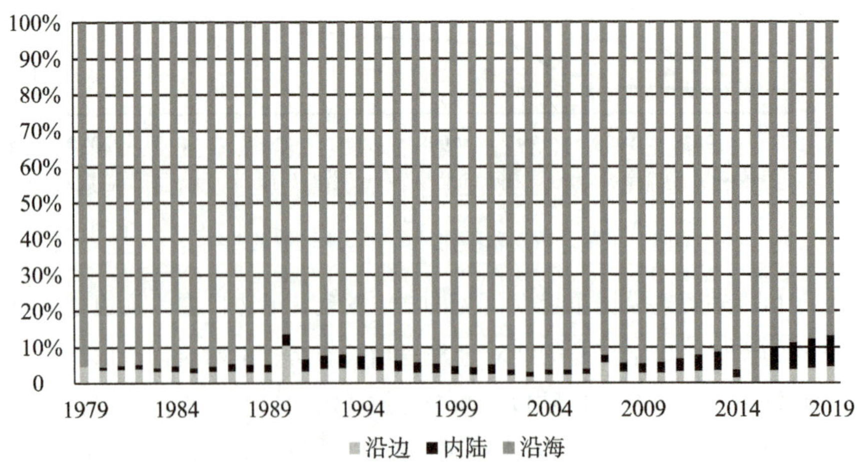

图2　改革开放以来不同地区的口岸贸易规模比重变化

基于口岸开放类型演化显示（见图3），沿边口岸开放类型以陆运口岸为主，空运口岸开放起步较晚，数量相对较少且开设门槛较高，水运口岸则集中分布于黑龙江和云南省。一方面，由于沿边口岸建设空运口岸的成本较高，因此与沿海口岸和内陆口岸空运口岸开放数量和时间相比，沿边空运口岸开放数量少、开放时间短；另一方面，沿边地区经贸活动和人员流动主要以双边贸易和人员流动为主，因此在大规模的货运和客运服务上多选择陆运口岸。此外，沿边地区航空运输能力较弱，国际航线少，国际贸易的附加值较低，因此对空运口岸的需求量小，导致沿边地区开设空运口岸的门槛较高，所在载体城市的行政等级较高。

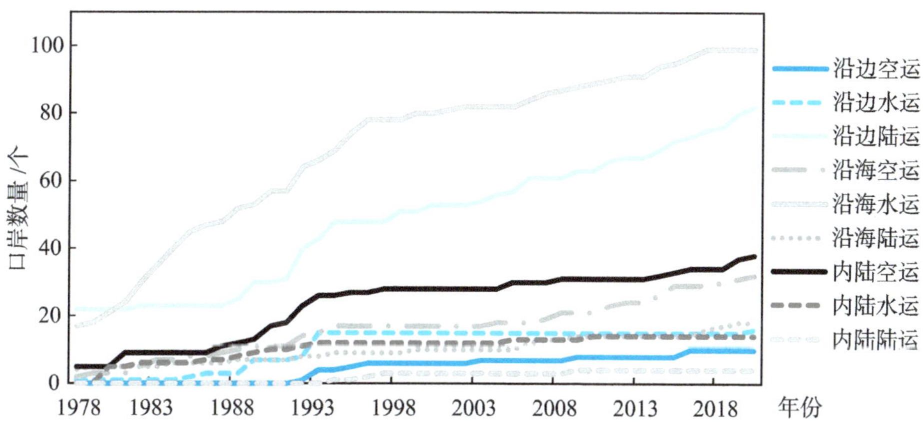

图3　改革开放以来不同地区的口岸类型开放数量变化

四、21世纪以来沿边口岸在全国口岸体系中的功能变迁

基于上述分析发现，沿边口岸体系演化具有明显的阶段性。从口岸开放政策和开放速度上看，沿边口岸开放经历了“滞后开放—迅速开放—规范化开放—平稳开放—全面开放”5个阶段。从各阶段沿边口岸体系的演化特征看，沿边口岸体系以2000年为节点出现明显转变。2000年前，沿边口岸体系处于发育阶段，缺少成熟的管理制度，因此沿边口岸开放速度具有明显的波动性，开放

速度在短期内既出现快速增长又出现迅速下滑。2000年后，沿边口岸开放速度和空间结构趋于稳定，沿边口岸体系进入调整与优化时期，口岸开放速度稳步提升，相关功能趋于成熟，尤其是国家提出全面开放新格局以后，沿边口岸体系不再追求数量上的快速增长，更加强调空间布局和等级规模的优化与调整。

因此，本文进一步借助城市流模型分别测算了2001年和2018年两个时间段，面向沿边口岸客运（人员进出境）和货运（货物进出口）的外向服务强度，对比分析沿边口岸客运、货运外向服务功能的分布特征变化与比较优势，以期为新发展格局下的口岸体系开放。

（一）沿边口岸客运、货运外向服务功能的特征

不同地区的口岸人员进出境和货物进出口外向服务功能存在显著的异质性。由于沿边口岸出入境条件便利，优越的地理位置使其具有独特的外向服务功能，但这一优势近年来有所减弱。尤其是沿边口岸的货运外向服务功能，进入21世纪以后与沿海口岸的发展差距扩大，在全国口岸体系中的货运外向服务功能的相对地位下降。

基于口岸人员进出境和货物进出口外向服务功能量（E）与外向服务价值量（F）的计算结果（见表3和表4）显示，沿边口岸的客运、货运E值绝对量虽有增加，但其占所有口岸客运和货运E值的比重出现锐减，分别由32%下降到8%，从46%下降到5%，说明沿边口岸在全国范围内的辐射效应下滑；2001年沿边口岸货运外向服务功能量低于沿海口岸282万吨，到2018年该差距已扩大到386900万吨。

表3　　客运外向服务功能相关指标比较

地区	2001年		2018年	
	E（人）	F（万美元）	E（人）	F（万美元）
沿海	20897492	4354420	521297945	329912247
内陆	8653671	7066396	50860712	79343345
沿边	13589935	670274	52680037	7761653

表 4　　货运外向服务功能相关指标比较

地区	2001 年		2018 年	
	E（吨）	F（万美元）	E（吨）	F（万美元）
沿海	38318476	2151828	4109491605	329036093
内陆	3452905	6911827	182411618	83733355
沿边	35500674	682790	240483008	7978636

由于沿边口岸进出境人员以边境线附近的居民为主，且边境贸易多为低附加值产品和小规模的商品贸易，因此沿边口岸的客运、货运外向服务价值量始终较低，说明沿边口岸与国际的联系并不占优势。2018 年，沿边口岸的客运外向服务价值量值（F）分别低于沿海口岸和内陆口岸 32215 万美元和 7158 万美元，货运外向服务价值量值（F）分别低于沿海口岸和内陆口岸 35106 万美元和 7575 万美元。不论是口岸客运和货运的外向功能量（E）还是外向功能价值量（F）均显示，沿海口岸是对外开放的核心区域。沿海口岸客运、货运 E 值始终领先，2018 年占比 83%、货运高达 91%，F 值 2018 年也跃居首位，占比 79% 和 78%。

总体上看，沿边口岸的外向服务功能虽有所增长，但与沿海口岸仍存在较大差距。口岸作为国内市场与国际市场衔接的通道，在我国对外经贸联系中发挥着重要的门户作用。与沿海口岸相比，沿边口岸独特的地理位置一方面为沿边地区西向开放提供了优越的对外开放基础和战略优势；另一方面，部分沿边口岸虽然在区位上具备地理临近的优势，但还存在口岸自然环境恶劣、经济基础薄弱、对应口岸政策与基础设施落后等制约因素。与内陆口岸相比，虽然沿边口岸的客运和货运外向功能量强于内陆口岸，但是其外向功能价值量却低于内陆地区。这说明沿边口岸与城市的互动关系薄弱，较强的口岸外向功能并没有产生相对应的经济影响力，对沿边城市的带动作用不强。这也印证了相关学者关于沿边口岸体系存在“过货化”现象的结论。

（二）沿边口岸客运、货运外向服务功能的变迁

研究时段内沿边口岸人员出入境和货物进出口的外向服务功能量与价值量绝对值均呈显著上升趋势。客运、货运外向服务功能量较 2001 年分别增长 3 倍和 6 倍，外向服务价值量均增长 11 倍。空间分布呈现以下特征。

一是西南沿边口岸发展迅猛，提升幅度较快，客运、货运外向服务功能量高于东北和西北沿边口岸，东北沿边口岸在货物进出口外向服务功能量上具备一定优势。2001 年，西南沿边口岸客运、货运 F 值与北部沿边口岸存在较大差距，F 值占比仅为 11%。2018 年，西南沿边口岸客运强度和货运强度分别反超北部沿边口岸 113.6 亿美元和 126.9 亿美元。同时，西南沿边口岸维持 E 值领先地位，2018 年高于北部沿边 3150 万人。北部沿边口岸在货运外向服务功能量中占有相当比重，2001 年、2018 年分别占比 68% 和 67%，但其价值量占比由 89% 降至 42%，这一变化说明北部沿边口岸对地区经济的带动作用弱于西南沿边口岸，口岸与城市互动关联较弱。

二是从沿边口岸外向功能地域分布差异来看，西北地区沿边口岸的客货运外向功能水平最低，东北地区沿边口岸客货运外向功能整体稍弱于西南地区，但东北和西北地区沿边口岸对城市的辐射效应减弱。从 E 值的时空格局变化上看，西南地区沿边口岸客运外向功能显著高于东北地区和西北地区，而西南地区沿边口岸货运外向功能较为均衡，西北地区和东北地区沿边口岸分别形成以喀什地区和呼伦贝尔市为核心的国际物流通道中心。从 F 值的格局变化上看，沿边口岸客运外向功能价值量格局稳定，货运口岸外向功能价值量空间格局变化基本稳定，但西北和东北的核心沿边口岸外向功能辐射带动水平出现明显下降。例如，2001 年，黑龙江省客运、货运 F 值排名居于首位，在 2018 年则已被挤出前三。不同地区的沿边口岸外向功能价值量变化显示，2001 年，东北地区和西南地区沿边口岸外向功能水平差距较小，客运、货运占比均为 50%，但到 2018 年东北地区的客运和货运 F 值占比均降至 15%。总体来看，东北地区的沿边口岸受腹地经济衰退的影响，口岸外向功能量对载体城市经济的带动作用有限，主要承担物流通道和中转集散的作用，

通过东北地区沿边口岸进出口的产品大部分并不是由本地经济产出或用于本地经济发展使用，形成了两头在外的对外贸易格局。西北沿边口岸的通道作用则更为明显，其对经济的带动作用更弱。而西南地区沿边口岸边民互市起步较早，基于产业合作以及人口流动的岸城互动关系日渐强烈。

三是从城市分布看，少数边境口岸城市有着极高的 F 值，在全国占有相当大的比重。2001 年，牡丹江市、丹东市、呼伦贝尔市客运和货运占比均超过 10%，分别为 22%、17%、15%。2018 年，崇左市是沿边口岸城市外向服务功能第一的城市，作为首位城市，其客运和货运 F 值分别增加到了 202.7 亿美元和 210.7 亿美元，是唯一一个口岸外向功能价值量超越 200 亿美元的城市，客运和货运 F 值首位比重均为 26%。此外，沿边口岸客运和货运占比超过 10% 的还有防城港市（13%）。

综上所述，沿边口岸的客运和货运外向功能水平有所增长，但相比沿海和内陆口岸外向功能的变化不具有优势。在沿边口岸体系外向功能时空格局演化上，西南地区沿边口岸与载体城市互动较强，与东北地区和西北地区的沿边口岸相比具有更强的经济带动能力。因此，在构建未来口岸开放新格局中需要特别注意提高沿边口岸与载体城市的互动，处理好国内和国际两个市场的问题表现在沿边地区的口岸发展方向上，就是提高沿边口岸对载体城市的辐射带动效应。

五、结论与讨论

沿边口岸是我国西向开放的门户，对沿边地区经济增长和国际贸易具有重要影响。改革开放以来，沿边口岸在我国口岸体系演化中共经历了 5 个发展阶段，分别是空间均衡滞后开放阶段、东北边境集中开放阶段、北部边境快速开放阶段、西南边境重点补充开放阶段、全方位优化开放阶段。与沿海口岸和内陆口岸相比，沿边口岸对国际政治经济关系较为敏感，在 20 世纪 90 年代后才进入快速集中发展阶段，经历了从波动发展到平稳增长的开放过程。

从贸易规模上比较，虽然沿边口岸的贸易规模逐年增长，但沿边口岸对全国口岸体系的贡献一直较小。在口岸类型上，沿边口岸以陆运为主，空运口岸开设城市行政等级较高。从总体上看，沿边口岸在口岸体系的空间结构演化上呈现从“分散—集中—分散”的过程。在时间序列变化上，存在以2000年为节点的开放速度调整，21世纪以后的沿边口岸开放速度趋于平稳，管理制度与国际接轨，沿边口岸开放进入优化与调整期。

鉴于2000年以后沿边口岸体系空间结构均趋于稳定化，口岸功能也日趋完善和规范化，因此有必要对这一时期的沿边口岸功能变迁进行深入研究，研究发现虽然沿边口岸外向功能服务功能量有所增长，但与其他地区的口岸外向功能量仍有较大差距。西南地区沿边口岸客运外向功能量大于东北地区和西北地区，货运外向功能量则是东北地区大于西南地区和西北地区。东北地区和西北地区的客运和货运外向功能服务价值量均出现不同程度的下降，西南地区沿边口岸对载体城市的辐射带动作用较为稳定。因此，沿边口岸在构建未来口岸开放新发展格局中发挥独特作用的关键也在于提高沿边口岸对本地经济的辐射带动作用。基于此，一方面，沿边口岸需要优化本地进出口商品结构，提高出口产品在国际商品价值链中的地位，从而激发出口市场对城市发展的带动作用，充分利用接近国际市场的优势；另一方面，依托沿边口岸，大力发展边境经贸、旅游以及运输服务，提高进口产品的本地转化率，从而降低了沿边地区的物流通道功能比重，加强岸城互动关系，盘活国内本地市场。

本研究囿于数据精度和可获得性，仅剖析了21世纪以来沿边口岸功能时空特征的变迁，尚未对长时间序列下沿边口岸功能作用变化进行分析。此外，关于沿边口岸与载体城市的互动关系对口岸外向功能水平的影响程度以及影响路径问题尚未探讨。基于此问题的探讨将为后续研究沿边口岸如何统筹国内和国际两个市场提供重要的研究思路。

参考文献

[1] 宋周莺，车姝韵，王姣娥，等. 中国沿边口岸的时空格局及功能模式

[J]. 地理科学进展, 2015 (5): 9.

[2] 孙久文, 蒋治. 沿边地区对外开放70年的回顾与展望 [J]. 经济地理, 2019, 39 (11): 8.

[3] 丛志颖. 东北东部边境口岸经济发展探析 [D]. 辽宁师范大学, 2012.

[4] 彭永岸. 云南德宏州口岸条件评估及开发设想 [J]. 热带地理, 1992.

[5] 陈世斌. 黑龙江省对外开放口岸地域系统发展战略格局研究 [J]. 中国边疆史地研究, 1998 (3): 5.

[6] 于晓华, 方创琳, 罗奎. 丝绸之路经济带陆路边境口岸城市地缘战略优势度综合评估 [J]. 干旱区地理, 2016 (5): 12.

[7] 洪菊花, 骆华松. 地缘环境视角下云南对外开放格局研究 [J]. 云南环境地理研究, 2015, 4 (27): 15-21.

[8] 张欣, 崔日明. "一带一路" 倡议下边境陆路口岸对外开放优势再造研究 [J]. 亚太经济, 2019 (4): 8.

[9] 邬冰, 王亚丰, 佟玉凯. 中国沿边口岸与城市腹地互动机理研究 [J]. 城市发展研究. 2012, 19 (9): 32-38.

[10] 王亚丰, 李富祥, 谷义, 等. 基于RCI的中国东北沿边口岸与口岸城市关系研究 [J]. 现代城市研究.

[11] 杨青山, 刘鉴, 张郁, 等. 满洲里口岸—城市关系演变的多尺度因素影响分析 [J]. 地理学报, 2020, 75 (10): 18.

[12] 宣昌勇, 何计文, 李玉成. 影响中国口岸流通功能的因素分析——以 "一带一路" 倡议重点圈定省份的口岸为例 [J]. 南京财经大学学报, 2020, 000 (006): 99-108.

[13] 穆沙江·努热吉. 我国沿边口岸经济地域辐射效应的空间分异研究 [J]. 学术论坛, 2021, 044 (003): 124-132.

[14] 穆沙江·努热吉, 夏雪. 口岸经济与沿边地区经济协调发展及其动态互动关系研究 [J]. 价格月刊, 2022 (4): 9.

［15］李杰梅，钱飞燕，杨扬. 中国地级及以上城市“腹地—口岸”通道能力测算及其对外贸易空间溢出效应［J］. 世界经济研究，2021.

［16］杨家文，周一星. 虚拟腹地：中国大陆口岸地位的度量与解释［J］. 人文地理，2001（6）：1-6.

［17］王一晴. 中国口岸体系的等级、职能及空间结构研究［D］. 南京：南京师范大学，2021.

［18］杜宏茹，张小雷，李春华. 新时期新疆边境城镇体系构建和口岸小城镇发展［J］. 人文地理，2005（3）：63-66.

［19］梁振民，陈才. 中俄边境城市满洲里口岸经济发展战略研究［J］. 世界地理研究，2012，21（2）：8.

［20］胡兆量. 边境优势论与边境口岸建设［J］. 城市问题，1993（03）：4，32-35.

［21］谢学兴，秦红增. 中越边境口岸城镇化：模式演进、原始动力与推进策略——以凭祥市为例［J］. 广西大学学报：哲学社会科学版，2019，41（2）：7.

［22］冯革群，丁四保. 边境区合作理论的地理学研究［J］. 世界地理研究，2005，14（1）：8.

［23］杜学军，朝克. 中俄贸易关系调整期满洲里口岸贸易策略研究［J］. 中央民族大学学报：哲学社会科学版，2012（1）：7.

［24］杨继瑞，薛晓. “一带一路”口岸经济要素协同机制构建研究［J］. 经济纵横，2016（12）：53-58.

［25］谢泗薪，孙秀敏. “一带一路”倡议下基于大数据的口岸物流发展战略思考——以内蒙、黑龙江、新疆三地口岸物流发展为例，价格月刊，2018（1）：73-79.

［26］柯玮，谢平，桑燕芳，等. 基于 Bai&Perron 结构断点检验的水文分期方法［J］. 水力发电学报，2019（2）：11.

［27］蔡磊，罗庆，李孟林. 欠发达农区家庭贫困的动态转变分析——以河南省为例［J］. 地理科学进展，2021，40（3）：9.

［28］韩增林，曹凡，郭建科，等．改革开放以来中国口岸体系演化阶段识别及其开放特征分析［J］．世界地理研究，2022：1-13.

［29］张丽君，陶甜甜，郑颖超．中国沿边开放政策实施效果评价及思考［J］．民族研究，2011（2）．

［30］郭宏宇，竺彩华．口岸发展与“一带一路”建设：形势，问题及对策［J］．国际经济合作，2016（1）：10.

［31］刘慧，程艺．“一带一路”建设对中国沿边地区发展影响的区域分异［J］．区域经济评论，2018（6）：7.

［32］Pingyu Zhang，Yanji Ma，Zhenhan Yu. Border port Manzhouli：Urban function and space development［J］．Chinese Geographical Science，2002.

［33］Rodrigue，J-P，J. Debrie，A. Fremont and E. Gouvernal. Functions and Actors of Inland Ports：European and North American Dynamics［J］．Journal of Transport Geography，2010，18（4）：519-529.

［34］Guo J，Qin Y，Du X，et al. Dynamic measurements and mechanisms of coastal port-city relationships based on the DCI model：Empirical evidence from China［J］．Cites，2020（96）：102440.

［35］Jingci X，Yiran S，Xin H. Dry Port-Seaport Logistics Network Construction under the Belt and Road Initiative：A Case of Shandong Province in China［J］．Journal of Systems Science and Systems Engineering，2021，30（2）：178-197.

［36］Xiufang S，Eugenia K，Andy W. MEETING CHINA'S DEMAND FOR FOREST PRODUCTS：AN OVERVIEW OF IMPORT TRENDS，PORTS OF ENTRY，AND SUPPLYING COUNTRIES，WITH EMPHASIS ON THE ASIA-PACIFIC REGION［J］．International Forestry Review，2004，6（3-4）：227-236.

［37］Jushan B，Pierre P. Estimating and Testing Linear Models with Multiple Structural Changes［J］．The Econometric Society，1998，66（1）：47-48.

［38］Jiaoe W，Cheng Y，et al. The Spatio-Temporal Distribution and Development Modes of Border Ports in China［J］．2014（6）：7089-7106.